资助项目：
辽宁省高等学校优秀人才支持计划
"多层面互动对消费者商店依恋及交叉购买意愿的影响研究"（WR2011010）

教育部哲学社会科学研究重大课题攻关项目
"农产品流通体系建设的机制创新与政策体系研究"（12JZD025）

依恋理论视角下消费者交叉购买的形成机制研究

杨宜苗 著

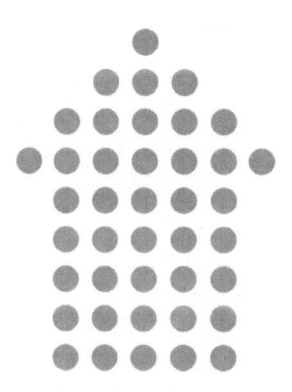

Study on Formation Mechanism of Consumer's
Cross-buying from the Perspective of Attachment Theory

中国社会科学出版社

图书在版编目（CIP）数据

依恋理论视角下消费者交叉购买的形成机制研究/杨宜苗著.—北京：中国社会科学出版社，2015.5
ISBN 978-7-5161-6125-8

Ⅰ.①依… Ⅱ.①杨… Ⅲ.①消费者行为论—研究 Ⅳ.①F713.55

中国版本图书馆 CIP 数据核字（2015）第 099804 号

出 版 人	赵剑英
责任编辑	卢小生
特约编辑	林　木
责任校对	周晓东
责任印制	王　超
出　　版	中国社会科学出版社
社　　址	北京鼓楼西大街甲 158 号
邮　　编	100720
网　　址	http://www.csspw.cn
发 行 部	010-84083685
门 市 部	010-84029450
经　　销	新华书店及其他书店
印　　刷	北京市大兴区新魏印刷厂
装　　订	廊坊市广阳区广增装订厂
版　　次	2015 年 5 月第 1 版
印　　次	2015 年 5 月第 1 次印刷
开　　本	710×1000　1/16
印　　张	14.5
插　　页	2
字　　数	245 千字
定　　价	55.00 元

凡购买中国社会科学出版社图书，如有质量问题请与本社发行部联系调换
电话：010-84083683
版权所有　侵权必究

目 录

第一章 导论 …………………………………………………………… 1

第一节 问题的提出 ………………………………………………… 1
第二节 研究意义 …………………………………………………… 6
    一 理论贡献 ………………………………………………… 6
    二 实践价值 ………………………………………………… 7
第三节 研究内容和分析框架 ……………………………………… 8
    一 研究内容 ………………………………………………… 8
    二 分析框架 ………………………………………………… 9
第四节 研究方法和技术路线 ……………………………………… 10
    一 研究方法 ………………………………………………… 10
    二 技术路线 ………………………………………………… 11
第五节 结构安排和创新之处 ……………………………………… 12
    一 结构安排 ………………………………………………… 12
    二 创新之处 ………………………………………………… 13

第二章 文献述评 ……………………………………………………… 15

第一节 服务互动 …………………………………………………… 15
    一 互动、服务互动和服务接触 …………………………… 15
    二 服务互动的维度划分 …………………………………… 17
    三 服务互动的作用效果 …………………………………… 20
第二节 交叉购买 …………………………………………………… 24
    一 交叉购买的含义 ………………………………………… 24
    二 交叉购买的影响因素 …………………………………… 26
    三 交叉购买的作用结果 …………………………………… 31

四　简评 ·· 32
　第三节　地方依恋 ·· 34
　　　一　依恋 ·· 34
　　　二　地方 ·· 37
　　　三　地方依恋 ··· 38

第三章　商店依恋的量表开发 ·· 52
　第一节　地方依恋的测量方法 ·· 52
　　　一　定性方法 ··· 52
　　　二　定量方法 ··· 53
　第二节　地方依恋的量表考评 ·· 55
　　　一　单维度量表 ··· 55
　　　二　二维度量表 ··· 56
　　　三　三维度量表 ··· 58
　　　四　四维度量表 ··· 61
　　　五　五维度量表 ··· 66
　第三节　商店依恋量表的理论模型和实证检验 ·························· 68
　　　一　理论依据 ··· 68
　　　二　商店依恋的维度构成：态度理论视角 ···························· 70
　　　三　商店依恋量表的开发 ··· 72

第四章　研究模型与研究假设 ·· 94
　第一节　立论基础 ·· 94
　　　一　类比学习理论 ··· 94
　　　二　剧场理论 ··· 95
　　　三　刺激—机体—反应（S-O-R）理论 ································ 97
　　　四　地方依恋理论 ··· 99
　第二节　模型构建和假设提出 ·· 101
　　　一　模型构建 ··· 101
　　　二　研究假设 ··· 103

第五章　研究设计 ··· 115
　第一节　变量定义和测量 ·· 115

一　多层面互动 …………………………………… 115
　　　二　商店依恋 ……………………………………… 118
　　　三　消费惯性 ……………………………………… 119
　　　四　购买犹豫 ……………………………………… 120
　　　五　交叉购买意愿 ………………………………… 121
　第二节　调查设计 ……………………………………… 121
　　　一　调查方法 ……………………………………… 121
　　　二　问卷设计 ……………………………………… 122
　　　三　抽样设计 ……………………………………… 123
　第三节　数据分析方法和软件 ………………………… 124
　　　一　描述性分析 …………………………………… 124
　　　二　信度和效度分析 ……………………………… 125
　　　三　独立样本 T 检验 ……………………………… 125
　　　四　因子分析 ……………………………………… 125
　　　五　相关分析 ……………………………………… 125
　　　六　多元线性回归分析 …………………………… 126
　　　七　结构方程模型分析 …………………………… 126
　　　八　数据分析软件 ………………………………… 126

第六章　数据分析与假设检验 …………………………… 127
　第一节　描述性统计分析 ……………………………… 127
　　　一　问卷回收 ……………………………………… 127
　　　二　样本结构 ……………………………………… 128
　第二节　信度分析 ……………………………………… 130
　　　一　多层面互动信度分析 ………………………… 130
　　　二　商店依恋信度分析 …………………………… 132
　　　三　消费惯性信度分析 …………………………… 132
　　　四　购买犹豫信度分析 …………………………… 133
　　　五　交叉购买意愿信度分析 ……………………… 133
　第三节　效度分析 ……………………………………… 134
　　　一　内容效度 ……………………………………… 134
　　　二　收敛效度 ……………………………………… 134

三　区别效度 ·· 141
　第四节　假设检验 ·· 142
　　　一　多层面互动对商店依恋的影响 ························ 142
　　　二　商店依恋对交叉购买意愿的影响 ···················· 144
　　　三　多层面互动对交叉购买意愿的影响 ················· 144
　　　四　多层面互动、商店依恋与交叉购买意愿关系的结构
　　　　　方程模型分析 ·· 145
　　　五　消费惯性对商店依恋与交叉购买意愿关系的调节
　　　　　作用 ·· 148
　　　六　购买犹豫对商店依恋与交叉购买意愿关系的调节
　　　　　作用 ·· 153

第七章　结论和管理启示 ·· 159
　第一节　主要结论和讨论 ·· 159
　　　一　商店依恋的内容结构和量表开发 ···················· 159
　　　二　多层面互动对商店依恋的影响 ························ 160
　　　三　商店依恋对交叉购买意愿的影响 ···················· 162
　　　四　多层面互动对交叉购买意愿的影响 ················· 163
　　　五　消费惯性、购买犹豫对商店依恋与交叉购买
　　　　　意愿关系的调节作用 ·································· 164
　第二节　管理启示、研究局限及未来研究方向 ··············· 165
　　　一　管理启示 ·· 165
　　　二　研究局限及未来研究方向 ·························· 170

附录 ·· 172
　附录1 ·· 172
　附录2 ·· 174
　附录3 ·· 175

参考文献 ·· 180

后记 ·· 224

第一章 导论

第一节 问题的提出

近年来,零售竞争日益加剧,中国传统零售业门店频频关店,不断陷入生存危机。据不完全统计,2008—2013年,在中国零售市场,零售企业共关闭687家门店,平均每年关闭110多家(见表1-1)。[①] 在对关店原因的解释中,主要涉及租约到期、模式调整、盈利能力偏弱、战略性关店、转型或经营不善等。按照 Keng 和 Ehrenberg(1983)的观点,零售企业最大的难题在于只有极少数的顾客形成高度忠诚,而大部分顾客却多店购买。Gijsbrechts 等(2008)进一步指出,消费者对商店忠诚已成例外而不再是规则。因此,面对行业低迷和竞争加剧,如何保留顾客,促使他们反复购买并实现利润增长成为零售企业亟须解决的现实问题。

表1-1　中国市场零售企业关闭门店数(2008—2013年)

年份	2008	2009	2010	2011	2012	2013	2008—2013
系数	99	388	30	47	50	73	687

资料来源:笔者根据中国联商网公布的相关资料整理。

促使顾客反复购买主要涉及两种情形:一是促使顾客对本企业同一产品的增量购买,即重复购买;二是促使顾客购买本企业其他不同的产品,

---

[①] 关闭门店较多的零售企业主要包括:2008年,四川沃尔玛、好又多关闭15家门店,贝塔斯曼关闭36家门店;2009年,国美电器关闭300多家门店,百安居关店22家;2011年,百思买关店9家;2013年,沃尔玛关店14家,永辉超市关店7家。

即交叉购买（Ngobo，2004）。至于前者，由于产品一般具有一定的使用周期，同一顾客的购买潜力有限；至于后者，由于顾客需求具有多样性，所以同一顾客的购买潜力相对较大。

交叉购买关系到企业交叉销售及其诸多利益的实现。顾客交叉购买能够减少企业获取新顾客的费用，从而导致企业的价格竞争优势（Reichheld and Sasser，1990）。顾客购买的产品和服务越多，他们与企业保持的关系可能越持久（Reinartz and Kumar，2003）。随着与顾客互动满意度的提高，企业能更好地了解顾客的需要和欲望，增强发展顾客忠诚和抵御竞争者的能力，并最终提高盈利能力（Shah et al.，2012）。然而，让顾客交叉购买并非易事，因为不是所有顾客都愿意与企业建立关系并拓展关系（Bendapudi and Berry，1997）。顾客可能会拒绝企业交叉销售的产品，因为他们不想长期只与一家企业保持关系（Ngobo，2004）。即使有些顾客想与某家企业保持关系，他们可能也未必希望只由这家企业为自己提供所有产品（Day，2000）。

自 Verhoef 等（2001）专门研究交叉购买以来，学者们围绕交叉购买的影响因素展开了广泛讨论。研究结果表明：交叉购买的可能性取决于产品数量和顾客关系水平两个因素（张中科，2008）；当前价格对交叉购买有负向影响（Verhoef et al.，2002）；销售渠道如果具有价格吸引力，则可能增加交叉购买（Verhoef and Donkers，2005）；在服务质量指标中，高额平均支出、客户服务电话数量与交叉购买正相关（Balachander and Ghosh，2007）；口碑对交叉购买决策有重要影响（Dierkes et al.，2011）；购买经历（Keaveney and Parthasarathy，2001）、关系持续期限（Reinartz and Kumar，2003）对交叉购买也产生正向影响。其他代表性研究成果包括：①满意、支付公正与交叉购买关系的动态模型（Verhoef et al.，2001）；②满意、信任与交叉购买关系模型（Liu and Wu，2007）；③交易特征、公司营销努力、顾客特征、产品特征与交叉购买关系模型（Kumar et al.，2008）；④形象、信任、满意、感知价值与交叉购买关系模型（Soureli et al.，2008）；⑤形象冲突、感知便利、感知质量、感知价值、顾客满意与交叉购买关系模型（Ngobo，2004）。与前人研究不同的是，Fan 等（2011）深入分析了交叉购买不同影响因素的重要性，他们研究发现，支付公正、体验很重要，形象、服务便利、人际关系和信任重要，而产品种类和定价却并不重要。

交叉购买的影响因素尽管纷繁复杂,但受研究者关注较多的一些变量是:满意、价值、便利、信任和关系水平。有些学者证实了这些变量对交叉购买的影响作用,但也有些学者研究发现,满意(Verhorf et al., 2001)、价值(杨宜苗,2010)、便利(Ngobo,2004)、关系水平(Jeng,2008)不一定正向显著影响交叉购买,信任的产生和应用也是有条件的(Liu and Wu,2007)。

研究结论上的分歧引起了学者们对交叉购买调节变量和中介变量的关注。Ngobo(2004)认为,形象冲突与交叉购买意愿关系会受顾客对关系的评价(转换成本、再购意愿)、与交叉购买有关利益的调节。Verhoef等(2001)发现,关系长短会干扰满意度对交叉购买的影响效果,对具有长期关系的顾客而言,支付公正对交叉购买有负向影响。Bolton等(2000)指出,满意度对交叉购买的影响,会受商品类别相似性的调节。Lei等(2004)认为,由于顾客可能根据既有的满意度去推测交叉购买的商品属性,因此满意度在交叉购买高相似性商品时的影响力较大。吴立伟、王崇昱(2010)发现,转换成本、其他厂商吸引力在满意度与交叉购买之间的关系中起干扰作用。Liu和Wu(2008)认为,产品类别相似性、产品类别复杂性在满意、信任与交叉购买关系中有调节作用。陈恩丽(2013)探讨了服务便利性与知觉风险如何通过交叉购买的知觉价值影响顾客交叉购买意愿,并注意到顾客时间意识的干扰效果。Mishra和Sharma(2010)分析了感知风险、替代者吸引力对服务质量和交叉购买意愿关系的调节作用。Hong和Lee(2012)认为,研究结论的不一致可能与不同国家消费者的文化价值观有关。Soureli等(2008)认为,交叉购买并不是由单一因素驱动的,而是多个变量共同作用的结果。形象、信任、满意和感知价值之间相互联系,并对交叉购买产生直接或间接的影响。

有关交叉购买的中介变量和调节变量研究虽然具有一定解释力,但忽视了一个事实:消费者的购买活动通常是发生在特定商店中的,如果消费者对某一商店一无所知,一般就不会在此购买,更不可能交叉购买。杨宜苗、夏春玉(2009)、Jeng(2008)、Liu和Wu(2007)、Ngobo(2004)和Verhoef等(2001)弥补了此类研究的欠缺,他们认识到商店形象、商店声誉、供应商评价及对与供应商关系评价在交叉购买中的重要作用。然而,这些变量侧重于消费者对商店的认知或评价,而忽视了消费者与零售商店之间特定的情感联系，例如爱（love）（Ortiz and Harrison，2011）、依恋（attachment）（Johnstone and Conroy，2008）。企业未能建立顾客忠诚，其原因可能在于没有与顾客建立情感联系（Vlachos et al.，2010）。

依恋（attachment）是一个心理学概念，本义为"附件"、"附属物"，引申为"连接物"，即能使一物与另一物相连的物体（姜岩、董大海，2008）。依恋理论始创于20世纪60年代，是由英国心理学家Bowlby在母婴关系领域完成的。Bowlby（1973）认为，依恋是个人（主要是婴儿）与特定对象（母亲或照料者）之间一种充满情感的独特纽带关系。这一定义成为后来诸多学科依恋理论研究的基础。心理学主要关注个人对他人（如婴儿、母亲、亲密伙伴等）的依恋，而Schultz（1989）的博士论文《个人——所有物依恋实证研究》则表明依恋可以拓展到人际关系以外的情境。而且个人不仅会对所有物产生依恋，还会对地点（Williams et al.，1992）、产品（Schifferstein et al.，2004）、品牌（Bouhlel et al.，2009；Thach and Olsen，2006）、组织（李晓阳，2011）以及其他特定类型的或者所喜欢的对象（Ball and Tasaki，1992）形成依恋。于是，依恋理论也从心理学领域开始被引入旅游学、休闲学和市场营销学等领域。总体而言，依恋应用于服务和消费者行为领域的文献还很少。

地方依恋（place attachment）是基于心理学中的依恋理论提出的。地方依恋，又称地方依附、场所依恋，指的是人与地方之间基于感情、认知和实践的一种联系。其中，感情因素是第一位的（Williams and Roggenbuck，1989）。地方依恋的研究延续于20世纪60年代对人们的"思乡情结"的观察，90年代初开始被应用于旅游领域，学者们纷纷对"地方依恋"的概念（Alexandris et al.，2006；Gross and Brown，2008）、维度（唐文跃，2011；Budruk，2010；Hammitt et al.，2004；Kyle et al.，2003；Moore and Graefe，1994；Williams et al.，1992）、程度（Lee，1999）及其与活动涉入的关系（黄向、保继刚，2006；Kyle et al.，2004）等进行了大量理论与实证研究。此外，学者们还深入分析了地方依恋的影响因素（古丽扎伯克力等，2011；Kyle et al.，2004；Williams et al.，1992）和作用效果（Alexandris et al.，2006；Hwang et al.，2005）。然而，上述研究中所涉及的"地方"主要限于旅游目的地和休闲场所。Mazumdar（2005）在评述地方感文献的时候也指出："关于地方依恋的研究，大多数文献研究的是世俗的地方和环境。"Johnstone 和 Conroy（2008）极力呼吁："急需把地方依恋这个概念引入零售研究中。"随着零售竞争日益激烈，对于营销人员来说，最重要的目标可能是，要对刺激人们到某个特定购物地点的心理因素形成更准确而完整的理解（奎尔奇等，2012）。

在一定意义上，零售商店具有"地方"的基本功能和特征。地方依恋可视为人与环境之间密切的互动，产生情感依附的结果（Gross and Brown，2008）。地方依恋会受使用者的特征、从事的活动与使用频率及环境属性等的影响。地方依恋可当作一个前置因素用来预测消费者忠诚度、顾客满意度和消费者偏好等（Alexandris et al.，2006；Hwang et al.，2005）。当情感依恋越强烈，行为出现的可能性越大，而且一旦引发行为，相应的行为不易改变（陈业玮，2010）。因此，顾客和店铺环境之间、顾客和服务人员之间以及顾客之间等多层面互动可能会导致顾客对特定的零售商店产生依恋，表现出黏性的特征，并演化为忠诚意向和行为（如交叉购买）。

因此，本书关注的焦点问题是：从依恋理论视角，交叉购买是否遵循"多层面互动—商店依恋—交叉购买"的形成逻辑？具体而言，本书拟解决的关键问题是：

第一，商店依恋的内涵和维度构成如何？依恋作为一个关系构念，在不同的关系情境下因其客体（依恋对象）不同，会表现出不同的理论内涵。依恋理论在零售领域的应用还是一个崭新的课题，少数学者虽然认识到依恋理论在零售研究中的应用价值，并指出消费者与零售商店之间的情感联系对顾客忠诚的重要意义，但对商店依恋这个概念的认识基本停留在抽象的描述层面上，而没有给出一个具体的操作化定义，也没有形成成熟的测量量表，这不利于全面、准确地把握消费者与商店之间的情感联系，更不利于这个概念的应用和推广。因此有必要开展比较深入的探索性研究，挖掘商店依恋的内涵和外延，并开发量表。从整个研究的角度，这是本书的逻辑起点。

第二，多层面互动与商店依恋和交叉购买的关系如何？如果第一步规范了商店依恋的内涵和外延，那么下一个要回答的关键问题是：商店依恋的前因后果分别是什么？基于服务互动理论和依恋理论，本书认为，多层面互动既可能会影响商店依恋，又可能会影响交叉购买。

第三，商店依恋对交叉购买的影响机理如何？也就是说，商店依恋是怎样影响交叉购买的？本书认为，商店依恋对交叉购买可能有显著的正向影响，而且商店依恋和交叉购买的关系可能会受到购买犹豫和消费惯性的干扰。由此，本书构建了基于商店依恋的消费者交叉购买实现路径模型，为解释消费者交叉购买提供了一条新的逻辑线索。

第二节 研究意义

一 理论贡献

本书拟在以下方面进行理论探索，以深化交叉购买研究并丰富依恋理论。

（一）将心理学中的依恋理论引入交叉购买研究领域

营销学者虽然很早就认识到地方研究的重要意义，然而，地方依恋在营销情境下还没有被系统考察（Johnstone and Conroy, 2008）。本书从消费者交叉购买的实现路径出发，探讨依恋在零售情境下的研究意义和价值，并将地方依恋作为交叉购买的前因变量，这是现有文献未提及的观点。这不仅拓展和延伸了依恋理论的应用领域，而且对交叉购买背后的心理机制提供了另一视角诠释。

（二）对商店依恋的操作化主题进行探索性研究

依恋是一个不同于态度、满意、涉入、承诺等的新概念，也有别于黏性。然而，目前关于依恋与这些概念的具体差别还缺乏较为系统的实证支持，营销文献中对于地方的界定及关注一直是很狭窄的。有关零售方面的文献仅仅关注地点的物理属性，而忽视了地理学和心理学中强调的地方所具有的时间、空间、自然和社会维度（Johnstone and Conroy, 2008），更没有给出一个可操作性的定义，也没有构建一个成熟的测量量表，这会影响到这个概念在营销领域的应用和推广。本书借鉴心理学、旅游学的研究成果，对商店依恋进行了概念界定，开发了商店依恋的测量量表。

（三）以商店依恋为联结点，构建消费者交叉购买实现路径的理论模型

商店依恋和交叉购买之间的关系是现有研究尚未涉及的主题。本书基

于依恋理论，通过实证分析，对交叉购买的实现路径进行新的探索，构建以商店依恋为联结点的消费者交叉购买形成路径概念模型，即"多层面互动、商店依恋、购买犹豫、消费惯性和交叉购买之间关系的理论模型"。该研究模型超出以往研究文献中所探讨的交叉购买决定因素范围，如感知价值、满意、信任、便利、形象等。

二 实践价值

本书从依恋理论的视角揭示了交叉购买的实现路径和内在机理，一方面延伸了依恋理论的应用领域，即将依恋理论从心理学、旅游学延伸到交叉购买领域；另一方面拓展了交叉购买研究，即丰富了交叉购买的决定因素。本书结论对指导零售企业的交叉销售实践将具有重要的意义。

（一）理解并解构商店依恋概念及其多维度特性对零售企业具有重要价值

商店依恋概念为零售企业构筑消费者与商店之间的牢固关系找到了新的可供投资的变量，零售企业应该从片面强调交叉销售技巧转向关注消费者交叉购买的心理和行为特征，特别是转向如何提高消费者商店依恋程度，致力于消费者情感需求的满足。

（二）对零售企业如何构建和消费者之间的情感联系具有重要启示

一方面，本书将证实消费者的商店依恋对交叉购买具有较大的可解释贡献，这表明零售企业如果重视对建立与消费者的情感联系进行投资，将会促进消费者交叉购买；另一方面，本书将检验多层面互动对商店依恋的决定作用，这有助于引导零售企业通过强化与顾客的多层面互动以建立与消费者的情感联结。

（三）引入的购买犹豫和消费惯性两个变量对零售企业实施交叉销售策略具有重要参考价值

一方面，在消费惯性作用下，商店依恋对交叉购买的影响可能减弱；另一方面，在购买犹豫作用下，商店依恋对交叉购买的影响可能会增强。因此，零售企业在全面分析消费者犹豫理由并减少购买犹豫时，对消费惯性的作用也不容忽视，而且在对消费者—零售商店情感关系管理和投资时应结合消费者的特性。

第三节 研究内容和分析框架

一 研究内容

基于上述理论背景和零售实践,本书主要从依恋理论视角探索消费者交叉购买的实现路径,具体包括以下内容。

(一)商店依恋的内涵和维度研究

依恋是一个不同于态度、满意、涉入、自我延伸、承诺等的新概念,依恋也有别于认同。依恋作为一个关系概念,在不同的关系情境下因其客体(依恋对象)不同,会表现出不同的理论内涵。由文献回顾可知,依恋在零售领域的研究非常匮乏,尚没有学者对商店依恋这一概念做出明确的界定与测量。商店依恋究竟是一个单一维度的概念,还是一个多维度的概念?本书力图在对商店依恋给出定义的基础上,以地方依恋的测量量表为依托,通过焦点小组、深度访谈等方法发展商店依恋的初始量表,然后通过EFA、CFA等规范的实证方法加以检验,最后形成商店依恋的构成维度和测量量表。

(二)多层面互动对商店依恋的影响研究

如果第一步规范商店依恋的内涵和外延,那么紧接着的关键问题是商店依恋是怎样形成的,其主要影响因素是什么?依恋理论认为,地方依恋是个体与特定地点在情绪或情感上的结合,地方依恋可视为人与环境之间密切的互动,产生情感依附的结果(Gross and Brown, 2008),顾客与关系伙伴每一次互动都潜藏着彼此关系的增强、减弱,甚至破坏的可能。地方依恋会受到使用者的特性、从事的活动与使用频率及环境属性的影响(Lee, 2001)。同时,消费者行为源于厂商特性与消费者特性。因此本书认为,多层面互动(顾客与店铺环境之间的互动、顾客与服务人员之间的互动以及顾客与其他顾客之间的互动)可能会影响商店依恋,并对此进行实证检验。

(三)多层面互动对消费者交叉购买意愿的影响研究

学者们广泛分析了消费者交叉购买的前因,总体而言,可归纳为两个方面:一是从消费者/顾客层面,二是从零售商层面,但很少有学者从顾企互动层面来分析。符号互动理论认为,良好的互动可以产生忠诚行为。

而且，按照 Langeard 等（1981）提出的服务产出模型、Grove 和 Fisk（1983）提出的"服务剧场模型"以及中国学者范秀成（2006）的观点，可以将互动划分三种不同的类型：顾客与服务人员的互动、顾客与服务有形设施的互动以及顾客与其他顾客之间的互动。那么，不同层面的互动对消费者交叉购买意愿是否有影响？如果有影响，那么会产生怎样的影响？即其影响程度和作用方向如何？

（四）商店依恋对交叉购买影响作用的研究

地方依恋可当作一个前置因素用来预测消费者忠诚度、顾客满意度及消费者偏好等（Alexandris et al., 2006；Hwang et al., 2005）。那么，商店依恋是否影响消费者交叉购买？如果有影响，将产生怎样的影响？如果研究表明商店依恋是一个多维度的概念，那么其不同维度对消费者交叉购买又有怎样的影响？

除非习惯无法如期进行或经历无法弥补的错误，否则顾客会倾向于在后续消费中习惯性而再次消费（Tsai and Huang, 2007）。同时，消费者可能因为很多因素而导致他们暂缓购买决策。因此，消费者在从商店依恋向交叉购买的演化过程中，购买犹豫和消费惯性可能会起不同作用。一方面，消费惯性可能会增强交叉购买意愿，并强化商店依恋与交叉购买意愿关系；另一方面，购买犹豫可能会抑制交叉购买意愿，并削弱商店依恋与交叉购买意愿关系。本部分研究将消费惯性和购买犹豫作为交叉购买的前置因素，并作为商店依恋与交叉购买关系的调节变量引入到研究模型中并进行实证检验。

（五）多层面互动、商店依恋与消费者交叉购买意愿关系模型整合及应用研究

如果上述研究得到证实，那么商店依恋在多层面互动与交叉购买意愿之间是否有中介作用？本部分进一步进行理论和实证分析。此外，在上述各项独立研究的基础上，对各个子模型进行整合，并进行模型评价和修正，形成基于多层面互动、商店依恋与消费者交叉购买意愿关系的最终模型成本，由此探讨零售商如何通过强化多层面互动和提高商店依恋等途径来设计有效的交叉销售策略，促进消费者交叉购买。

二　分析框架

基于 S—O—R 理论和依恋理论，整合各项研究内容，构建出本书的分析框架（见图 1-1）。

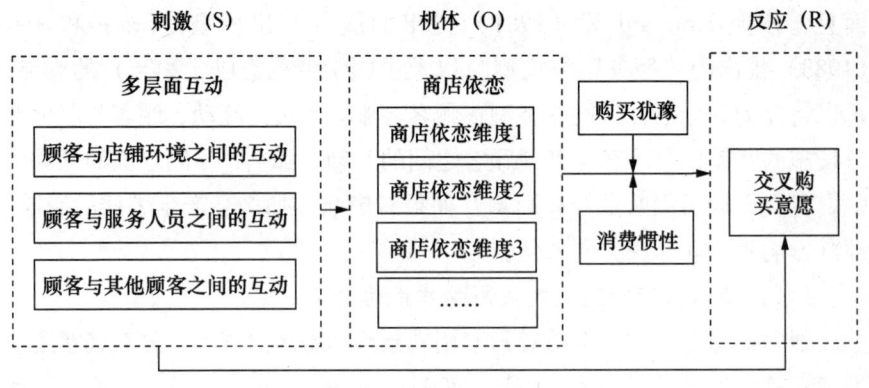

图1-1 分析框架

第四节 研究方法和技术路线

一 研究方法

消费者交叉购买是一个复杂的过程,涉及多个变量、诸多因素和纷繁复杂的联系,为了更好揭示消费者交叉购买的形成路径和作用机理,本书综合运用以下研究方法。

(一)文献分析和理论研究相结合

汲取服务互动理论、SOR理论和依恋理论等方面的研究文献,为本书论证提供理论借鉴与支撑。通过理论归纳、分析和升华,识别商店依恋的主要内容和构成要素,建立消费者交叉购买实现路径模型。

(二)个别访问和小组访谈相结合

为了广泛了解消费者交叉购买的心理和行为特征,为了确定商店依恋的维度构成,街头随机单独访谈诸多消费者。为了构建商店依恋的测量量表,多次组织由零售学者、零售经理共5—8人组成的专家小组,反复进行讨论。为了揭示多层面互动、商店依恋和交叉购买之间的关系,深入开展由零售学者、销售经理和消费者组成的小组访谈。

(三)实地调研和问卷调查相结合

为了获取零售企业交叉销售相关数据,以及为了深入分析商店依恋的内容结构,特别是为了获得零售企业针对顾客所设计的互动方案效果等相关材料,多次组织以研究生为主体的调研小组到零售企业进行调查,从而为本书获取第一手数据提供了有力支持。为了实证检验商店依恋的测量量表,为了检验多层面互动和商店依恋的关系，以及为了检验商店依恋对交叉购买的作用机理，通过线上、线下大规模的问卷调查完成实证环节的数据获取。

二 技术路线

根据研究目标和内容，结合研究方法和分析工具，本书拟采用如图1-2所示的技术路线。

```
┌─────────────────┐          ┌─────────────────┐
│   文献研究       │ ◄──────► │    访谈          │
│ ● 交叉购买研究   │          │ ● 了解零售企业交叉销售状况 │
│ ● 地方依恋研究   │          │ ● 了解消费者交叉购买的心理 │
│                 │          │   和行为特征      │
└────────┬────────┘          └────────┬────────┘
         │                            │
         ▼                            ▼
┌──────────────────────────────────────────────┐
│              聚焦问题                          │
│   依恋理论视角下消费者交叉购买的实现机制如何？      │
└──────────────────────┬───────────────────────┘
                       ▼
```

主要研究内容		数据来源与处理方法
商店依恋的内涵和维度构成研究		**数据来源**：理论文献；10名消费者焦点访谈、30人小调查、7名专家访谈、9名硕士生调查；278个消费者预试；200个学生小样本调查；268个消费者正式调查 **处理方法**：内容分析、探索性因子分析、验证性因子分析
多层面互动对消费者商店依恋的影响研究		
多层面互动对消费者交叉购买意愿的影响研究		**数据来源**：理论文献；深度访谈；492个消费者问卷调查 **处理方法**：理论分析、多元线性回归分析、结构方程模型
商店依恋对交叉购买意愿的影响作用研究		
多层面互动、商店依恋与消费者交叉购买意愿关系模型整合及应用研究		

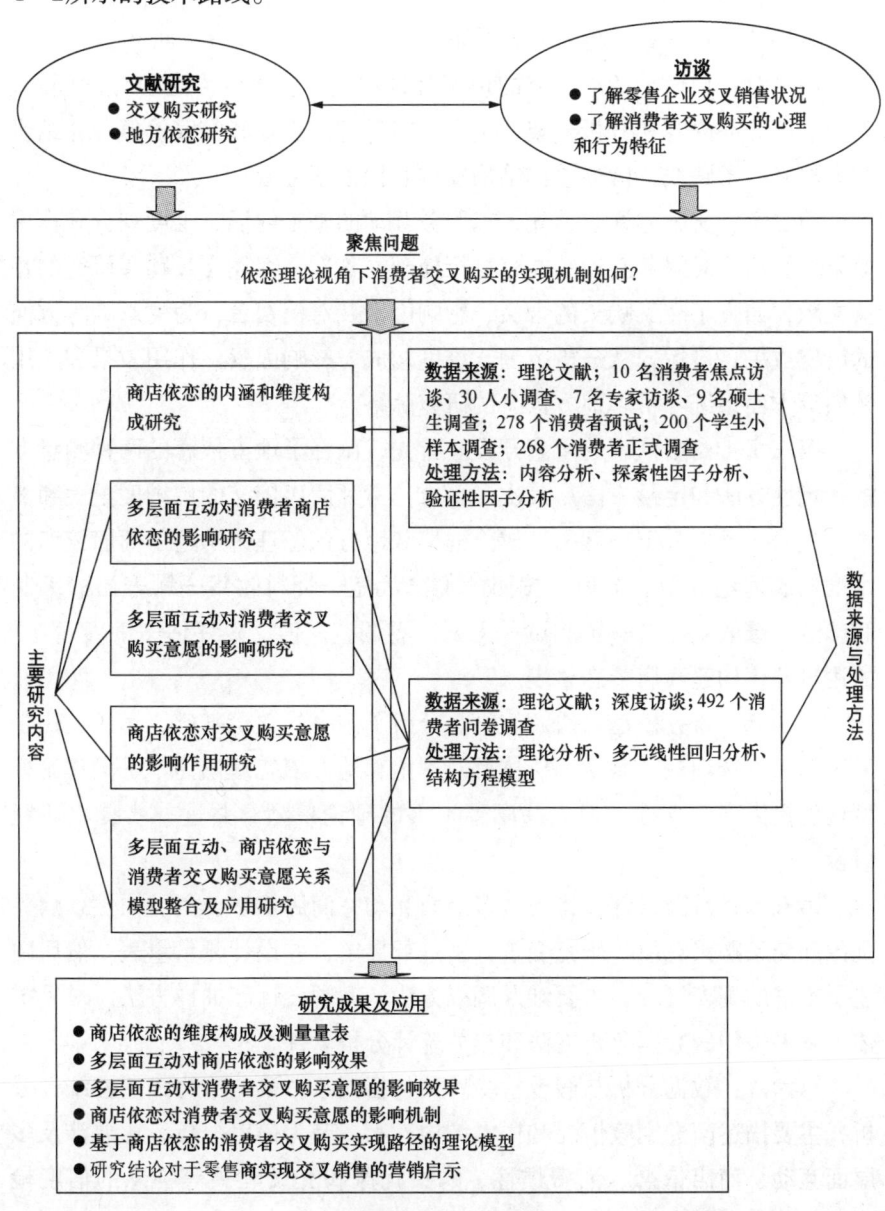

研究成果及应用
- 商店依恋的维度构成及测量量表
- 多层面互动对商店依恋的影响效果
- 多层面互动对消费者交叉购买意愿的影响效果
- 商店依恋对消费者交叉购买意愿的影响机制
- 基于商店依恋的消费者交叉购买实现路径的理论模型
- 研究结论对于零售商实现交叉销售的营销启示

图1-2 技术路线

第五节 结构安排和创新之处

一 结构安排

本书共包括七章，各章安排如下：

第一章：导论。阐述研究的现实背景和理论背景，界定研究的问题，阐释主要研究内容和分析框架，指出可能的理论贡献和实践价值，介绍研究方法和技术路线，阐述总体结构安排和拟创新之处。

第二章：文献述评。首先，以服务互动的基本内涵、维度划分和作用效果为线索，对服务互动的文献进行梳理；其次，综述交叉购买研究的相关文献，回顾了交叉购买的含义、影响因素及对消费者行为的影响等方面的研究成果；最后，从分析范围、维度构成、影响因素、作用效果和应用领域等方面系统分析了地方依恋的研究脉络。

第三章：商店依恋的量表开发。首先，阐释了地方依恋的两种测量方法：定性方法和定量方法。其次，全方位考评商店依恋的单维度量表和多维度量表。继而基于态度的三成分框架和地方依恋理论构建了商店依恋的维度构成理论模型。最后，按照"概念界定—资料收集—量表初稿编制和确定—选取受测者—预测试—正试问卷调查—信、效评估—量表确立"的逻辑顺序构建商店依恋量表。

第四章：研究模型与研究假设。分析了本书的立论基础，运用类比学习理论、剧场理论、刺激—机体反应理论和地方依恋理论为本书的理论模型构建提供理论支撑；建立并阐释本书的理论模型，并进一步提出研究假设。

第五章：研究设计。首先对多层面互动、商店依恋、消费惯性、购买犹豫和交叉购买意愿等研究变量分别进行界定，并设计测量量表。然后阐述了本书的调查设计，主要涉及调查方法、问卷设计和抽样方法。最后描述了本书采用的数据分析方法和相关统计分析软件。

第六章：数据分析与假设检验。共包括四节，第一节为描述性统计分析，主要描述问卷回收情况和样本结构；第二节为信度分析，主要涉及多层面互动、商店依恋、消费惯性、购买犹豫和交叉购买等构念的信度检验；第三节为效度检验，主要涉及问卷的内容效度、收敛效度和区别效度；第四节为假设检验，对本书提出的假设进行实证检验，得出实证结果。

第七章：结论和管理启示。首先，总结本书的主要结论，并对未被证实的假设做进一步讨论，主要内容包括：一是商店的内容结构和量表开发；二是多层面互动对商店依恋的影响；三是商店依恋对交叉购买意愿的影响；四是多层面互动对交叉购买意愿的影响；五是消费惯性和购买犹豫对商店依恋和交叉购买意愿关系的调节作用。其次，根据研究结论，提出若干营销建议：一是强化基于顾客的多层面互动；二是增强消费者商店依恋；三是培养消费者的消费惯性；四是减少消费者购买犹豫；五是针对不同特质的消费者进行差别化情感管理和投资。最后，指出本书的局限性及未来研究的方向。

二 创新之处

与前人研究相比，本书可能的创新之处主要表现在以下四个方面（见表1-2）：

（一）理论视角

本书将依恋理论引入交叉购买领域研究，而前人研究的理论视角主要涉及满意理论、主观效用理论、感知风险理论、信任理论和关系营销理论。

（二）量表开发

本书拟对商店依恋进行操作化定义和量表开发，而前人研究主要涉及顾客—零售商店之间的情感联系，对商店依恋的描述比较空泛，并没有一个具体化的操作性定义，也没有形成一个成熟的测量量表。

（三）变量关系

本书主要揭示"多层面互动—商店依恋—交叉购买"关系，并引入消费惯性和购买犹豫两个变量；而前人研究主要涉及"满意—交叉购买"、"信任—交叉购买"、"顾客价值—交叉购买"、"便利—交叉购买"以及"形象—交叉购买"等逻辑关系，也没有考虑消费惯性和购买犹豫的作用。

（四）研究情境

本书立足于不断陷入"门店关闭风潮"的中国零售业，而前人研究主要涉及发达国家或地区的金融业、证券业或保险业。同时，本书的研究范围广泛，涉及不同业态的诸多零售企业，而前人研究侧重于选择单个或数个案例样本。

表1-2　　　本书研究的创新之处：与5个密切相关研究的比较

	Verhoefedt 等（2001）	Soureli 等（2008）	Kumar 等（2008）	Liang 等（2008）	Mäenpää（2012）	本书（2011—2014）
变量关系	自变量：满意、支付公正 因变量：交叉购买 调节变量：关系持续期限 协变量：营销工具、人口统计变量、以前购买行为	自变量：感知价值、满意、形象、信任 因变量：交叉购买意愿 中介变量：满意和形象	自变量：交易特征、产品特征、公司营销能力、顾客特征 因变量：顾客水平效应 中介变量：交叉购买意愿	自变量：感知关系联系策略 因变量：顾客忠诚（顾客保留、交叉购买） 中介变量：关系投资、关系质量	自变量：顾客忠诚计划、定价、形象冲突 因变量：交叉购买意愿	自变量：多层面互动 因变量：交叉购买意愿 中介变量：商店依恋 调节变量：消费惯性、购买犹豫 控制变量：人文变量、关系长度
研究情境	①荷兰 ②线下 ③保险业 ④消费者 ⑤管理者试图通过扩大顾客从公司购买的产品或服务范围来提高顾客价值	①希腊 ②线下 ③银行业 ④消费者 ⑤运营成本上升等诸多不利因素导致金融机构利益减少，不得不重新思考营销战略，努力发展与顾客的关系	①美国 ②线下 ③零售业 ④消费者 ⑤步 Amazon 的后尘，许多银行和金融服务企业努力交叉销售其他产品和服务，结果拓展了与现有顾客的关系	①中国台湾 ②在线 ③证券业 ④消费者 ⑤网络环境下，顾客忠诚度相对较低。对在线服务提供商来说，这已成为一个非常重要的问题	①芬兰 ②线下 ③金融业 ④企业顾客 ⑤诸如放松管制和竞争加剧等市场变化使得传统的金融服务供货商向顾客提供综合性的金融服务业务	①中国 ②线下 ③零售业 ④消费者 ⑤零售竞争日益加剧，快速扩展的中国传统零售业遭遇频频关店的尴尬，不断陷入生存"危机"
理论视角	①满意理论 ②主观效用理论	关系理论	①主观效用理论 ②感知风险理论 ③信任理论	关系营销理论	关系营销理论	依恋理论
资料收集	①电话调查 ②2018 个样本 ③时点数据（T_0-T_1） ④1 家公司	①结构化访谈（9 位经理、10 位员工，9 位顾客） ②问卷调查（311 个样本） ③时点数据 ④6 家公司	①企业—顾客双向历史记录 ②区间数据（1997—2004 年） ③1500 个样本 ④1 家目录零售商	①电子邮件问卷调查 ②766 个样本 ③时点数据 ④1 家公司	①半结构化访谈 ②22 个中小企业 ③时点数据	①半结构化访谈（7 位专家、32 位消费者） ②问卷调查 ③492 个样本 ④时点数据 ⑤多家零售商

第二章 文献述评

第一节 服务互动

一 互动、服务互动和服务接触

"互动"一词最早出现在自然科学领域,用来解释物体或系统之间的作用或影响。19世纪开始,社会科学领域利用互动的概念来解释社会学现象,并形成了具有丰富理论内容的社会互动论。按照词典的解释,互是交替、相互,动是使起作用或变化,互动是指一种使对象之间相互作用而彼此产生改变的过程(张蕾,2010)。Deighton(1996)认为,互动有两个主要特征,即表达和回应。Rafaeli 和 Sudweeks(1997)则特别强调在互动的过程中角色互换和双向性。塞尔诺(Selnow,1988)提出互动的三个条件:一是信息必须针对明确的对象;二是双方在互通信息时,应视对方回应的信息来调整自己所要提供的信息;三是只有双向的沟通才能保持沟通顺畅。到目前为止,互动还没有一个统一的定义,表 2-1 列出了有关互动定义的代表性观点。

表 2-1　　　　　　　　　　　互动定义

年份	学者	定义
1948	温纳(Wiener)	指信息接收者针对信息内容,对信息源作出的反馈,并通过不断的反馈进一步修改信息的内容,从而实现有效的双向沟通
1985	里斯和威廉姆斯(Rice and Williams)	指信息发送者和接收者即时交换信息的潜力和能力
1986	罗杰斯(Rogers)	指一系列的信息反馈和交换过程
1998	哈克尔(Haeckel)	指人与人之间的或者人与技术之间的信息交换
1998	詹森(Jensen)	指两个或两个人以上通过信息传递产生的行为和反应

资料来源:刘环:《交易型虚拟社区的网络互动对消费者购买意愿的影响研究》,硕士学位论文,浙江大学,2010年。

本书主要考察服务领域的互动，学者们也提出了不同观点。Eiglier 和 Langeard（1977）提出服务生产模型，较早地描述了顾客和服务人员之间的互动。索洛蒙等（Solomon et al., 1985）构建了服务接触三元组合模型，他们认为，一线员工和顾客都努力地对互动过程实施可感知的控制，一线员工希望通过控制顾客行为使自己的工作便于管理和轻松自如，而顾客希望通过控制服务接触的进程来获得更多的利益。肖斯塔克（Shostack, 1985）正式提出服务互动（service interaction）概念，认为服务互动是指具有比较广泛意义的顾客和服务企业之间的直接互动，既包括顾客和服务人员的互动，也包括顾客和设备及其他有形物的互动。在前人研究的基础上，贝特纳（Bitner, 1990）扩大了服务互动的内涵，认为服务互动是抽象的集体性事件和行为，是顾客和服务传递系统之间的互动，这种互动会影响顾客对服务品质认知的评价。贝特纳（1990）把顾客和服务提供者发生作用的所有方面都当作服务接触内容，包括前线员工、顾客、实体环境及其他因素等。洛克伍德（Lockwood, 1994）认为，服务互动除了人际互动之外，还包括其他有形、无形的因素，如服务人员、实体环境等，服务互动不仅仅局限于顾客与服务企业和一线员工之间，还包括与没有任何人员组成的无形系统和实体环境的互动。范秀成（1999）提出一个扩展的服务交互模型，认为服务互动包括顾客之间的互动，顾客与员工、系统、实体环境的互动，员工与系统、实体环境的互动以及系统与实体环境的互动。

与服务领域互动非常类似的概念是服务接触。自索洛蒙等（1985）提出服务接触这个概念以来，关于服务接触的认识已经形成了三种代表性观点。第一种观点认为早期的服务接触被赋予了关键时刻的简单内涵。在服务的过程中，失败有可能发生在每个顾客与服务提供者所提供的服务接触点，即关键时刻（Albrecht and Bradford, 1989）。第二种观点认为，服务接触专指顾客和员工之间的互动。Czepeil 等（1985）认为，服务接触是员工和顾客进行一对一的交互。Suprenant 和 Solomon（1987）指出服务接触是顾客与服务提供者之间的二元互动。古特克（Gutek, 1995）把服务接触定义为顾客在不同时间和不同员工发生的一次性交互。古特克（1999）进一步指出，服务接触就是顾客和员工之间的一次服务行为。可见，第二种观点将服务接触界定为顾客和员工之间的面对面接触，而忽略了与其他有形、无形的要素的接触，通常被视为狭义的服务接触观。第三种观点是研究者基于对服务过程理论的思考而产生的。他们认为服务的构成要素极为广泛，除了服务人员、顾客和服务过程，还涉及其他有形要素的参与。肖斯塔克（1985）把服务接触界定为顾客与一项服务直接相互作用的一段时间，而这项服务涉及的范围不仅是顾客和员工，还包括企业环境等。约翰斯顿等（Johnston et al., 1987）从系统论出发，认为服务接触是通过对顾客、材料和信息的三种输入获得特定的服务结果。可见，此类学者将服务接触的范围扩大到有形环境，这种广义上的服务接触也可以被理解为服务互动。

通过对服务接触和服务互动的比较分析，本书认为，服务互动是服务接触在概念上的延伸，相比较于服务接触，服务互动所涵盖的范围更广。

二 服务互动的维度划分

格罗夫和菲斯克（Grove and Fisk，1983）提出服务剧场模型，从剧场表演角度看待服务互动的情境，解释顾客和服务人员服务消费时的互动关系。他们将顾客和服务人员视为同一舞台上的观众和演员，共同演出服务表演。格罗夫等（1992）认为，在消费过程中，每一位参与者都必须成功扮演其各自角色，方能使交易顺利进行。格罗夫等（1998）认为，场景（setting）、演员（actors）、观众（audience）和表演（performance）四个要素会影响顾客的满意度，并将服务剧场的概念发展出一套完整的架构（见图2-1）。

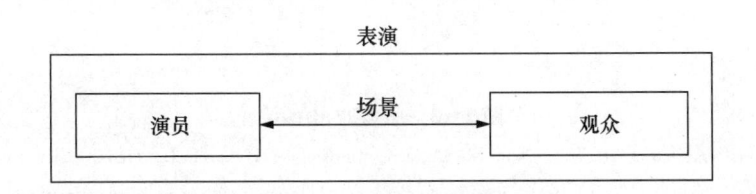

图2-1 服务剧场模型

剧场理论就是以剧场表演中的演员（服务主体即员工）、观众（体验主体即顾客）、场景（布景、服务环境和设施等）、表演（提供产品或服务）的观念比喻顾客在服务场所与服务人员接触及消费过程。服务剧场模型虽然涵盖了服务互动中的主要因素，但只强调了观众和演员之间的互动，而忽视了观众和影院以及观众之间的互动。

格罗夫和菲斯克（1997）认为，在开放的服务生产和消费过程中，顾客和服务人员之间、顾客和顾客之间存在交互关系，两种交互关系作用于服务转化过程，成为服务质量和服务生产率的重要决定因素。

Solomon 和 Czepiel（1985）认为，可以运用角色理论来解释服务互动。在服务体验中，一线员工扮演"外联角色"，即连接组织及其运营环境角色，其中扮演者是员工，而服务人员是组织的个人代表，负责从外部环境中搜集信息并向组织反馈，并代表组织和外部环境交流。在整个过程中，也牵涉到三个方面的互动关系，即组织和员工之间的互动、员工和顾客之间的互动以及组织和顾客之间的互动。

Langeard 等（1981）提出服务产出模型（见图 2-2），该模型揭示了消费者与系统的可见部分和其他消费者之间的互动过程。其中，系统的可见部分包括服务的实体环境和提供服务的服务人员。此外，该模型进一步指出，顾客与服务人员、环境交互作用时，还需要幕后行为的支持。

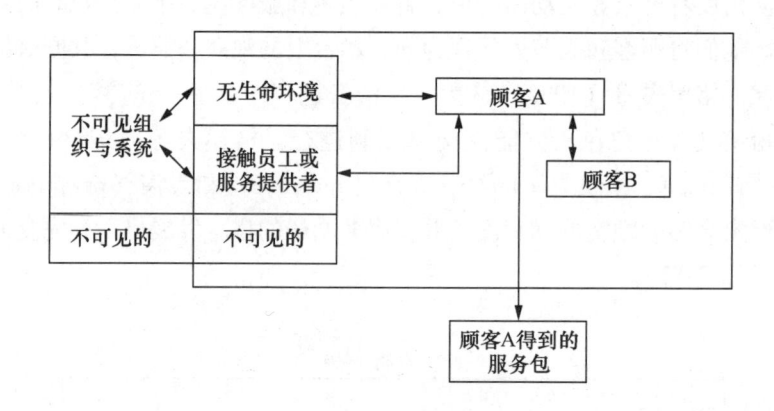

图 2-2 服务产出模型

资料来源：Langeard Eric, John EG Bateson, Christopher H. Lovelock, Pierre Eigler（eds.），Marketing of Services：New Insights from Consumers and Managers, Marketing Science Institute, Cambridge, MA, 1981。

为了生动呈现服务产出中服务互动过程，刘桂瑜（2009）根据服务产出模型勾勒出简化模型（见图 2-3），清晰展示了服务互动的三个维度：顾客和服务环境之间的互动、顾客和服务提供者之间的互动以及顾客和其他顾客之间的互动。这与 Wu（2008）的观点相吻合，他认为在服务接触中，互动可能会发生在三个重要的领域，即顾客和服务人员之间、顾客和服务环境之间以及顾客之间。

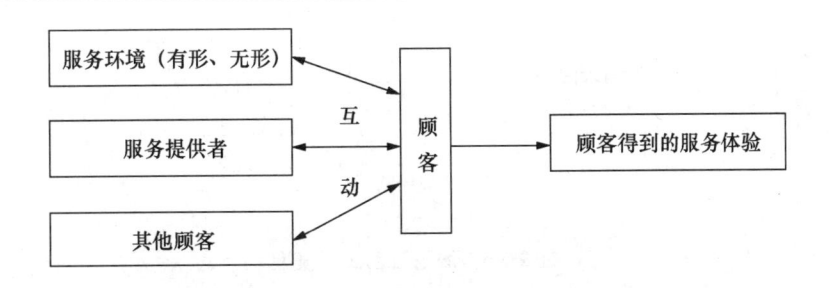

图 2-3 服务产出简化模型

肖斯塔克（1985）使用服务互动概念，用来指更广泛的顾客和服务企业之间的直接互动，既包括顾客和服务人员之间的互动，又包括顾客和设备、其他有形物之间的互动。范秀成（1999）认为，服务的生产和消费往往是同时进行的，顾客参与服务生产，与服务企业发生多层次、多方面的交互作用。因此，他提出一个扩展的服务互动模型（见图 2-4）。从该模型可以看出，服务互动除包括传统意义上顾客和服务系统之间的互动、顾客和员工之间的互动以及顾客和实体环境之间的互动外，还包括顾客和顾客之间的互动。

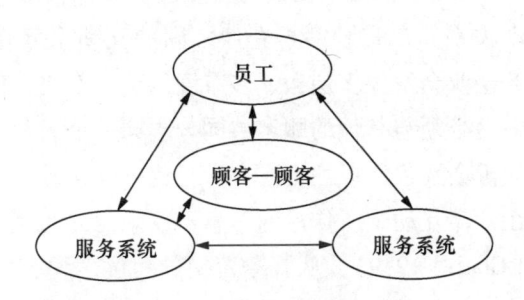

图 2-4 拓展的服务互动模型

资料来源：范秀成，《服务质量管理：交互过程与交互质量》，《南开管理评论》1999 年第 1 期。

贝特森（Bateson，1985）提出服务互动三元模型，认为服务互动包括顾客、服务人员和服务组织三个构成要素，这三个要素相互影响、相互制约（见图 2-5）。组织为了能够更好地控制服务传递过程，通常会高度重视服务组织本身、服务员工和参与顾客三者之间的互动。

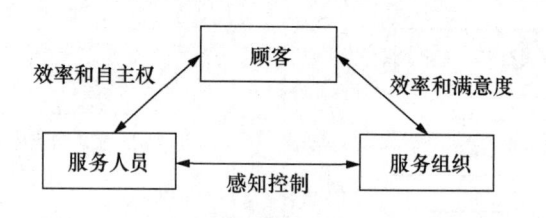

图 2-5　服务互动三元模型

刘仓（2007）认为，在饭店服务交互过程中，存在员工和顾客交互、顾客和顾客交互、员工和员工交互三种互动方式。张世琪、黄浏英（2004）在分析饭店服务互动质量时指出，服务互动主要包括顾客和员工的互动、顾客和顾客之间的互动、员工和员工之间的互动以及顾客、员工和服务场景之间的互动。齐欣（2007）将饭店服务中存在的互动划分为以下四种类型：员工和顾客互动、顾客和顾客互动、员工和员工互动以及顾客与员工和服务场景互动。

可见，关于服务互动的具体构成维度虽然没有达成共识，但学者们一致认为，服务互动至少包括以下两个层面的内容：一是顾客与员工之间的互动。Gronroos（1990）指出，在任何服务过程中都会形成顾客和服务提供者之间的互动关系。二是顾客与企业之间的互动。范秀成（1999）认为，顾客与服务企业会发生多层次、多维度的交互作用。然而，顾客在接受服务的过程中，必须与其他的顾客共同分享同一个服务环境，服务场景中顾客面对面的机会不仅比以往更多，而且比顾客与服务人员间互动更为频繁和复杂。在社会互动中所传递的信息不仅多元，而且具有更高的可信度（Martin and Clark, 1989）。从服务营销的角度，顾客之间的互动可能有助于改进整体服务质量，并影响顾客满意度和顾客忠诚度（Pranter and Martin, 1991）。顾客的服务经验和购买决策受他人的影响深远，注意到顾客间互动的作用以及这种互动对重大结果产生怎样的影响是十分重要的（Yoo et al., 2012）。因此，本书的服务互动分为顾客与店铺环境之间的互动、顾客与服务人员之间的互动以及顾客与顾客之间的互动三个维度。

三　服务互动的作用效果

（一）顾客与服务环境之间的互动效应

服务环境（Servicescape）是服务互动过程中不可或缺的成分。服务环境已成为学术界普遍接受的专用名词，不同学者对服务环境的分类各异。科特勒（Kotler，1973）认为，服务环境包括视觉、听觉、嗅觉和触觉等可以感知的相关环境，并称为氛围（atmospherics）。Booms 和 Bitner（1982）认为，有形线索包括建筑、灯光、温度、家具、配置和色彩。贝克（Baker，1987）基于环境心理学，将服务环境构成要素区分为潜在因素（如空调、温度、照明、声音、气味、干净等）、设计因素（例如内外部的建筑、色彩、材质、配置和标示等）和社会因素（包括服务环境中的其他顾客和服务人员）。贝特纳（1992）提出服务环境关系模型，认为用来强化服务人员和顾客行为的重要有形环境（服务环境）包括潜在环境（如环境的背景特性，如音乐、灯光、温度、颜色、气味和噪声）、空间配置和功能性以及标示、符号和装饰品。拉姆（Lam，2001）认为，商店服务环境包括环境因素（温度、灯光、音乐等）、设计因素（建筑物、颜色等）和社会因素（顾客、员工的行为）。洛夫洛克（Lovelock，2011）认为，服务环境主要包括周边环境、空间布局和功能以及标识、符号和人工指示牌等，出色的服务环境设计会使顾客感到舒适，并提高满意度。

实体环境会影响顾客行为并能建立良好的印象，在服务业尤为明显。贝特纳（1992）基于"刺激—有机体—反应"理论，提出"环境—使用者关系"框架来考察服务场景对行为的影响，认为服务场景中的各种要素都会对顾客和员工产生影响，顾客、员工会对服务环境产生一种内在反应而以某种特定的方式采取行动。这种内在的反应是在认知、情感和生理上产生的反应，认知则包括信任，个人行为包括吸引、停留、重购和回避等。穆尔等（Moore et al.，2005）在其基础上进一步提出了"顾客与顾客互动—服务结果的整合模型"，并证实服务环境对"顾客与顾客互动"具有正向关系，而"顾客与顾客互动"对顾客满意度、顾客忠诚度、企业口碑均呈高相关关系。Sirgy 等（2000）认为，通过商店整体气氛的营造，将会为商店创造有利的消费情境，促使消费者对商店产生正面的知觉情绪。巴宾等（Babin et al.，1994）指出，环境能够影响消费者愉悦及感知购物价值，由商店本身所塑造出来的环境实体表征的气氛将激发消费者情感上的价值知觉。Babin 和 Attaway（2000）证实，商店环境要素会影响消费者在环境中所经历的主观感觉，而消费者的主观感觉又会影响购物意图、消费金额、满意度和购买价值。陈觉（2003）认为，服务环境由多种要素组成，影响服务提供者和顾客的心理感受和行为。Bove 等（2008）探讨了理发业、药店、医院三种服务行业员工对顾客行为意向的影响，研究结果表明：员工的投入（与交往公平有关）对行为意向的影响最为显著。范秀成（2006）认为，服务环境是服务互动的重要组成要素，在顾客期望、影响顾客经历以及实现差异化方面具有十分重要的作用。

（二）顾客与服务人员之间的互动效应

对企业而言，一线员工和顾客之间的关系强弱是顾客忠诚和竞争优势的重要来源。一线服务人员的作为极为重要，许多具体问题特别是服务质量都是掌握在一线员工手中。表面上员工和顾客之间是服务与被服务关系，但在顾客眼中员工是服务企业的形象代表，是提供服务质量的最终体现。服务人员的态度、行为和服务技能最终决定服务传递质量（Czepiel et al., 1985；Gronroos, 1990）。一线员工是服务产品的核心部分，一线员工和顾客的互动决定服务质量（李雪松，2009）。顾客会有意识地关注员工在接触细节上的表现，员工的外形举止能够影响到顾客的心情、获得顾客的认可、员工的工作表现以及顾客的最终满意度。得不到服务和服务不及时并不必然导致顾客不满，一线人员处理得当也可以使顾客满意，而且工作人员对顾客需求的及时反应对顾客满意水平有很大影响（Bitner et al., 1994）。顾客的行为意愿因为受到服务提供者的能力影响，顾客在态度上会向亲朋好友宣传其优点，进而推荐他人来这家公司（Cronin et al., 2000）。相反，顾客一旦感知不公平待遇，就不会再次光顾，还会引发不良的口碑（Berry, 1995）。

在服务接触中，与员工的互动会使顾客经历高兴和喜悦、温暖和满足、愤怒和挫折、失望和后悔等一系列的情感反应。服务人员能为顾客提供对服务期望的线索，帮助顾客对公司进行评级，或是形成对服务接触的先前态度和期望（Solomon et al., 1985）。服务人员的专业知识及友善的态度可以促进顾客在购物的过程中更加流畅、解决消费者可能面临的问题，进而增强消费者在购物时的正面情绪（Yoo et al., 1998；Baker et al., 2002）。服务接触中员工与顾客的人际沟通质量对顾客的情感反应和消费体验具有决定性影响（Solomon et al., 1985），这种影响效果可以情绪感染理论来解释。按照情绪感染理论，社会互动过程中一方的情绪状态可能转移给另一方（Pugh, 2001），其转移可以同时发生在有意识和无意识两个水平上：一方面，沟通主体将对方所表达出来的情绪信号无意识地融入自己的情绪系统；另一方面，他们主动把握对方的情绪状态及其所要表达的情感意义，并以此为基础形成或调整自己的情绪状态（Barsade,

2002)。在服务互动中，员工和顾客之间的情绪感染现象十分普遍（Tsai and Huang, 2002），员工友好的情感展露能够通过情绪感染来促进顾客积极的情绪状态和行为响应。

（三）顾客与顾客之间的互动效应

学者们主要采用行为内容和顾客扮演角色两个分析框架对顾客互动角色进行分析。麦格雷恩和奥特尼斯（McGrath and Otnes, 1995）根据在零售商店所观察和访问的消费者经历，提出了主动协助者、被动协助者、寻求协助者、抱怨者、赞美者、竞争者、批评者、破坏者、跟随者、观察者和控诉者等消费者角色。帕克和沃德（Parker and Ward, 2000）在英国进行了类似研究，并勾勒出四种消费者所扮演的角色：主动协助者、被动协助者、主动求助者与被动求助者。从这两个研究中可以看出，顾客在服务场景中常因为工具性目的而与其他顾客进行互动。顾客的互动主要是因为某一方面在产品的选购上有所疑虑而求助于现场顾客的帮忙。顾客所扮演的角色并非单一，而是多元且具高度转换性，因此一个顾客可能同时扮演多种角色。另一种分析方式是直接对顾客行为进行分类（Martin, 1996; Grove and Fisk, 1997）。马丁（Martin, 1996）选择餐厅和保龄球馆为研究情境，对顾客互动的行为进行因子分析，得出交际行为、肮脏行为、不体贴行为、粗鲁行为、暴力行为、不满行为和闲散行为等顾客互动行为因子。格罗夫和菲斯克（1997）根据游乐园调查提出了另一个分类架构，他认为顾客互动可以粗略地分为约定事件与社交事件。约定事件为遵守或违背合约与约定成俗的行为，这些行为又被研究者分类肢体或口语上的行为，而社交事件则是对他人友善或怀有敌意的行为。

无论分类如何，顾客的互动行为可以被划分为好坏两类。尽管互动行为会因为个人与情境因素对顾客的服务体验有不同的影响，然而特定顾客互动行为所带来的影响是一致的。一方面，正面行为会让顾客感到愉悦，对服务有加分的效果。在工具性目的方面，顾客的互助与资讯收集行为在购买前能够影响购买决策（Harris and Baron, 2004）。在人际性目的方面，顾客会因为简短的问候、幽默的对话等社交行为而感到愉悦（McGrath and Otnes, 1995; Parker and Ward, 2000）。在认同性目的方面，协助他人的过程使顾客因达到某种程度的自我实现而满足，许多正面互动行为能够刺激正向情感的产生、增进服务品质的知觉（Grove and Fisk, 1997; Parker and Ward, 2000）。例如，格罗夫和菲斯克（1992）对游客的研究表明，背景顾客会影响中心顾客对服务项目的满意度。哈里斯等（Harris et al.，1995）对零售服务的调查发现，顾客间的口头交流增加了服务体验的乐趣。哈里斯和巴伦（Harris and Baron，2004）对铁路乘客的研究表明，顾客之间的口头交流能够打发时间、互相提供信息或协助，并影响顾客的满意度。另一方面，当所遭遇的互动行为是负面的，消费者也会因为服务经验被破坏而不快（Harris and Reynold，2003）。顾客行为就像一把"双刃剑"，因为不论正负面的互动行为，都有可能影响消费者满意度（Grove and Fisk，1997；Martin，1996）、忠诚度（Guenzi and Pelloni，2004；Moore et al.，2005）。这反映在行为上可能是口碑传播或再购，对企业短期或长期的利益或成本都有所影响（Harris and Reynolds，2003）。另外，顾客的恶质行为会直接影响第一线服务人员，员工因处理服务场景中破坏事件以及其他消费者不满情绪时所引发的心理与生理压力更可能是企业的隐忧（Harris and Reynolds，2003）。菲尔等（File et al.，1994）从实例研究中发现顾客参与影响顾客口头传播和顾客再购买，而这种顾客参与就包括人际的互动，即顾客和服务提供者之间的互动。不良的顾客行为不仅让人印象深刻，也比正面顾客行为更具影响力（Martin，1996）。

第二节　交叉购买

在服务与关系营销领域中，交叉购买的重要性逐渐增加。就关系营销而言，交叉购买可以被视为关系深化、关系发展、关系延伸和关系广度的表征。相对于顾客保留决策，交叉购买是更复杂的决策制定过程（Verhoef et al.，2001）。虽然并不是所有的交叉购买对企业都是有利可图的，但通常来说，顾客从同一企业购买其他产品或服务，会延长其与企业的关系期限，提高购买频率并增加边际收益，并直接或间接增强顾客盈利能力（Shah et al.，2012）。

一　交叉购买的含义

交叉购买概念可以追溯到 20 世纪 70 年代贸易文献中的交叉购物（Cort and Dominguez，1977）。科特和多明克斯（Cort and Dominguez，1977）将交叉购物描述为以下情形：某个消费者惠顾经营相同产品线（如家具、女性服装和电子产品）的多种零售渠道，这些零售渠道是为了迎合不同目标细分市场需求而由同一公司经营的。例如，同一消费者既光顾同一家公司经营的百货商店，又光顾折扣店的行为被称为交叉购物。但光顾同一折扣店的两个分支却不是交叉购物，因为这些分支满足的是同一目标细分市场的需要。卡西尔和威廉姆森（Cassill and Williamson，1994）将交叉购物界定为"同一顾客惠顾经营相同产品线的多种类型的销售通路的行为"，强化了初始的定义。此外，肖恩正克勒和戈登（Schoenbachler and Gordon，2002）将交叉购物解释为"消费者通过由同一公司经营的多种渠道（如实体商店、互联网和目录）购买商品的情形。"近40年来，为了体现不同的研究情境，学者们对交叉购买的概念进行了修正和拓展，基本上形成了三种代表性的观点。

第一种观点认为，在契约条件下，交叉购买是指顾客从同一个供应商处购买不同产品或服务的数量，并通过 T_0 和 T_1 两个连续的关系时点之间顾客从焦点供应商购买的商品或服务数量之差来衡量（Verhoef et al.，2001）。

第二种观点认为，在非契约条件下，例如在零售交易中，由于没有相应服务的终止，采用两个连续时点购买的不同产品数量差异来测量交叉购买似乎没有什么意义，所以，库马等（Kumar et al.，2008）将交叉购买界定为"顾客从第一次购买时起，从同一公司总共购买的不同产品或服务类型的数量"。

上述两种观点都强调顾客购买其他类型的产品或服务的数量，然而，第一个缺陷是数据的不易获得性。如果企业没有建立完整的客户档案，那么很难直接获取顾客购买的产品数量，特别是首次购买的产品类型等相关数据。第二个缺陷是产品分类的标准存在分歧。例如，面包机、豆浆机、料理机、饮水机应该被视为不同类型的产品，还是均应该被视为厨房电器产品。第三个缺陷是它们都隐含着一个假设，即交叉购买是发生在至少两次以上的购物经历中的，具有明显的跨期性特征。其实，交叉购买也可能会即时发生，即顾客可能会在同一次购物活动中购买不同的产品。

第三种观点认为，交叉购买是指除已经购买的产品之外，顾客从现有的服务供应商处购买的其他产品或服务（Jeng，2008；Lin，2012；Ngobo，2004）。这个定义较为宽泛，既淡化了产品类型，又模糊了购买时间，因而可能克服了前两个定义的局限性。然而，与前两个定义一样，这个定义也是基于不同的产品或服务而做出的,由此引发的一个关键问题是:如何界定"不同的产品"?例如,可口可乐 vs 百事可乐,A4 纸 vs B5 纸,佳洁士牙膏 vs 佳洁士牙刷,它们是相同的产品还是不同的产品?

二 交叉购买的影响因素

自 Verhoef 等（2001）首次对交叉购买进行专门研究之后,学者们广泛地探讨了影响交叉购买的因素。我们可以根据三个基本研究变量——前因变量、中介变量和调节变量——所建立的分析框架来进行评价（见图 2-6）。

中介变量
- 顾客忠诚
- 转换成本
- 关系质量（满意、信任、承诺）
- 关系投资
- 关系销售行为
- 服务评价
- 顾客价值
- 形象
- 经济导向认知
- 场所依恋

自变量
- 顾客因素
- 企业因素
- 关系因素
- 综合因素

调节变量
- 关系长度
- 公司声誉
- 感知风险
- 竞争者吸引力
- 类别相似度、复杂度
- 转换成本
- 集体主义价值观

交叉购买
- 意愿
- 行为

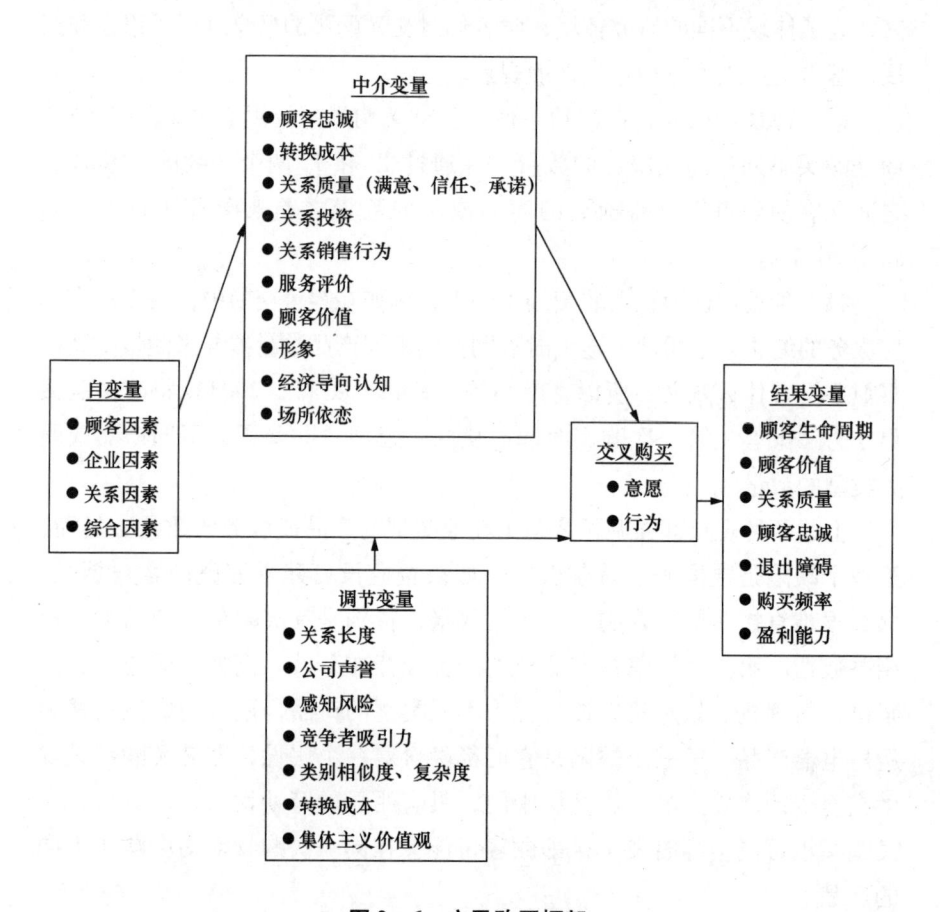

结果变量
- 顾客生命周期
- 顾客价值
- 关系质量
- 顾客忠诚
- 退出障碍
- 购买频率
- 盈利能力

图 2-6 交叉购买框架

（一）前因变量

1. 顾客因素

从人文变量来看,Kamakura 等（2003）发现,人文变量会增强交叉购买模型的解释力。Verhoef 等（2001）认为，年龄对交叉购买有显著影响。Kamakura 等（1991）认为，是否乐于购买其他金融产品与年龄、房屋所有权之类的人文变量有关。Balachander 和 Ghosh（2007）指出，年龄和家庭生命周期阶段在交叉购买中是至关重要的。库马等（2008）在交叉购买模型中分析了家庭收入和家庭领导者年龄对交叉购买的影响。Li 等（2005）认为，教育、性别、收入会影响交叉购买。从心理变量来看，王斌（2012）基于 152 个百货商店购物者的调查分析，发现顾客活动涉入对交叉购买有显著正向影响，其中吸引力、自我表现对交叉购买有显著正向影响，而中心性对交叉购买的影响并不显著。场所依恋对交叉购买有显著正向影响，而且场所依赖和场所认同对交叉购买均有显著正向影响。从行为变量来看，Cheng 等（2008）利用牛仔裤香港有限公司西安分公司 100 个牛仔裤会员的资料，实证分析了可能影响顾客交叉购买的因素。他们认为，交叉购买的影响因素主要来自顾客以前的购买经历和需求情况，具体包括满意、竞争者满意比较、价格公平、竞争者价格公平比较等。Liu 和 Wu（2008）认为，顾客从其他服务提供商处已购买的服务数量也会对交叉购买产生影响。

2. 企业因素

Verhoef 和 Donkers（2005）运用荷兰金融—服务业供应商品 3317 个顾客样本，利用 Probit 模型进行分析发现，获取顾客的渠道对处于早期关系阶段的顾客交叉购买有一些影响。按照 Coughlan（1987）的观点，提供"一站式"购物利益是顾客交叉购买的重要驱动因素。Mishra 和 Sharma（2010）利用银行业顾客 399 个有效样本，实证分析了服务质量、忠诚对交叉购买意图的影响。Verhoef 等（2001）认为，忠诚方案之类的营销工具和以前直接邮寄的数目也是交叉购买的决定因素。

Liu 和 Wu（2009）利用中国台湾银行顾客 470 个有效样本考察了便利性（地点便利、"一站式"购物便利）、服务质量（功能性服务质量、技术性服务质量）、公司特征（公司声誉、公司规模）对交叉购买的影响。王中江（2013）运用零售超市顾客 328 个有效样本，研究发现结果公平、程序公平和互动公平与交叉购买呈正相关关系。Laksamana（2013）利用澳大利亚银行业顾客 525 个有效样本，试图考察声誉是怎样影响顾客保留和交叉购买的。但研究结果却表明，声誉对交叉购买没有影响。杨宜苗、夏春玉（2009）建立了店铺形象、感知价值与交叉购买意愿关系模型，运用大连市百货商店、超级市场和购物中心 653 个顾客样本分析表明，商品形象、便利形象和声誉形象正向影响顾客交叉购买意愿，顾客感知价值对交叉购买意愿有显著正向影响。Mäenpää（2012）通过半结构化访问芬兰中部、南部金融服务业（银行、保险）22 个中小企业，考察了金融服务部门顾客交叉购买的驱动因素，认为"一站式"解决方案、减少手续和纸张工作以及时间和精力节省被认为是交叉购买的重要决定因素，而以下三个主要因素则阻碍交叉购买：感知形象冲突、虚假的顾客忠诚方案和不利的定价。库马等（2008）基于美国一家大型目录零售商企业—顾客 1500 个交易数据（1997—2004 年）分析了交叉购买的影响因素，表明交易特征（平均购买时间间隔、产品回报率、焦点购买）、产品特征（首次购买类型）是交叉购买的重要驱动因素，也检验了营销能力对交叉购买的影响。

3. 关系因素

Verhoef 等（2002）采用荷兰保险业顾客的 1986 个有效样本，分析了关系概念（满意、信任、情感性和计算性承诺）对购买服务数量（交叉购买）的影响。王天春（2013）利用针对零售顾客的 197 份调查问卷实证检验了服务互动的不同类型对交叉购买的影响。Verhoef 等（2001）采用荷兰保险业 205 个有效样本，考察了满意、支付公平（感知价格公平）对多服务供应商交叉购买的影响。研究结果发现，焦点供应商支付公平和竞争供应商支付公平之间的差异对交叉购买有显著的正向影响。Soureli 等（2008）建立了满意、信任、价值、形象和交叉购买关系的理论模型，并利用中国台湾银行顾客 311 个有效样本进行实证检验。结果表明，形象和信任在交叉购买形成中十分重要。Dierkes 等（2011）利用中国台湾通讯业顾客 2645 个有效样本，分析了顾客口碑对交叉购买决策的影响。

4. 综合因素

Jeng（2008）利用中国台湾保险顾客 225 个有效样本，探讨了公司声誉、人际关系和竞争供应商的营销方案对顾客交叉购买意图的影响。结果表明，公司声誉、顾客和销售员之间的人际关系对顾客交叉购买意图影响显著。Fan 等（2011）利用与中国台湾银行保险业 25 个金融机构的 269 个顾客数据，引入 POPSIS 技术，对银行业交叉购买保险意图的影响因素（形象、服务便利性、人际关系、信任、支付公正、经历、定价、产品多样化）的相对重要性进行评价。Balachander 和 Ghosh（2007）运用美国无线运营商 30000 个样本数据考察顾客流失和交叉购买的驱动因素。发现影响交叉购买可能性的主要因素包括：年龄和家庭生命周期阶段、当前产品的服务质量、当前产品的价格、关系持续期限和搜寻成本。Ngobo（2004）构建了交叉购买意图的两条实现路径：一条是基于当前关系的评价（如服务质量、感知价值和顾客满意），另一条是基于交叉购买的特定因素（如"一站式"购物的好处）。利用法国两套样本数据（一个样本是一家全球零售商的 280 个顾客，另一个样本是所在城市主要零售银行的 257 个客户）分析发现，顾客交叉购买意图主要与服务供应商传递高质量服务能力的形象冲突和感知便利有关，顾客经历对交叉购买影响较弱或较小。

（二）中介变量

Mishra 和 Sharma（2010）考察了服务质量、忠诚和交叉购买意图之间的关系，结果发现忠诚中介了服务质量和交叉购买的影响效果。在 Ngobo（2004）提出的交叉购买意图驱动因素模型中，转换成本和再购意图一方面作为对与现有供应商关系评价与交叉购买意图关系的中介变量，另一方面又作为交叉购买考虑因素和交叉购买意图关系的调节变量。Liang 等（2008）利用中国台湾证券业顾客 766 个有效样本，考察了关系—情感策略、感知关系投资、感知关系质量、顾客忠诚、顾客保留和交叉购买之间的关系。结果表明，交叉购买的实现路径：关系联结策略（财务性联结策略、社会性联结策略和结构性联结策略）—关系投资—关系质量—顾客忠诚—交叉购买。刘宗其等（2007）探讨了满意度和信任在服务属性和交叉购买关系中的中介角色。研究结果显示：满意度和信任分别扮演不同的中介角色，服务满意度会影响高相似商品的交叉购买，信任则是在低相似的交叉购买中具有影响力。Liu 和 Wu（2009）探索了便利性（地点便利、"一站式"购物便利）、服务质量（功能性服务质量、技术性服务质量）、公司特征（公司声誉、公司规模）与交叉购买的关系，以及满意和信任在它们关系中的中介作用。结果表明，技术性服务质量和公司声誉可能只通过信任对交叉购买不相似产品产生间接影响，满意度在交叉购买相似产品有中介作用。Lin（2012）以顾客导向为自变量，关系销售行为（互动密度、相互揭露信息）、关系质量（满意、信任）为中介变量，交叉购买为因变量，利用中国台湾银行业顾客 334 个有效样本，探讨了顾客导向对顾客交叉购买的影响路径。结果表明，顾客导向正向影响互动密度和信息相互披露，进而影响顾客满意度和信任，信任对交叉购买有正向影响，但满意度没有；关系销售行为在顾客导向和关系质量之间有中介作用，然而关系质量在关系销售行为和交叉购买之间没有中介作用。Aurier 和 N'Goala（2010）构建了以服务质量（功能质量、技术质量）为自变量，以服务评价（价值—整体满意）、关系质量（整体满意—信任—承诺）为中介变量，以惠顾行为（关系维持关系发展，例如交叉购买）为因变量的交叉购买驱动因素模型，并利用法国农业信贷银行顾客 2155 个有效样本进行实证检验。杨宜苗（2010）构建了以商店形象为自变量，感知价值为中介变量，交叉购买为因变量的理论模型，研究发现感知价值在商店形象和交叉购买关系中起部分中介作用。Soureli 等（2008）发现，顾客交叉购买意图是满意、信任、感知价值和形象四个因素作用的结果，感知价值影响满意度，进而分别影响形象和信任，形象和信任对交叉购买产生影响。Jeng（2011）建立了以公司声誉为自变量，经济导向认知（期望服务质量、信息成本节省、关系认知）为中介变量，交叉购买意图为因变量的交叉购买理论模型，利用台湾人寿保险业顾客 370 个有效样本，深入分析企业声誉是否影响以及怎样影响顾客经济导向认知（即从现有供应商购买新服务的感知利益）和关系认知（即对关系强度和供应商提供物的评价），进而影响交叉购买意图的。结果表明，良好的企业声誉能够通过提高顾客期望服务质量，降低信息成本，以及增强信任和情感承诺来形成顾客交叉购买意图。

（三）调节变量

Verhoef 等（2002）考察了关系长度对关系概念和购买数量之间关系的调节作用。结果发现，关系长度对满意度、情感性和算计性承诺与交叉购买之间的关系均具有调节作用。Verhoef 等（2001）在考察满意度、支付公平与交叉购买的关系时发现，对关系长度较长的顾客来说，满意度对交叉购买的影响较大，支付公平对交叉购买有负向影响。如果供应商感知价格比竞争者价格公平，那么顾客可能会增加交叉购买。Jeng（2008）研究发现，竞争者较优价格、较高产品多样化对交叉购买意愿的负向影响受焦点公司良好声誉的负向调节。Mishra 和 Sharma（2010）在分析服务质量、忠诚和交叉购买意图之间的关系时，引入了感知风险和竞争者吸引力这两个调节变量。结果表明，感知风险和替代者吸引力对忠诚与交叉购买的关系起调节作用。刘宗其等（2007）利用提供保险及证券等金融商品的中国台湾银行 506 个顾客为有效样本，探讨关系质量和交叉购买关系，并考虑商品类别相似度与复杂度的双重干扰作用。结果显示，关系质量中的满意度和信任在四种交叉购买组合中的影响力互为消长：满意度在高相似、低复杂度的商品组合中影响力最大，但随着相似度降低、复杂度增加，满意度逐步丧失影响力，而信任则逐渐扮演重要角色。刘宗其等（2007）利用中国台湾金融服务业470个有效样本，考察了服务类别相似性在服务属性（地点便利性、一次购足便利性、功能性与技术性服务质量、企业规模和声誉）与交叉购买关系中是否具有调节效应，研究表明，服务类别相似对地点便利性、一次购足便利性、功能性服务质量、企业规模与交叉购买的关系有调节作用。王伟（2012）认为互联网渠道顾客感知价值是网上银行交叉购买的前因，并考察了转换成本对顾客感知价值和交叉购买意向关系的调节作用。Ngobo（2004）构建了交叉购买意图的两条实现路径，一条是基于当前关系的评价（如服务质量、感知价值和顾客满意），另一条是基于交叉购买的特定因素（如"一站式"购物的好处），并考察转换成本、再购意愿对交叉购买特定因素和交叉购买意图之间关系的调节作用。Hong 和 Lee（2012）利用韩国和中国台湾银行业顾客700个有效样本，考察了顾客交叉购买意图的决定因素，并考察了集体主义对这些决定因素和顾客交叉购买意图关系的影响。研究发现，信任和满意度受集体主义的显著影响，即使对于集体主义水平相似的国家，也可能由于交叉购买的决定因素，导致集体主义的影响可能会不同。

三 交叉购买的作用结果

交叉购买关系企业交叉销售及其诸多利益的实现。有交叉购买行为的顾客其生命周期更长，交叉购买对顾客生命价值的这种正向影响表明，目前的交叉购买可能会影响未来平均购买间隔时间（或购买频率）（Reinartz and Kumar, 2003）。

交叉购买是顾客生命周期价值形成的重要动机之一，并能够带来更高的顾客价值（Venkatesan and Kumar, 2004）。交叉购买既增加了顾客生命周期价值，又促进了顾客资产价值的提高（成爱武、张树泉，2010）。

交叉购买能够减少企业获取新顾客的费用，从而导致企业的价格竞争优势（Reichheld and Sasser, 1990）。由于已获顾客信息，所以，企业面临的风险和责任也较低。而且，顾客购买的产品和服务越多，他们与企业保持的关系可能越持久（Reinartz and Kumar, 2003）。

在顾客交叉购买过程中，随着与顾客互动满意度的提高，企业能更好地了解顾客的需要和欲望，增强发展顾客忠诚和抵御竞争者的能力，并最终提高盈利能力（Shah et al.，2012）。对于不同水平的交叉购买，基于顾客的绩效指标显著不同，对于任何特定水平的交叉购买，每位顾客单位订单的平均收入显著高于交叉购买之前。单位订单的平均边际贡献和每月平均订单也显著提高。单位订单收入和边际贡献、每月订单的增长促进了每月收入和边际贡献的增长，对于不同水平的交叉购买，这些指标显著不同（Kumar et al.，2008）。

交叉购买会影响顾客价值、关系质量和关系强度，提高退出障碍（Ngobo，2004）。此外，交叉购买会导致行为忠诚或者说是行为忠诚的前因，行为忠诚通过关系长度、购买频率、收入和钱包份额来表示（Reinartz et al.，2008）。

四 简评

学者们基于不同研究背景和各自研究需要对交叉购买进行了不同的界定，并形成了三种代表性观点。适用于契约情境的第一种观点强调 T_0 和 T_1 两个连续的购买时点，未必适用于非契约交易情境。强调非连续性购买的第二种观点引入了首次购买，但如果没有完整的客户档案，则存在操作上的困难。第三种观点通过对购买时间进行模糊化处理似乎弥补了前两个定义的部分欠缺，但与前两种观点一样，对"其他产品或服务"的界定却不明晰。"其他"可能是指第一种、第二种定义中的不同类型产品，也可能是指产品类型相同但品牌各异（如高露洁牙膏、佳洁士牙膏），还可能是指产品类型、品牌均相同，但产品型号、样式、颜色、功能或包装等不同（如150毫克佳洁士防蛀牙膏、120毫克佳洁士美白牙膏）。如果对交叉购买的界定令人混淆，在调查过程中很容易使受访者陷入困惑，即无法确信自己是否正在（或想要）交叉购买，从而使研究结果出现偏差。因此，在未来的交叉购买研究中，首先要对交叉购买进行准确的界定。从时间范围上，要明确是一次购物经历还是多次购物经历；从产品类型上，要明确给出产品分类的标准；如果采用"其他产品"的说法，需要进一步明晰其界限和范围。

学术界广泛探讨了交叉购买的影响因素和作用结果，本书基于前述文献评析，构建出分析框架。从交叉购买的影响因素来看，在前因变量方面，以往研究广泛涉及顾客因素、企业因素、关系因素和综合因素。为了进一步揭示这些自变量对交叉购买的作用机制，研究者引入了不同的中介变量和调节变量。在中介变量方面，主要涉及顾客忠诚、转换成本、关系质量、关系投资、关系销售行为、服务评价、感知价值、形象及经济导向认知。在调节变量方面，主要涉及关系长度、公司声誉、感知风险、竞争者吸引力、类别相似度和复杂度、转换成本及集体主义价值观。可见，交叉购买影响因素纷繁复杂。以往相关研究虽然提供了丰硕成果，但令人遗憾的是，研究结果一直都不令人满意（Fan et al.，2011）。其中可能的原因在于：

第一，变量界定不同。对于交叉购买，Fan 等（2011）、Hong 和 Lee（2012）、Mishra 和 Sharma（2010）、Ngobo（2004）将其界定为交叉购买意愿，而 Aurier 和 N'Goala（2010）、liu 和 Wu（2008）、Verhoef 等（2002）则采用交叉购买行为变量。

第二，立论基础不同。研究者试图从不同理论视角探讨交叉购买，从学科划分来看，主要借鉴了认知科学、社会和行为科学、经济学和管理学等，这些学科成为交叉购买研究的重要基础学科。从支撑理论来看，主要包括满意理论、信任理论（Verhoef et al.，2001；2002）、关系营销理论（Liang et al.，2008）、感知风险理论（Kumar et al.，2008）等。

第三，研究背景不同。交叉购买研究的行业背景主要涉及金融业（Mäenpää，2012）、银行业（Soureli et al.，2008）、保险业（Verhoef et al.，2001）、证券业（Liang et al.，2008）和零售业（Kumar et al.，2008）。与银行业、保险业和证券业明显不同，零售业基本是一种非契约性交易情境。由于消费者与零售商交易关系的非契约性，零售业顾客的交叉购买更可能是一种主动行为。

由于上述三个方面的差异，可能导致研究结论上的迥然不同。这可能也表明，在理解交叉购买的决定因素方面，还有很大的研究空间（Soureli et al.，2008），可能有其他变量（如顾客心理变量、顾—企关系变量）对交叉购买发挥着重要作用，或者说交叉购买可能还有其他的形成逻辑。例如，在交叉购买情境下，顾客因为缺乏从同一企业购买以前未曾购买的不同产品或服务的经历（Kumar et al.，2004），对新产品或服务及其质量通常并不熟悉（Bolton et al.，2004），所以每一次交叉购买都可能会产生感知风险，面临新的高不确定性（Liu and Wu，2007），对这些不确定性的忍受程度又因人而异（Dugas et al.，1998）。有些个体能够忍受不确定性并积极应对，适应良好；而无法忍受不确定性个体则可能感到困惑，在认知、情绪和行为方面消极反应，产生过度担忧、焦虑甚至抑郁症状

(张国华、戴必兵，2012)。因此，在交叉购买的未来研究中，有必要考虑不确定性和无法忍受不确定性的作用。再如，消费者的购买活动通常是发生在特定的场所（如零售商场）中的，如果消费者对此一无所知，一般就不会在此购买，更不可能交叉购买。以往研究虽然探讨了企业因素对交叉购买的影响，但很少涉及顾企关系层面因素，特别是忽视了顾企之间的情感因素，如爱、归属感、依恋等。

从交叉购买的作用结果来看，研究者选取的结果变量主要包括顾客生命周期、顾客价值、关系质量、顾客忠诚、退出障碍、购买频率和盈利能力。这些研究虽然为交叉购买研究的重要性提供了有力的证据，但可能存在以下不足：第一，大多只是理论阐释，并没有进行实证检验，因而需要提供更多的经验证据。第二，部分结果变量与交叉购买的关系存在着孰因孰果争论。例如，关系质量是交叉购买的前因还是结果？是顾客价值影响着顾客交叉购买，还是交叉购买影响着顾客价值？是忠诚导致了交叉购买，还是交叉购买促进了忠诚？这些尚未明晰的变量间关系有待于在未来的研究中进一步厘清。第三，除盈利能力之外，以往研究中所考察的结果变量主要是从顾客层面来反映交叉购买的结果，较难从客观上反映交叉购买对企业本身所产生的影响。例如，交叉购买能否引起市场份额、竞争能力、技术进步等方面的变化？这些问题有待进一步研究。第四，以往研究注重交叉购买的正面效应，而很少认识到并不是所有顾客的交叉购买对企业都是有利的 (Shah et al., 2012)。因此，对企业有利的交叉购买的顾客具有什么特征？如何准确确认？如何抑制对企业不利的交叉购买？在未来的交叉购买研究中，这些对企业具有重要价值的议题同样值得关注。

第三节 地方依恋

一 依恋

地方和依恋分别是地方依恋研究的两个逻辑起点，依恋强调情感，地方关注个人感情上依恋的环境场所 (Low and Altman, 1992)。从概念解构意义上说，地方是依恋形成的基础，而依恋是人对地方的认知、情感和反应（杨昀，2011）。

依恋这个概念最早由英国精神病学家 Bowlby（1969）提出，它是指婴儿与其照顾者（通常指母亲）之间所建立长久而强烈的情感联系（Ainsworth et al.，1978）。依恋理论的形成背景是，在第二次世界大战后，Bowlby 关注失去双亲的孤儿，经过一系列的观察，发现婴儿的行为有其意义与目的。婴儿除了会以哭、笑以及发声等讯号行为来获得依恋对象的注意外，还会表现出趋近行为来增进与依恋对象的互动。通过这两种依恋行为不断的互动，婴儿便与主要照顾者发展出依恋关系。

Bowlby（1973）认为，婴儿的行为出于本能，本能行为是以适应为基础的目标导向行为。Bowlby 的观点既有浓厚的动物行为学色彩，又有心理分析和控制系统理论的支撑。Bowlby 认为，人格的行为控制系统模型聚集于依恋、照顾、害怕和探索四个主要行为系统，这四个系统可同时运行，它们之间的动力关系可视为因应或管理压力的素质或策略。按照这个观点，依恋可视为含有生物性的因应策略，即管理害怕和痛苦（Kobak et al.，2006）。依恋行为系统被视为安全调节系统，一般而言，两种情况会激发此系统：一是潜在的危险或压力（内在的或外在的），二是威胁到依恋对象接近性和可获得性，这也是依恋行为系统的目的（Mayseless, 2005）。Water 和 Cummings（2000）认为，依恋行为系统的目的不应仅仅被视为获得安全感，而是在可获得保护关系中获得安全感，所以当遇到危险时，与他人接近是依恋系统的主要目标。个体在碰到挑战时，害怕系统的激活更为明显，依恋行为就更为明显。

任何让一个人去获得并维持与另一个不同个体亲近的行为，即被定义为依恋行为。而一个人喜欢亲近其他个体，通常会被他认为是较强壮者或智者（Bowlby，1973）。Ainsworth 等（1978）认为，依恋对象在依恋系统中扮演安全堡垒的角色，使得婴儿在面临威胁或压力情境时，能够获得生理上和心理上的安全感，使个体在安全的关系中能够有自信地从事其他活动。霍尔姆斯（1993）提出依恋行为系统运作模式（见图 2-7），描述了依恋系统作用的动态过程：儿童主动注意依恋对象与自己的互动情形，当依恋对象的回应让儿童有足够的安全感时，儿童得以放心地去探索外在世界，并与他人互动；相反，则会引发儿童害怕和焦虑的情绪。当出现负向情绪时，儿童可能再次表达依恋行为，也可能以两种不同的防卫方式来应对，而表现出逃避或爱恨交织两种不同的行为。

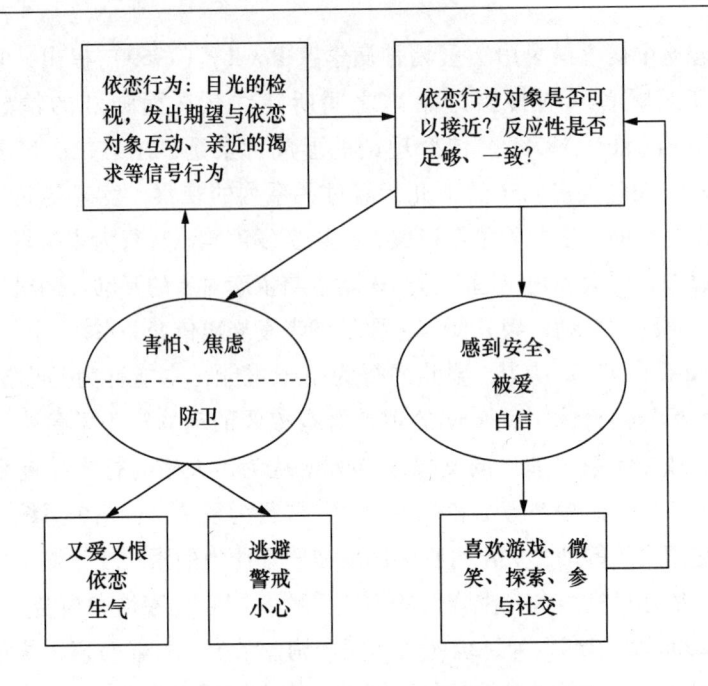

图 2-7 霍尔姆斯（Holems）的依恋行为系统

Bowlby（1973）利用控制系统的模式来解释依恋行为，此系统为一种目标调整行为系统，有其动机性和目的性。其目的会随着环境的变化（威胁或危险）调整与安全堡垒的距离，降低依恋对象可获得性的差距，激发依恋系统和内在运作模式，即个体面对环境刺激时内在反应的方式，个体会表现依恋行为，采用不同策略接近依恋对象，而呈现不同的依恋形态。控制系统能帮助个体与环境互动时达到并保持一个平衡，依照系统所形成的预测对外在刺激产生行为反应。Ainsworth 等（1978）对 Bowlby 的理论进行了验证，并将婴儿的行为反应分成安全型、焦虑—矛盾型和焦虑—逃避型三类。

依恋理论考察了人倾向于与特定的他人形成、保持和解除情感联系（Bartholomew and Horowitz，1991）。人们可能对不同的对象，包括宠物（Hirschman，1994）、所有物（Ball and Tasaki，1992）、地方（Rubinstein and Parmelee，1992）和名人（Alperstein，1991）形成情感依恋。市场营销研究表明，消费者可能对赠品（Mick and DeMoss，1990）、收藏物（Slater，2000）、居住地方（Hill and Stamey，1990）、品牌（Schouten and McAlexander，1995）或其他特别的或喜欢的对象（Ball and Tasaki，1992；

Kleine et al.，1995）形成依恋。依恋反映了一种情感联系，消费者行为研究也表明了这种观念。关于消费对象的相关研究表明，诸如爱（Kleine et al.，1995；Schultz et al.，1989）、情感依恋（Thomson et al.，2005）、顾客—企业情感（Yim et al.，2008）之类的情感是消费者对特定消费对象的情感特征。营销情境下的依恋能够防止消费者缺陷（Liljander and Strandvik，1995），在遇到负面信息时增强消费者谅解（Ahluwalia et al.，2000），以及预测品牌忠诚和支付意愿（Thomson et al.，2005）。

二 地方

地方是指通过个人、群体或文化的过程而被赋予了一定含义和意义的空间（Low and Altman，1992）。地方存在不同的范围（scale），在微观范围上，可以是房间、社区、城市；在宏观层面上，包括地区、国家、大洲等。基于人们的经历和记忆，人们在不同地方具有不同的心理感受，地方的心理意义即存在于此（Tuan，1977）。Breakwell（1986）强调，地方是社会意义和个人意义共同的产物。因此，Auburn and Barnes（2006）基于话语心理学，对话分析和民族方法学的研究，揭示了人们对地方的集体性理解的形成过程，表明地方是"社会意义"的产物，并创造了探索集体性理解起源的实证性研究方式。

地方是一个对个人而言有意义的地理区域，通常具有分享经验、传达情感的特征，具有情感的中心意义。地方因与人结合，以及人与环境之间的互动，使得地方与环境对人而言充满价值和意义（李英弘、林朝钦，1997）。地方更是一种特殊的物体或对象物，无法如同物品一样携带或搬运，却可以说是一种价值的凝聚；更具体地说，地方不仅是一个单纯的物理环境或空间，还承载了人们对于一个环境或空间的历史、经验、情感、意义或符号（Tuan，1977）。与地方相对的概念为空间，可以用矢量精确表达出来，特指地理位置和物质形式等（Sack，1997）。空间包含地方，比地方更加宽阔和自由，二者最大的差异在于人。从地理学角度解释，空间只为一段距离，却没有包括人的含义（Ryden，1993），而地方本质即人类存在的中心意义（Relph，1976），故地方需要的不只是地理上的位置概念，更需要持续地与个人（或团体）的经验、态度、记忆及知觉产生交集（Rice and Urban，2006），并以文化为背景，叙述其意义，提供人类存在的依据（Altman and Low，1992）。地方不仅具有地理上的含义，还有人文、社会心理的内涵。Relph（1976）认为，地方包括物理环境、人类活动以及其心理意义三种成分。对研究者来说，在地方包含的三种成分中，"心理意义"比其他两种成分更难以把握和确定，因此，尤其具有重要性（Tuan，1977）。地方的主要功能在于促使人们产生归属感和依恋感。当实质空间转换成地方时，人们即对地方产生亲切的经验，通过与地方之间互动，而形成初步的地方感。地方感可视为对特殊地方的一种态度，为一种相当复杂的心理建构，包含自我信念、情感及行为承诺（Jorgensen and Stedman，2001）。

尽管关于地方的定义以及地方与空间相关概念的不同已达成一致，然而关于人们应该怎样对人与地方的联系（地方依恋、地方认同、地方感和地方依靠等）进行界定和测量达成的共识还比较少。这些概念之间的关系还不明晰（Kyle et al.，2004），以及这些概念预测的是相同的现象还是不同的现象也没有达成一致。由于这种混乱，许多学者已对地方研究中的这种状态表示担忧（Hidalgo and Hernandez，2001）。尽管存在这些差异，但是大多数学者认为，发展与地方的情感联系是心理平衡和良好调整的前提条件（Rowles，1990），同时认为这有助于克服认同危机并在日益变革的世界中给人们稳定感，以及这有利于涉入地方活动（Brown et al.，2003；Vorkin and Riese，2001）。地方意义影响了人类如何知觉环境和对环境做出反应（Kaltenborn，1997）。而在不同的时期，地方将会被赋予不同的意义，影响着人类不同的经验（Tuan，1977）。但也因不同的意义，使地方对每一个个体或社群而言，都能成为一个神圣的地方（Cheng，2007）。

三　地方依恋

始于20世纪70年代，现象学文献最早引入地方依恋。关于地方依恋的名称和定义还没有达成一致，存在许多相似的概念，例如社群依恋（Kasarda and Janowitz，1974）、社群感（Sarason，1974）、地方依恋（Kyle et al.，2005）、地方认同（Proshansky，1978）、地方依靠（Stokols and Shumaker，1981）以及地方感（Hummon，1992），以至于通常很难区分学者们是在使用不同的名称讨论相同概念还是在讨论不同概念。有时我们发现，其中一个术语会当作一般概念来使用，因为它涵盖了其他术语，例如Lalli（1992）认为，地方依恋是地方认同的组成部分。有时有些学者在使用这些概念时并不加以区分，好像这些概念是相同的，例如，布朗和沃纳（Brown and Werner，1985）在讨论依恋和认同时，并没有对它们进行区分。

术语和概念上的混淆已经阻碍了这个领域的研究进展（Lalli，1992；Unger and Wandersman，1985）。近年来，在使用地方依恋这个术语上似乎达成了一些共识。一般来说，地方依恋被界定为人和特定地方之间的情感联结或联系。例如，舒马克和泰勒（Shumaker and Taylor，1983）认为，地方依恋是对地方的情感涉入。奥特曼和洛（Altman and Low，1992）将地方依恋界定为人与特定环境之间的情感联结。他们认为，地方依恋是由人对地方的情感和情绪、知识和信念以及行为和行动所组成的。Hummon（1992）指出，尽管地方关注环境条件，但是地方依恋的核心是情感。这些开创性文献表明，情感、情绪和感情是最经常被提到的地方依恋的重要观念。除了情感方面，依恋还包括认知和行为方面。也就是说，人对某一个地方除了具有感情之外，还会有特定的信念或者记忆，并在地方中表现出特定的行为。Tuan（1997）在讨论依恋时提到这种关系，认为是地方记忆和经验的累积。

上述定义用来描述对特定地方的特定情感可能是合适的，但是也存在一些缺陷。这些定义有点模棱两可，难以使人们将依恋和其他密切相关的概念区别开来，例如居民满意度，是指居民对他们所居之地所具有的正面或负面情感（Weidemann and Anderson，1985）。因此，有必要对这个概念作进一步界定。Hidalgo 和 Hernaèndez（2001）指出，依恋的主要特征是期望与依恋对象保持亲密，他们将这个特征引入地方依恋中，认为地方依恋是个人与特定地方之间的一种正向情感联系，其主要特征是个人倾向于与这个地方保持亲密关系。

自从地方依恋的概念被提出后，其研究主题不断被拓展和深化。学者们对地方依恋的分析范围、维度构成、影响因素及作用效果进行了广泛的探讨，我们将按照图 2-8 的框架（实线部分）对相关文献进行梳理。

（一）分析范围

地方存在不同范围，地方依恋可能包括许多层次和情境。

家是典型的地方，这几乎达成一致。家是稳定、秩序、根基、自我认同、依附、隐私、舒适、安全和避难（Case，1996）。家意味着物主身份，象征着家庭生活和幸福。人是以家为中心的，对现实的建构来说，家是比较固定的参考点（Porteous，1976），可以把人类有意义的地方划分为家和非家。

依恋 ---- 地方依恋 ---- 地方

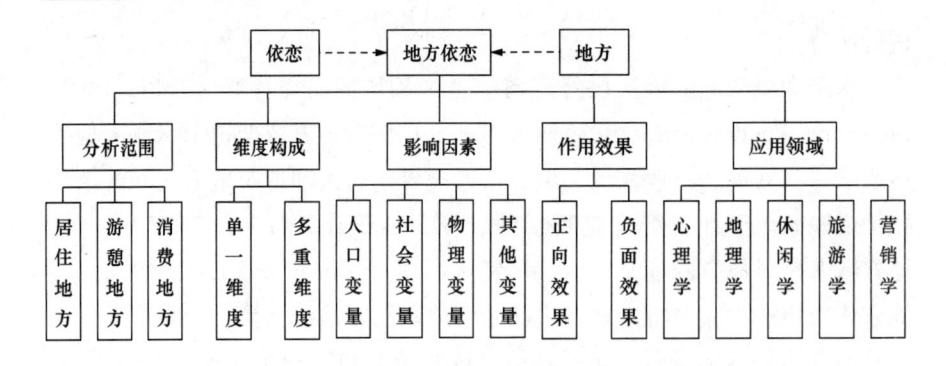

- 分析范围
  - 居住地方
  - 游憩地方
  - 消费地方
- 维度构成
  - 单一维度
  - 多重维度
- 影响因素
  - 人口变量
  - 社会变量
  - 物理变量
  - 其他变量
- 作用效果
  - 正向效果
  - 负面效果
- 应用领域
  - 心理学
  - 地理学
  - 休闲学
  - 旅游学
  - 营销学

图2-8 地方依恋的研究框架

社区的形成是共同经历和共享有意义情境的结果。当提供社会互动的自然特征和开放空间时，居民会形成一种强烈的社区认同感（Kim and Kaplan，2004）。贫穷移民通常对他们的社区有强烈的依恋，即使他们生活条件艰苦（Fried，1963）。稳定社区中的成员比不稳定社区中的成员更认同自己的社区（Oishi et al.，2007）。社区依恋是个人福祉的一个重要预测变量，社区依恋中成员比非依恋人员在当地具有更好的社会资本（Kasarda and Janowitz，1974）。社区依恋是基层社区组织中参与行为的正向预测变量（Perkins et al.，1996）。

城市完美地诠释了地方概念——有意义的中心。与被当作外部对象的自然景观相比较，城市是为人类而创建的一种环境。城市比邻里和地区的边界更清晰，与能够改变其领土和边界的国家相比较，城市则是稳定的、持续的（Tuan，1975）。

与城市相比较，范围更小的地方（邻里）和范围更大的地方（地区）都具有边界不确定的特征。邻里是由许多同心的地方和四个不同而相互嵌套的区域构成的，即微型街区、街区、步行街区和飞地（Kusenbach，2008）。作为同质区域，邻里具有很多不同的意义，例如具有同样的建筑风格、基础设施、人口构成和环境特征，均等的就业、服务和社会互动机会以及共同的情感诉求（Galster，2001）。作为可以界定的空间和社会单位，邻里主要存在于城市社会学家和规划者的心中（Tuan，1977）。

除了邻里，另一个模棱两可的地方范畴是地区。地区过于庞大，以至于大多数人无法直接体验，因此地区主要是一个理论建构（Tuan，1975）。跨界地区经常是由规划者、政治家或企业同僚在办公桌上快速构想出来的（Paasi，2003）。与这些研究相一致，在地方依恋或地方认同研究中，真正将地区作为对象的极少，这表明在情感依恋的对象中，地区被认为不太重要（Lewicka，2008）。大多数地区边界混乱、身份混乱，这可能是在地方依恋对象的研究中地区之所以不受欢迎的原因。

依恋对象的另一个地方是国家。国家对于个人的意义主要是通过其象征价值，而不是通过与环境、空间和实体等方面来表现的（Reicher et al.，2006）。国家根植于共同的历史及具有群体归属和群体认同的极其强大的社会建构象征之中，能够唤起极为强烈的情绪反应。

人可能依恋的地方在规模、具体性和有形性等方面可能会不同，从非常小的物体到国家、行星或宇宙（Altman and Low，1992），例如房屋、广场、森林、儿童游乐场、公园、保护区和休闲景区。其他各种有意义的地方还包括：革命（朝拜）圣地、工作场所、足球场以及真实的或想象的地方（Lewicka，2011）。

当一个人访问一个地方一次或多次之后，他就会对这个地方形成依恋，尽管这个人对自己从来没有访问的多个地方都可能会发生强烈的感情（Lee，1999）。无论是与真实的地方还是虚幻的地方，假想的地方还是想象的地方，都能够形成依恋（Low and Altman，1992）。然而，大多数学者通常只分析一个地方范畴，而不可能对不同空间范围的依恋进行比较。一个例外是，Cuba 和 Hummon（1993）在一项研究中同时分析了三个空间层次，分别是房屋、社区和地区。

从科特勒（1973）创造氛围这个术语来描述营销活动发生的物理环境以来，营销中的地方概念已被考察。科特勒（1973）认识到物理环境在决策和购买行为中发挥重要作用。服务环境是通过具有意义和经验的地方来解释的。由于服务的无形性，有形展示通过提供线索起了非常重要的作用，消费者利用这些线索对服务接触进行评价（Baker et al.，1994）。消费者用于服务评价的一个有形线索是有形的服务场景即地方。地方被认为包括时间、空间、自然和社会的维度，在零售研究中有必要引入与地方有关的认同概念（Clarke and Schmidt，1995）。

（二）维度构成

地方依恋是一个多维度的概念还是一个单一维度的概念，这已是一个众所周知的议题（Guiliani and Feldman，1993）。因为研究对象和研究方法的不同，研究者对地方依恋维度的解释有所不同。

一类学者利用总体框架来考察地方依恋的构成维度，通常认为地方依恋只有一个维度的单一因子概念，并设计了单一维度量表。Relph（1976）认为，地方感是一个连续体，这个连续体的范围包括从客观局外人到现实局内人。Shamai（1991）指出，该连续体可以用来操作地方依恋的7个连续阶段（从疏离这个地方到为之而牺牲）。Williams等（1995）将这种观念进行了操作化处理，设计了9个问项的古特曼量表。Shamai（1991）进行了简化并创建了3个问项量表。意大利研究团队有长期研究居住满意度和居住地方依恋的历史，他们采用了邻里依恋量表（Bonaiuto et al.，2003）。Hidalgo 和 Hernandez（2001）采用含有3个问项的量表来测量与三个居住地方（家、邻里和城市）的社会联系。在波兰，Lewicka（2005，2010）及其研究团队分别运用了含有9个和12个问项的地方依恋量表。

另一类学者认为，地方依恋是一个复杂的多维度现象。试图使用多重依恋指标，而不是极力认同单一指标的含义已变得司空见惯。许多学者认为，地方依靠和地方认同是地方依恋两个基本的维度。Williams 等（1992）以野地游憩活动为例，认为地方依恋包括地方依靠和地方认同，并将地方依靠定义为个人在评估某特定地方时，认知到该地方具有相当重要或多种独特的功能性，能满足个人需求或目标；将地方认同定义为个人对某特定地方情感的联结，因而产生对该环境自我管理的过程。Moore 和 Graefe（1994）研究铁道使用者对附件游憩设施的地方依恋，也提出地方依靠和地方认同两个维度，地方依靠属于功能性，当个人对游憩环境感到安心，对个人而言是正面且方便性高，在较短时间便可形成；地方认同的情感依赖成分需要较长的时间来形成。Williams 和 Vaske（2003）心理测量方法评估了地方依恋的性质，验证了地方依恋的两维结构：地方依靠和地方认同。Williams 和 Roggenbuck（1989）发展了一系列李克特量表语句用来测量地方依恋的两个理论维度，并用4所大学的129名学生进行检验。他们的分析结果生成了三个不同的地方依恋维度。第一个维度与Schreyer 等（1981）提出的情感—象征性意义对应，这个维度被称为地方认同，因为它包括的问项表示使用地方是对象生活的重要方面的程度。第二个维度与Schreyer 等（1981）提出的功能性意义对应，这个维度被称为地方依靠，因为它包括的问项表明对象不愿意使用其他地方来进行特定的活动。第三个维度包括的问项表示对象对环境给予的负面评价，被称为不关心维度。Kyler 等（2005）利用 Williams 和 Roggenbuck（1989）量表，通过多组验证性因素分析检验了地方依恋的三因素模型，即地方依恋包括地方依靠、地方认同和社会联结。Budruk（2010）为 Kyler 等（2005）的研究提供了佐证。Bricker 和 Kerstetter（2000）研究结果表明，除了地方依靠和地方认同，还存在第三个维度，即生活方式。它表明对地方本身所特有的及与个人生活方式相联系的深厚的依恋感。Trentelman（2009）认为，地方依恋包括三个部分：地方的社会—文化维度；地方物理环境维度；在地方依恋中，综合社会—文化与自然环境的动力。Gustafson（2002）提出自我—他人—环境三极理论结构。通过整合以往文献，Scannell 和 Gillord（2010）提出地方依恋的三维框架，其中包括人、心理过程和地方。第一个维度是作为行动者的人，其影响因素包括群体层面和个体层面，如文化、历史、个体经历等。第二个维度是心理过程，其影响因素包括认知（记忆、图示等）、情感（幸福感、爱等）和行为（重建等）。第三个维度是依恋的对象，其影响因素包括地方特征（社会象征、自然环境和建筑特点等）。雷蒙德（Raymond，2010）利用 320 个随机样本，对由地方认同、地方依恋、自然联系和社会联系 4 个维度 29 个问项的地方依恋量表进行检验，通过探索性因子和可能性分析生成了一个五个维度地方依恋模型，其中社会联系划分为家庭联系和朋友联系两个维度。Hammitt 等（2006）研究游憩参与者对活动场所产生地方依恋的研究中，结合 Hammit 和 Cole（1998）的研究结果，将人与地方之联结的强度和特性分为五个维度，即地方熟悉、地方归属、地方认同、地方依靠及地方根深蒂固，作为地方依恋的量表。第一个维度是地方熟悉感，地方熟悉感是由于对地方的记忆和认知而形成的联系，表现为熟悉感和典型性。第二个维度是地方归属感，或通过社会联系而形成地方依恋。这种联系使个人觉得他们与环境联系在一起并是环境的一分子。第三个维度是地方认同，它是指利用联系的地方创造和表现个人的自我身份。实际上，Proshansky 等（1983）认为地方认同是自我认同的子概念。按照 Hammitt 等（2006）的分类，第四个维度是地方依靠，其特征是由于对特定资源的功能性需要。换句话说，它是地方的物理属性，包括支持特定目标和期望活动的功能和条件（Stokols and Shumaker，1981）。最后一个维度是地方根深蒂固感，Hummon（1992）将此定义为每一天都根深蒂固。这种高水平的联系是通过个人对那个地方的高安全感及对那个地方的占有感表现出来。

(三) 影响因素

地方依恋并不是由个人对地方的单独感受形成，而是包含了外在环境、内在经验以及长期与地方互动的社会参与而产生的深刻意义（杨昀，2011）。地方依恋的前因值得进一步研究，它们可以被粗略地划分为人口统计变量、社会变量和物理环境变量三类（Lewicka，2010）。本书在对这三个方面的影响因素进行评述的基础上，还对其他一些重要变量进行简要分析。

1. 人口统计变量

一个最常被提及的正向预测地方依恋的变量是居住时长。居住时长正向预测地方依恋（Krannich and Greider，1984；Lewicka，2005；Shamai and Ilatov，2005），稳定社区中的成员比不稳定社区中的成员更认同他们的社区（Oishi et al.，2007）。也有证据支持相反的观点，与较少搬家者相比，频繁搬家者可能想尽各种有效的方法适应新环境，因而能够更好地适应（Bolan，1997），搬家次数是对家依恋的正向预测变量（Cuba and Hummon，1993），搬家历史比居住时长对社区依恋更重要（Bolan，1997）。

Cuba 和 Hummon（1993）发现移民本身与地方依恋无关，但是移民的年份与不同的依恋模式相联系。显然，流动性、居住时长和地方依恋的关系问题还不明晰，需要更多的研究。与居住时长紧密相关的变量是年龄。这个变量的作用通常受到居住时长的调节，而在大多数研究中，年龄是地方依恋的一个独立正向预测变量（Shamai and Ilatov，2005）。

房屋所有权是地方依恋的正向预测变量（Bolan，1997；Mesch and Manor，1998）。家庭的作用不太明确，Bonaiuto 等（1999）研究发现，家庭规模是地方依恋的负向预测变量，Bolan（1997）研究表明，与为了邻里搬家相比较，为了家庭搬家与地方依恋的相关度较低。布朗等（2004）发现婚姻状态与家庭依恋正相关，而拥有孩子与家庭依恋负相关。家庭中孩子的存在导致更强的社会依恋，并激发父母更多参与社区活动和联系（Theodori and Luloff，2000）。

其他用于预测地方依恋的人口统计特征包括年龄（Buttel et al.，1979）、性别（Cuba and Hummon，1993）、种族（Woldoff，2002）、宗教地位（Stinner et al.，1990）、教育水平（Armstrong and Taylor，1985）、收入（Buttel et al.，1979；Lewicka，2005）和职业（Gerson et al.，

1977）。

2. 社会预测变量

社会联系是地方依恋的正向预测变量，社会联系操作化的方法有多种：邻里朋友和亲戚的数量及非正式社会活动的涉入程度（Kasarda and Janowitz, 1974）、居住在附近并应邀参加家庭活动的非亲属朋友数量（Mesch and Manor, 1998）、存在社会联系和社会关系（Brown et al., 2004）、邻里关系的频率和特征（Moser et al., 2002）、一个人与之保持不同类型联系（从疏到最亲密）的邻居比例（Lewicka, 2005）以及社会网络的广泛性（Ringel and Finkelstein, 1991），等等。

社群关系也与地方依恋具有正向相关关系。Scopelliti 和 Tiberio（2010）探讨了罗马学生的思乡情怀，他们发现可以通过家乡社群关系的感知强度来预测这种情感的强度（这种情感被认为是测量家乡依恋强度的一种方法）。Lewicka（2010）发现，邻里之间紧密关系不仅能够对家乡依恋进行预测，而且能够对城区和城市依恋进行预测。

其他常见社会变量是居住地区的安全感，既用客观术语来操作（过去犯罪的记录），又用主观安全感来描述（Brown et al., 2004）。

3. 物理环境变量

物理环境是地方的一个重要构成要素，物理特征对地方依恋有强化作用。地区安静、建筑美观、令人愉悦、绿色地区等是邻里依恋的正向预测量（Bonaiuto et al., 1999），感知的不礼貌行为是负向预测变量（Brown et al., 2003）。针对香港特区的一项研究表明，房屋维护是城市归属感的一个最好预测变量（Ngobo et al., 2005）。Westaway（2006）在南非所做的关于邻里依恋的研究得到相同结果。Gieryn（2000）印证了地方依恋与接近城市突出的地标之间的正向关系。吉利斯（Gillis, 1977）证实建筑规模对依恋的影响，并发现这种影响与参与者的性别有关。易达性是指使用特定交通系统从某地抵达他地的便利程度，可用距离等构面来衡量。Moore 和 Graefe（1994）研究表明，距离会影响地方依靠。Sugihara 和 Evans（2000）表明，在持续护理退休居民的社区中，预测地方依恋的最好物理特征是离中心活动建筑的步行距离不远，具有一个共享的封闭的室外花园。吉福德（Gifford, 2007）强调了建筑规模和心理之间关系的复杂性，认为这种关系受到诸如人口变量或建筑物物理位置等许多非心理变量的调节或中介。

社会预测变量和物理环境因素的相对重要性有时受人口统计变量等因素影响。Fried（1984）发现，物理和社会因素的相对重要性取决于居民的社会经济地位：在高阶层中，目标特征能更好地预测依恋；然而在低阶层中，社会关系强度能更好地预测依恋。Pretty 等（2003）认为，两类因素的相对作用均与年龄有关，物理要素和社会要素的作用还取决于地方范畴。Lewicka（2010）发现，虽然社会因素（特别是邻里关系）对依恋的影响最大，然而物理因素，例如建筑规模、地区个性化水平、绿化和居住形态等会对市区和城市的依恋更强。Hidalgo 和 Hernandez（2001）、Scannell 和 Gifford（2010）发现，物理因素对城市依恋更重要，然而社会因素对家庭和邻里依恋更重要。这与贝克利（Beckley，2003）的推论相一致，即随着地方范围的扩大而超出个人的社会网络，生态（物理）因素对依恋的影响更大。产生上述矛盾结果的原因可能在于，不同研究中物理因素的测量有所不同。

4. 其他变量

地方依恋与目的地吸引力、目的地熟悉度、活动涉入和体验满意度等因素有关。Lee（2001）发现，目的地吸引力是依恋游憩地的重要前因。Hou 等（2005）证实，目的地吸引力会影响地方依恋，目的地熟悉度是指个人对目的地的认识程度，主要包括与目的地相关的体验、过去经验的累积。Fried（1963）认为，熟悉度对地方依恋起着十分重要的作用，通过频繁地、紧密地接触，地方依恋会得到形成和深化。但是，其他研究表明，熟悉度有时无法预测地方依恋（Lee，2001）。活动涉入反映了一个人投入一项活动的程度，它会正向显著地影响地方认同（Moore and Graefe，1994）。Bricker 和 Kerstetter（2000）发现，对活动的涉入增加时对地方的依恋也会增加。Kyler 等（2003）以阿帕拉契山的登山步道为例证实涉入可以预测地方依恋。Kyler 等（2004）进一步发现，活动涉入与地方依恋关系的强度会因不同的场地或活动而不同。Hou 等（2005）认为，活动涉入会通过目的地吸引力的中介作用而对地方依恋产生间接影响。

人对地方的满意程度可能影响地方依恋。Stedman（2002）声称，地方感和地方依恋的一个建构是个人或群体对空间场所的满意，他称之为对地方要素的满意和对地方的整体满意。Lee 和 Allen（1999）发现，默特尔比奇市（Myrtle Beach）参观者的目的地依恋受到其对阳光、沙滩和目的地满意度的影响。Brocato（2006）指出，随着顾客满意度变得更加有利，地方认同、地方依靠、社会联结和情感依恋将会增长。其他文献认为，如果人对一个地方满意，他可能会回到那个地方。

Gieryn（2000）认为，地方依恋的形成因素很多，例如履历经验、共同的社会和文化活动以及地方的地理和建筑等。洛（1992）认为，地方依恋是一种象征关系，通过人们给一个特定的地方赋予文化上共同的情感或感情意义，这种关系就会形成。Chawla（1992）认为，由于在所依赖的环境中能得到自我肯定、感到舒适以及容许自我探索的事实，儿童会对特定地方产生依恋。Riley（1992）认为，当人们在特定的景区中形成特定的体验，而景区成为那种体验的象征时，地方依恋就会形成。Riley（1992）认为，在一个景地花费时间会导致对那个特定地方形成依恋。对一部分人来说，地方依恋是长期逐渐形成的（Moore and Graefe, 1994; Relph, 1976），对另一部分人来说，地方依恋可能快速或者甚至即刻出现（Tuan, 1974）。同样，有些学者发现拜访次数和地方依恋之间具有强有力的正相关关系（Moore and Graefe, 1994），然而另有学者发现二者之间弱相关或没有显著关系（Backlund and Williams, 2003）。

（四）作用效果

一方面，大多数学者认为地方依恋是有利的，并进行了大量的实证检验。主要代表性成果包括：

（1）地方依恋与社会资本。社区依恋是个人福祉的一个重要预测变量，社区依恋成员比非依恋成员在当地具有更好的社会资本（Kasarda and Janowitz, 1974）。与非依恋成员相比，地方依恋成员具有更高的心理一致感，对他们的生活总体上更满意，具有更强有力的社会资本和邻里关系，对别人会更信任（Lewicka, 2011）。

（2）地方依恋与行为意图。Brocato（2006）认为，地方依恋对惠顾意愿具有明显的正相关关系，地方依恋的直接结果就是惠顾意愿的形成。余勇等（2010）发现地方依恋对旅游后行为的影响不是直线效应，地方依恋对旅游后行为意图的形成和结构会通过价值感知和满意体验的中介效应而有间接的影响。Ba 和 Pavlou（2002）认为，顾客对商家的信赖、认可能够带来溢价支付意愿，因为信赖能够降低交易中的风险。Chaudhuri 和 Ligas（2009）也认为，与顾客和店铺间的良好依恋情感会和购物价值共同影响溢价支付意愿。因此，场所依赖和溢价支付意愿之间存在直接关联。珀金斯等（Perkins et al. , 1996）发现，社区依恋和邻里关系是基层社区组织中参与行为的正向预测变量。

（3）地方依恋与环境责任行为。Vaske 和 Kobrin（2001）、Scannell 和 Gifford（2010）认为，地方认同与环境责任行为（如循环利用或者水资源保护）之间存在正向关系。Carrus 等（2005）发现，地区认同与对受保护公园地区的支持之间正相关。Halpenny（2006）研究表明，地方依恋是特定地方亲环境行为意图的强有力正向预测变量，且地方依恋会正向预测个人有计划参与与日常活动有关的环境责任行为。Cheng 等（2012）检验了地方依恋、目的地吸引力和环境责任行为之间的因果关系以及地方依恋的调节作用。研究发现，旅游目的地对旅游者较高的吸引力与强烈的地方依恋相关，旅游者对旅游目的地的情感和感情（地方依恋）与强烈的环境责任行为正相关，地方依恋对目的地吸引力和环境责任行为的关系有调节作用。

（4）地方依恋与满意度。地方依恋的类型和水平会影响顾客满意度（Halpenny, 2006; Scott and Vitardas, 2008）。Wickham（2000）考察了地方依恋与活动的关系以及对休闲体验和景区满意度的影响。Fleury – Bahi 等（2008）研究发现依恋对满意度起决定作用。Scott 和 Vitartas（2008）认为，对社区具有强烈依恋感的社区成员可能会对当地政府提供的服务更满意。Mowen 等（1997）研究了地方依恋与经验评价之间的关系，认为地方依恋会影响个人对休闲区域的满意度，并与影响休闲体验的其他变量共同发生作用。

（5）地方依恋与忠诚度。如果游客对特定游憩地方所提供的环境和设施有特别的需求和情感投入，就会更愿意持续地游历该地方（Hammitt and Cole, 1998）。换言之，如果特定游憩地方具有其他地方所没有的特性，则游客对这个地方的依恋会增强，持续光顾该地方的需求会增加，推荐他人或消费更多的意愿也会增强。具体而言，地方依恋对游客的再次游历的行为意图具有重要的影响力，当游客的地方依恋越强，则忠诚度越高（Lee et al. , 1997; Hammitt and Cole, 1998）。Lee（2003）研究了地方涉入、服务质量、地方满意、地方依恋和目的地忠诚之间的关系，研究结果表明，地方依恋和顾客满意均与目的地忠诚显著正向关。目的地依恋可能是旅游者对度假地忠诚的重要预测变量，即依恋程度越高，忠诚度越高；反之亦然（Alexandris et al. , 2006; Brocato, 2006; Lee et al. , 2007;

Simpson 和 Siquaw, 2008)。尽管以往研究已经确立了地方依恋与忠诚之间的关系,然而大多数研究认为,忠诚是一个单维度建构(Yuksel et al., 2010)。例如,Alexandris 等(2006)将其界定为持续购买服务,用 3 个问项来测量访问者持续意愿。George 和 George(2004)用"去购买的频率和强度"、"再次访问意图"作为研究地方依恋对目的地忠诚作用的调节变量。Simpson 和 Siquaw(2008)采用有口碑沟通意图作为忠诚指标。

另一方面,也有证据表明,地方依恋与从事与地方有关的活动之间零相关或负相关。Lewicka(2005)并没有发现地方依恋与从事各种社会活动意愿之间存在直接关系。Payton(2003)发现,地方依恋与社会活动之间的关系受到社会资本(个人信任)的调节。在另一篇论文中,Payton 等(2005)指出,社会信任部分中介了地方依恋与公民行为的关系,以至于地方依恋与活动之间的直接关系仍然显著,但是这种关系比个人信任与公民行为的关系较弱。Oropesa(1992)的研究结果与 Lewicka(2005)一致,认为地方依恋负向影响参与邻里关系涉入,然而毗邻而居正向影响这种涉入。Perkins 和 Long(2002)也没有发现社会活动与地方依恋之间有直接关系,而且在很大程度上这种关系被证明是负向的。Gosling 和 Williams(2010)没有发现地方依恋与农户管理原生植被之间显著相关。其他研究或者发现依恋与主动态度之间没有关系或负相关(Harmon et al., 2005)。而且,面对地震、洪水和辐射等自然灾害,地方依恋还可能带来危险,例如减少人口流动,因此阻碍了人们生存的机会(Fried, 2000),或者降低了人们的迁移意愿(Druzhinina 和 Palma - Oliveira, 2004)。Brodsky(1996)发现,在病态社区中,高度强有力的心理社区感对儿童的成长可能是非常有害的。其他研究发现,地方情感纽带的强度与抵制变革之间存在正向关系。Vorkinn and Riese(2001)研究发现,对赋予了情感地区的依恋导致人们对变革的负向态度。在地理上威胁越近,地方情感联系与抵制变革的关系越强(Bonaiuto et al., 2002)。地方依恋/地区认同与为国家公园提供支持之间存在负向关系(Devine - Wright and Howes, 2010)。

(五)应用领域

随着 Fried(1963)考察人口迁移现象,环境心理学开始探索地方依恋。Fried(1963)发现贫穷移民通常对他们的社区具有强烈的依恋,即使他们的生活条件十分艰苦。他将这种依恋称为空间认同。

1974年，地方依恋的概念被引入地理学。地理学观点认为，人总是需要属于某一个地方的，这样才能为生活赋予意义（Moore and Graefe, 1994）。人类地理学家 Tuan，被普遍认为是首位公开提出地方依恋的学者，他将地方依恋描述为人与特定地方之间的深厚的联系或情感依恋。1977年，Tuan 拓展这个概念，描述了居民依恋和旅游者依恋之间的差异，认为居民会对基于普通经历的累积效应的居住地方（home places）形成强烈情感关系。

Schreyer 等（1981）首次将地方依恋引入休闲领域，引发了该领域诸多学者使用地方依恋来考察游憩者对地方的依恋情感和行为。Williams 和 Roggenbuck（1989）证明了测量地方依恋的重要性，指出在决定感知可替代性、感知冲突及整体满意度方面，地方依恋程度可能很重要。Bricker 和 Kerstetter（2000）在研究急流泛舟游憩活动专门化与地方依恋的关系中指出，居民与环境产生互动后，地方和居民的日常生活产生关联而衍生出深刻的情感联结。Kyler 等（2003）探讨了休闲活动涉入与阿尔卑斯山徒步旅行者地方依恋之间的关系。Cavin 等（2004）进一步考察了休闲涉入不同维度与地方联结不同维度之间的关系，研究结果表明休闲涉入是休闲者对森林依恋的正向预测变量。

此后，地方依恋又被引入旅游学和自然资源管理。在旅游学中，威廉姆斯等（1992）为地方依恋概念提供了理论框架，这一框架目前在旅游研究中应用最为普遍。Kyler 等（2004）研究了徒步旅游者、划船者和钓鱼者对环境和活动的依恋。Hwang 等（2005）考察了旅游者依恋和涉入的关系。在自然资源管理领域，Smaldone 等（2005）对参观者依恋及参观者对放牧和狩猎等公园重要问题的看法进行了研究。Yuksel 等（2010）指出，因为目的地能够实现特定目标或活动需要及其象征意义，旅游者可能对目的地形成依恋。然而关于旅游者形成的目的地情感依恋对满意和未来行为的影响方面的研究十分有限，因此他们考察在预测满意体验和目的地忠诚的影响。结果表明，与地方的正面情感和认知联系确实会影响个人对目的地的评价及他或她对地方的忠诚。

格里菲斯（Griffiths, 2005）将地方依恋概念引入消费者行为研究，试图扩展对人和地方纽带关系的认识。他认为能够将地方看作一种产品并从产品涉入角度开展研究，并指出地方依恋有地方依靠、地方认同和地方感三个决定因素。Brocato（2006）界定了服务情境下地方依恋的维度构成，并考察了有形服务环境要素（设计因素、氛围因素和社会因素）对服务质量、顾客满意和地方依恋，进而对惠顾意图的影响。Vlachos 等（2010）整合地方依恋理论和消费者行为中的依恋研究，探讨消费者对零售商的情感依恋。他们发现，地方认同和地方依靠影响情感依恋，进而影响口碑和忠诚。Vlachos 和 Vrechopoulos（2012）研究发现，零售商店形象、感知交换价值和企业社会责任联想对消费者零售商情感依恋具有显著正向影响。创造地方感会增加消费者惠顾和企业利润，被认为是一种竞争利器。然而，地方依恋研究主要集中于心理学、地理学和休闲旅游学中，营销学者通常从地点利益角度来探讨地方依恋，对于地方的界定及关注一直是很狭窄的（Johnstone and Conroy，2008），倾向于将地方依恋视为单一维度，而且没有对地方依恋的前因后果展开系统的实证研究（姜岩，2013）。

第三章 商店依恋的量表开发

第一节 地方依恋的测量方法

地方依恋有很多操作方法，每一种方法都有各自不同的理论意义。而地方依恋研究有两种理论和方法论传统：一是定性方法，根植于地方感的地理学分析；二是心理测量方法，根植于早期的社区研究。

一 定性方法

地方依恋研究较多关注地方的重要性而不是其意义。人与地方之间情感联系的主观重要性和强度因人而异，利用各种地方依恋量表的定量测量方法虽然注意到这一点，但用来测量地方的意义却不太合适。一个人可能认为，不同意义是隐含在地方依恋维度量表中的，例如情感意义和工具意义之间的差异或者社会意义和物理意义的差异。这种认识虽然正确，但是这些简单的差别不能正确处理"意义"所包含的丰富内容（Patterson and Williams，2005）。Stedman（2003）认为，地方意义是地方的物理特征和赋予地方的情感联系强度之间的中间联系，为了理解对特定地方的依恋，必须首先明确地方的意义。

定性测量方法旨在深入分析地方所具有的意义，这些测量方法可以被划分为两类。一类包括自陈法，如深度访谈、有声思维、口头报告、句子组合和自由联想任务（Devine-Wright and Howes，2010）。另一类包括图片法，大多数图片或者是事先准备并提供给参与者的（Fishwick and Vining，1992），或者是参与者自己现场拍摄的（Beckley et al.，2007）。Bogăc（2009）运用房屋和邻区的自然画像来测量依恋。由于在访问过程中，参与者首先对有意义的地方进行拍照，然后开始进行评论，因此自陈技术和图片技术经常被同时使用（Lewicka，2011）。

二 定量方法

早期地方依恋的定量测量多采用替代指标,例如居住时长(Riger and Lavrakas,1981)、邻里命名(Taylor et al.,1984)、房屋所有权(Riger and Lavrakas,1981)和邻里联系等。这些指标不能使人们深入了解与地方有关的情感,而只是基于一种假设,即与地方的正向联结会导致特定的行为。

此后,学者们开发了大量自陈式地方依恋量表,有些是单一维度的(Hernandez et al.,2007;Lewicka,2005;Hidalgo and Hernandez,2001),有些是多维度的(Félonneau,2004;Hammitt et al.,2006;Kyle et al.,2005;Scannell and Gifford,2010;Williams and Vaske,2003)。

在实施大规模调查研究中,诊断式测量的问项通常被减少到几个问题。Shamai 和 Ilatov(2005)直接询问了一个问题,"对你的居所/你的地区/你的国家的依恋程度如何?"Gustafson(2009)直接询问属于不同地方感的强度及离开意愿时,几乎采用了与 Laczko(2005)相同的问题,然而 Dallago 等(2009)却通过询问"您认为自己生活的地方是一个好的生活之地吗?"来获取大量跨国数据进行分析。泰勒等(1985)使用了居住时长和房屋所有权等替代指标。Mesch 和 Manor(1998)设计了以下三个问题:为邻里的生活感到自豪;为搬出去而感到难过;打算下年搬出去。这些测量方法的效度如何并不清楚,这可能导致解释性问题。

Stokols 和 Shumaker(1981)对地方依恋(情感联系)和地方依靠(与地方的工具联系)进行了区分,Williams 和 Vaske(2003)进一步提出到目前为止各个国家最受欢迎的测量量表,该量表专门用来检验人与休闲地方的情感联系,并广泛应用于在美国、澳大利亚、挪威开展的各项研究。后续研究者对初始量表经过了大量修订,一个量表是 Kyler 等(2005)提出的三个维度量表,分别是地方认同、地方依靠和社会联系。另一个量表是 Hammitt 等(2006)提出的,地方依恋由五个维度组成,分别是地方熟悉感(Place Familiarity)、地方归属感(Belongingness)、地方认同(Identity)、地方依靠(Dependence)和地方根深蒂固感(Rootedness)。还有一个量表是 Jorgensen 和 Stedman(2006)采用的地方感量表,包括地方依恋、地方认同和地方依靠三个维度。威廉姆斯及其同事对他们的地方依恋量表进行了改进,结果导致与初始的两个维度(地方依靠和地方认同)截然不同:一个维度是地方依靠,地方认同子量表被划分为四个部分,分别为认同/重要性、认同表达、中心性和满意（Lewicka，2011）。

Hernandez 等（2007）对地方依恋和地方认同进行了区分，形成了一个由地方依恋和地方认同构成的二维度量表。Lalli（1992）提出多维度城镇认同量表用来测量 Heidelberg 依恋，包括外部评价、一般依恋、与个人过去一致性、感知熟悉度和承诺五个维度。Félonneau（2004）对 Lalli（1992）提出的量表进行了少许修正，提出拓扑认同量表，共由外部评价、一般依恋、承诺和社会身份四个维度构成。另一个多维度量表是城市/城镇依恋量表，它是 Lewicka（2010）根据 Hummon（1992）的社区感分类而提出的，旨在测量城市依恋，包括地方继承、地方发现和地方相关性三个维度。

有两个量表涉及与家/家乡的情感联结。一个是 McAndrew（1998）设计的根深蒂固感量表，它包括两个子量表，即家/家庭和寻求变化。另一个量表是 Scopelliti 和 Tiberio（2010）提出的家乡依恋量表，它由三个因子构成：身份、缺乏资源和社会关系。

另有两个量表对地方依恋的物理维度和社会维度进行了区分。一个是 Brehm 等（2006）提出来的量表，要求参与者评价他们对社区依恋的环境因子和社会因子的相对重要性；另一个是 Scannell 和 Gifford（2010）提出的量表，其问项体现了对社区的社会因素或环境因素的依恋。

也有学者提出地方依恋单一维度量表。Relph（1976）认为，地方感是一个连续体，其变化范围为从客观局外人到现实局内人。Shamai（1991）认为，能够把这个连续体当作地方依恋的 7 个连续的阶段（从疏离这个地方到为之而牺牲）来操作化处理。威廉姆斯等（1995）将这种观念进行了操作化处理，设计了 9 个问项的 Guttman 型量表。Hidalgo 和 Hernandez（2001）采用含有三个问项的量表来测量与三个居住地方（家、邻里和城市）的社会联系。在波兰，Lewicka（2005、2010）和她的团队根据研究需要分别采用了含有 9 个或 11 个问项的地方依恋量表。

对定量测量方法和定性测量方法进行科学整合，能够为考察人与有意义的地方之间的关系提供深刻的洞见。Devine – Wright 和 Howes（2010）利用多种方法开展研究，这些方法包括心理测量、焦点小组讨论和自由联想任务。另一个运用多种方法的例子是 Warsaw 团队开展的"Muranów"工程研究，他们采用的定量技术包括不同的地方依恋和地方认同量表，定性测量方法包括 Q 分类方法、开放式问题、评价性地图、焦点访谈、样走、拼贴和照片叙事。Nicotera（2007）对邻里的各种口头和非口头测量方法进行了广泛的评述,这些方法包括从通过书面表达和等级量表获得统计和档案资料到照片和定性测量方法。

第二节 地方依恋的量表考评

一 单维度量表

表3-1列出了采用单一维度地方依恋量表的学者、研究对象及测量问项。

表3-1　　　　　　　　地方依恋的单维度测量

作者	研究对象	使用概念	问项
Fornara等(2009)	邻里	邻里依恋	这个邻里是我生活的一部分 对我来说离开这个邻里是非常艰难的 对我来说这是理想的邻里 在这个邻里我不觉得和谐
Lewicka(2010)	杂货店	消费者—企业情感依恋	在(杂货店名)购物让我感觉良好 在(杂货店名)购物让我感觉非常愉快 我喜欢在(杂货店名)购物 在(杂货店名)购物绝对高兴 我热衷于在(杂货店名)购物 在(杂货店名)购物让我回想起我喜欢的人和美好的经历 如果作自我介绍,我可能会提到在(杂货店名)购物 如果有人诋毁在(杂货店名)购物,我可能会生气 如果有人赞美在(杂货店名)购物,我会有点觉得自己受到了赞美 当了解我的人想起我时,他们可能有时会想到我在(杂货店名)购物 如果(杂货店名)停业,我会感到难过
Lee(2011)	湿地	地方依恋	湿地旅游对我意义重大 我强烈地认同造访这里 我非常依恋于造访这里 我与造访于此以及来这里的其他旅游者有特别的联系 我造访这里比造访其他地方更享受 我造访这里比造访其他地方更满意 造访这里比造访其他地方对我更重要 我不会用其他休闲方式来替代我在这里进行的活动

Fornara 等（2009）通过对简约版的邻里居住水平、感知居住环境质量指标和邻里依恋进行验证性因子分析，对其效度进行了实证检验。其中邻里依恋是由 4 个问项构成的单一维度量表。研究结果显示，简约版邻里依恋指标拟合较好，具有良好的内部一致性，达到了收敛结构效度和差别结构效度标准。

Lewicka（2010）认为，消费者—企业情感依恋的重要预测变量是企业信任、员工信任、服务人员亲和力、合作消费者亲和力、购物乐趣、自我表现、地方依靠和地方认同。消费者自我修养、自我满足和自我使能可能会影响情感依恋，情感依恋是行为忠诚和口碑的强有力的预测变量。在对情感依恋进行测量时，Lewicka（2010）采用了包含 11 个问项的单一维度量表。

Lee（2011）构建了参观湿地的旅游者地方依恋、休闲涉入、保护承诺和负责任环境行为之间的关系。研究结果表明，地方依恋、休闲涉入和保护承诺对负责任环境行为有重要影响，保护承诺同时部分调节了地方依恋和负责任环境行为、休闲涉入和负责任环境行为之间的关系。在测量地方依恋时，他参考 Kyler 等（2003）的研究结果，设计了共 8 个问项的地方依恋量表。

二　二维度量表

表 3-2 列出了采用二维度地方依恋量表学者、研究对象、维度划分及测量问项。

Williams 和 Vaske（2003）探讨了地方依恋的效度和适用性，验证性因子分析表明，地方依恋的二维度结构（地方认同和地方依靠）具有良好的效度，每个依恋维度的测量问项都具有可靠性，且行为变量和心理变量均与地方依恋相关。

Kyler 等（2003）考察了活动涉入和地方依恋（地方认同和地方依靠）对阿巴拉契亚山道步行者休闲满意的影响，研究发现，活动涉入的吸引力维度和地方依恋的地方认同维度是步行者满意的显著预测变量。

Kyler 等（2003）探讨了地方依恋（地方认同和地方依靠）、付费态度和参观者支出费用收入偏好之间的关系。结果表明，只有地方认同具有显著的中介作用。随着地方认同的增强和休闲者对付费方案态度变得更加积极，对支出费用收入的支持也会增长。

Payton 等（2005）考察了地方依恋（连接人与地方的功能性和情感性联系）、信任是怎样影响公民行为的。研究结果表明，个人信任部分中介了情感性地方依恋和公民行为的关系。

钱树伟等（2010）构建了旅游者地方依恋对购物行为影响效应的结构方程模型并进行实证检验，研究结果表明，旅游者地方依恋的两个构成维度——地方认同和地方依靠对旅游者购物动机、购物偏好、购物满意度及忠诚度均具有不同程度的正向影响，且地方认同比地方依靠具有更为显著的影响。

表3-2　　　　　　　　　　地方依恋的二维度测量

作者	研究对象	使用概念	维度	问项
Williams 和 Vaske（2003）	公园、河流、山道、休闲地方	地方依恋	地方认同	我感觉×是我生活的一部分 ×对我而言非常特别 我非常认同× 我非常依恋× 造访×代表我是怎样的人 ×对我而言意义重大
			地方依靠	×是我喜欢做什么的最好地方 没有其他地方能比得上× 造访×比造访其他地方更令我满意 对我来说在×做自己做的比在其他地方做更重要 我不会用其他的地方取代在×做我做的各种事情 和在其他相似的地方一样，在×做事情我感到愉快
Kyler 等（2003）	山道	地方依恋	地方认同	这个山道对我意义重大 我非常依恋阿巴拉契亚山道 我强烈认同这个山道 我不会用其他的山道取代在这里所做的休闲活动
			地方依靠	在这个山道步行比在其他地方享受 造访这个山道比造访其他地方更令我满意 在这里步行比在其他地方步行更重要 我不会用其他的山道取代在这里所做的休闲活动
Kyler 等（2003）	盆地	地方依恋	地方认同	梦娜盆地对我意义重大 没有其他地方能比得上梦娜盆地 我觉得梦娜盆地是我生活的一部分 我非常依恋梦娜盆地景区
			地方依靠	我不会用其他的地方取代在梦娜盆地所做的各种事情 梦娜盆地是我做喜爱的事情的最好地方 对我来说，在梦娜盆地做的事情比在任何其他做更重要

续表

作者	研究对象	使用概念	维度	问项
Payton 等（2005）	避难所	地方依恋	情感依恋	我非常依恋避难所 我强烈认同避难所 我觉得避难所是我生活的一部分
			功能依恋	没有其他避难所能够比得上这里 我造访这里比造访其他地方会更令我满意 这里是我做自己喜欢做的事情最好的地方 我不愿意在其他地方做我在这里做的各种事情 对我来说在这里做自己喜欢做的比在任何其他地方做都更重要
钱树伟等（2010）	老街	地方依恋	地方认同	这里比其他任何地方有更好的服务 这里的购物环境氛围井然有序 街区古老建筑风格令人留连忘返 这里拥有丰富多样的旅游商品
			地方依靠	这里的购物设施能够满足我的需求 购物是这里旅游活动的必备环节 这里可以买到我满意的旅游商品 这里可以买到物美价廉的旅游商品

三　三维度量表

表3-3列出了采用三维度地方依恋量表的学者、研究对象、维度划分及测量问项。

表3-3　　　　　　　　地方依恋的三维度测量

作者	研究对象	使用概念	维度	问项
Bricker 和 Kerstetter（2000）	河流	地方依恋	地方认同	这条河流对我意义重大 我对这条河流感觉没有承诺 我非常依恋这条河流 我非常认同这条河流
			地方依靠	造访这条河流比造访其他河流更让我感到满意 在这里划船比在其他河流划船更享受 在这里划船比在其他任何地方划船更重要 这条河流是我喜欢的瀑布休闲活动最好的地方 我不会用其他河流替代我在这里所做的瀑布休闲活动 如果我能我宁愿在这条河上花费更多时间

续表

作者	研究对象	使用概念	维度	问项
			生活方式	我现在生活在我工作地方的一个重要原因是附近有这条河流 我发现我的很多生活是围绕这条河流展开的 没有其他河流能比得上这条河流 在其他河流划船我会感到愉快，如同在这条河流划船一样 我在这里花费时间如同在其他地方一样容易
Kyler等（2004）	小道	地方依恋	地方认同	这条小道对我意义重大 我非常依恋阿帕拉契山小道 我非常认同这条小道 我对这条小道感觉没有承诺
			地方依靠	在阿帕拉契山小道比在其他任何小道远行更享受 造访这条小道比造访其他任何小道更让人感到满意 在这里远行比在其他任何地方更重要 我不会用其他小道替代我在这里进行的休闲活动
			社会联结	我对阿帕拉契山小道有许多美好的记忆 我对阿帕拉契山小道和在这条小道上远行的人有特别的联系
Kyler等（2005）	小道	地方依恋	地方认同	这条小道对我意义重大 我非常依恋阿帕拉契山小道 我非常认同这条小道 我对这条小道感觉没有承诺
			地方依靠	在阿帕拉契山小道比在其他任何小道远行更享受 造访这条小道比造访其他任何小道更让人感到满意 在这里远行比在其他任何地方更重要 我不会用其他小道替代我在这里进行的休闲活动
			社会联结	我对阿帕拉契山小道有许多美好的记忆 我对阿帕拉契山小道和在这条小道上远行的人有特别的联系 我没有告诉别人这条小道 我将要（一定）带我的孩子来这个地方

续表

作者	研究对象	使用概念	维度	问项
Budruk (2010)	山、小道	地方依恋	地方认同	这些山对我意义重大 我非常依恋这些山 我强烈认同这些山
			地方依靠	在这些山上休闲比在其他任何地方的山上更享受 造访这些山比造访其他任何地方的山更让人感到满意 在这里休闲比在其他任何地方远行更重要 我不会用其他任何小道替代我在这里所做的休闲活动
			社会联结	我对这些山有很多美好的记忆 我对这些山和在这里休闲的人有特别的联系 我将带我的孩子到这些山上来
Yuksel 等 (2010)	度假地	地方依恋	地方认同	我觉得 Didim 是我生活的一部分 我对 Didim 有强烈的认同感 造访 Didim 代表我是一个怎样的人
			地方依靠	对我最享受的活动来说，Didim 提供的环境和设施是最好的 对我喜欢做的事情来说，我不能想象有其他地方比 Didim 提供更好的环境和设施 造访 Didim 和环境会比造访其他任何目的地更享受
			情感依恋	Didim 对我意义重大 我非常依恋 Didim 我对 Didim 有极强烈的归属感
Tsai (2012)	新加坡	地方依恋	地方认同	新加坡看起来是我生活的一部分 造访新加坡增强了我生活的意义 我认同新加坡展现的形象
			地方依靠	我没有发现其他目的地能比新加坡更能满足我的需要 新加坡提供的环境和设施无法超越 与其他任何目的地相比，我更享受新加坡的环境
			情感依恋	当我离开新加坡时，我会想念 我在情感上依恋作为目的地的新加坡 我热衷于造访新加坡

Bricker 和 Kerstetter（2000）考察了专业化水平和地方依恋的关系。他们运用主成分分析法，确认地方依恋的三个维度，并分别命名为地方依靠、地方认同和生活方式。研究结果表明，高专业化者比中、低专业化者更可能赞同地方认同和生活方式的重要性，专业化水平对地方依靠没有影响。

Kyler 等（2004）利用社会判断和认知发展理论，考察了活动涉入和地方依恋对远足者环境密度感知的影响。研究结果表明，地方认同和地方依恋是环境密度感知的重要预测变量。对于地方依恋，8个问项改编自 Williams 和 Roggenbuck（1989），涉及地方认同和地方依恋两个维度，另有4个问项测量社会联结。

Kyler 等（2005）利用阿帕拉契山小道参观者的数据分析了地方依恋量表的心理测量属性。数据验证了地方依恋的三因子相关模型，这三个因子分别是地方认同、地方依靠和社会联结。

Budruk（2010）通过多组验证性因子分析以考察英文版和非英文版地方依恋量表的测量等价性。在设计跨文化/跨语言测量工具时，需要更精确，只翻译一个工具量表是不够的。实证检验量表英文版和非英文版差异十分必要。由于不对等可能影响研究的效度，不利于对量表进行多种语言版本进行比较，并最终导致偏误。

Yuksel 等（2010）考察了依恋在预测假日体验满意和目的地忠诚方面的作用。研究结果表明，对一个地方的正面情感和认知联结确实会影响一个人对目的的评价以及他或她对这个地方的忠诚度。地方依恋包括地方认同、地方依靠和情感依恋三个维度，每个维度有三个测量问项。

Tsai（2012）提出地方依恋战略管理模型。按照这个模型，旅游者整体经历是依恋形成的决定因素，主要包括情感愉悦、认知刺激、心理成长、自我表现和公共意识。地方依恋又转化为旅游者重访行为的强有力的驱动力。

四 四维度量表

表3-4列出了采用四维度地方依恋量表的学者、研究对象、维度划分及测量问项。

Williams 和 Roggenbuck（1989）认为，地方依恋是产生心理偏好的根本原因，并建立了一个适用于旅游地和休闲场所的地方依恋量表。

Kyler 等（2004）考察了居民参观公园的动机与环境依恋之间的关系。他们认为自然环境为人们提供了各种心理的、社会的和生理的结果，这些结果推动着居民与公园环境之间的互动，并促进他们对环境依恋的形成。他们使用的地方依恋量表改编自地方依恋量表 Williams 和 Roggenbuck（1989）和组织依恋量表（Gruen et al.，2000），包括地方认同、地方依靠、情感依恋和社会联结四个维度。

Brocato（2006）详细考察了服务环境下地方依恋的维度构成，认为地方依恋是一个多维度概念，包括情感依恋、地方认同、地方依靠和社会联结。他还探讨了有形服务环境因子（设计因子、氛围因子和社会因子）对服务质量、顾客满意、地方依恋，进而对惠顾意图的直接和间接影响。

Wynveen 等（2007）考察了经历—使用历史、地方联结和资源替代的关系。研究结果表明，经历—使用历史和地方联结是露营者替代意愿的重要预测变量，且环境类型对这种关系产生影响。在研究中，地方联结共26个测量问项，划分为四个维度：依赖、熟悉、根深蒂固和情感。

Jun 等（2009）应用认同理论对地方依恋理论进行了重新评价，研究结果表明，认同过程是地方依恋的情感要素和意动要素的驱动因素。其中地方依恋概念包括地方认同、地方依靠、情感依恋和社会联结四个维度。

Ramkissoon 等（2013）考察了地方依恋与地方满意和参观者高、低努力亲环境行为意图的关系。实证结果支持四个维度（地方认同、地方依靠、地方情感和地方社会联结）的二阶因子地方依恋结构，同时表明地方依恋对高、低努力亲环境行为意图有显著正向影响，地方依恋对地方满意有显著正向影响，地方满意对低努力亲环境行为意图有显著正向影响，地方满意对高努力亲环境行为意图有显著负面影响。

表 3-4　　　　　　　　　　　地方依恋的四维度测量

作者	研究对象	使用概念	维度	问项
Williams 和 Roggenbuck（1989）	公园	地方依恋	地方认同	我觉得 A 公园是我生活的一部分 我非常认同 A 公园 上 A 公园游玩代表我是一个怎样的人
			地方依靠	就我最喜欢的游憩活动来说，A 公园的环境和设施是最好的 我最喜欢 A 公园，因为它为我提供最好的游憩活动 就我想要的游憩活动来说，我不能想象哪个地方能提供比 A 公园更好的环境和设施 A 公园是我最喜欢游憩的地方

续表

作者	研究对象	使用概念	维度	问项
			情感依恋	A公园对我意义重大 我很依恋A公园 我对A公园及其环境/设施有一种强烈的归属感 我对A公园及其环境/设施有一种强烈的情感依恋
			社会联结	如果不上A公园而去别的地方游玩,我的家人/朋友会感到失望 如果我不上A公园,我会和许多朋友失去联系 我的许多家人/朋友都最喜欢A公园
Kyler等 (2004)	公园	地方依恋	地方认同	对我最享受的休闲活动来说,Cleveland Metroparks提供的环境和设施最好 对我最享受的休闲活动来说,我更喜欢Cleveland Metroparks的环境和设施而不是其他的环境和设施 对我喜欢做的事情来说,我不能想象有比Cleveland Metroparks提供更好的环境和设施 我造访Cleveland Metroparks比造访其他任何地方更享受
			地方依靠	我觉得Cleveland Metroparks是我生活的一部分 我非常强烈地认同Cleveland Metroparks 造访Cleveland Metroparks代表我是一个怎样的人
			情感依恋	Cleveland Metroparks对我意义重大 我非常依恋Cleveland Metroparks 我对Cleveland Metroparks及其环境/设施有强烈的归属感 如果有,那么我对Cleveland Metroparks及其环境/设施有一点情感依恋
			社会联结	如果我开始造访其他环境和设施,我的朋友/家人会失望 如果我不再造访Cleveland Metroparks,我将与很多朋友失去联系 我的许多朋友/家人更喜欢Cleveland Metroparks,而不是其他地方

续表

作者	研究对象	使用概念	维度	问项
Brocato（2006）	餐馆	地方依恋	地方认同	我强烈认同这家餐馆 这家餐馆代表我是一个怎样的人 这家餐馆是我生活的一部分
			地方依靠	这家餐馆比其他餐馆能为我更好地提供我需要的东西 这家餐馆是最能满足我需要的地方 我对这家餐馆承诺，因为它为我提供我需要的东西 这家餐馆是实现我的目标和需要的最好的选择
			情感依恋	在这家餐馆我感到愉快 在这家餐馆我感到兴奋
			社会联结	这家餐馆的员工增强了我的经历 我与这家餐馆员工形成的关系对我来说是重要的 这家餐馆的员工如同家人
Wynveen 等（2007）	露营地	地方联结	依赖	＿＿＿＿是露营的最好地方 对露营来说，没有其他地方比得上 我不想用其他任何露营地来替代 在＿＿＿＿露营比在其他地方露营对我更重要 在＿＿＿＿露营比在其他地方露营更令我愉悦
			熟悉	我了解＿＿＿＿如同了解自己的手背 我有许多在＿＿＿＿露营的记忆 我能粗略地画出＿＿＿＿地图
			根深蒂固	我很少在＿＿＿＿之外的任何地方露营 ＿＿＿＿是我渴望露营的唯一地方 当我去露营时我只想到 如果我不能在＿＿＿＿露营，我不会在任何地方露营
			情感	我觉得与＿＿＿＿紧密相连 当我在＿＿＿＿时，我感觉是它的一部分 ＿＿＿＿对我非常特别 我非常依恋＿＿＿＿ 我强烈认同＿＿＿＿ 我感觉＿＿＿＿是我生活的一部分 ＿＿＿＿对我意义重大

续表

作者	研究对象	使用概念	维度	问项
Jun 等 (2009)	公园	人—地联结	地方认同	我觉得国家森林公园是我生活的一部分 我认同国家森林公园 我觉得在国家森林公园会体现我的身份 造访国家森林公园代表我是怎样的一个人
			地方依靠	我不能为我喜欢做的想象一个比国家森林公园更好的地方 对我享受的休闲活动来说,国家森林公园是最好的地方
			情感依恋	国家森林公园对我意义重大 我真的享受国家森林公园
			社会联结	我会将我生活中特别的人与国家森林公园联系起来 我在国家森林公园度过的时光让我与家人和朋友联系密切 造访国家森林公园让我有时间与家人和朋友在一起
Ramkissoon 等 (2013)	公园	地方依恋	地方认同	我强烈认同这个公园 我顾不得国家公园是我生活的一部分 造访这个国家公园在很大程度上代表我是怎样的一个人
			地方依靠	对我喜欢做的来说,我不能想象有什么地方比这个国家公园提供的环境和设施更好 对我最享受的活动来说,这个国家公园提供的环境和设施是最好的 我造访这个国家公园及其环境比其他任何公园更享受
			地方情感	我非常依恋这个公园 我感觉对这个国家公园及其环境/设施有一种强烈的归属感 这个国家公园对我意义重大
			地方—社会联结	我的许多朋友/家人更喜欢这个国家公园而不喜欢其他公园 如果我不再造访这个公园,我会与许多朋友失去联系 如果我造访其他环境和设施,我的朋友/家人会感到失望

五　五维度量表

表3-5列出了采用五维度地方依恋量表的学者、研究对象、维度划分及测量问项。

表3-5　　　　　　　　　地方依恋的五维度测量

作者	研究对象	使用概念	维度	问项
黄咡雅（2009）	公园	地方依恋	地方认同	对我而言，南庄具有特别的意义
				我觉得到南庄像是我生活的一部分
				我非常不认同南庄这个地方
				我非常依恋南庄这个地方
			地方依靠	南庄是从事游憩活动最好的地方
				与其他的游憩景点比较，南庄对我来说很重要
				没有其他的游憩景点能与南庄相比
				没有其他的游憩景点能取代南庄在我心中的地位
				比起其他地区的景点，在南庄游憩让我还满意
				没有任何一个地方能够带给我与南庄相同的游憩体验
			地方熟悉	我来过南庄很多次，且我很熟悉这里
				我能简单画出南庄的路线地图
				我对南庄了如指掌
			地方归属	我热爱南庄这个地方
				我感觉我与南庄是有所关联的
				我认为没有一个地方可以比得上南庄
				我觉得我是属于南庄的一分子
			地方根深蒂固	当我想从事游憩活动时，我只会考虑南庄这个地方
				除南庄外，我未曾到其他地方去从事游憩活动
				若去不了南庄，我就会放弃去从事游憩活动
				南庄是我唯一渴望造访的观光景点
Raymond等（2010）	山脉	地方依恋	地方认同	阿德莱德和高山岭（Adelaide and Mount Lofty Ranges）对我来说是特别的
				阿德莱德和高山岭对我意义重大
				我非常依恋阿德莱德和高山岭
				我强烈地认同阿德莱德和高山岭
				生活在阿德莱德和高山岭很大程度上代表我是怎样的一个人
				我感觉阿德莱德和高山岭是我生活的一部分

续表

作者	研究对象	使用概念	维度	问项
			地方依靠	没有其他地方能比得上阿德莱德和高山岭 对于我在阿德莱德和高山岭所做的活动，我不会用其他任何地方来替代 在阿德莱德和高山岭活动比在其他任何地方活动对我更重要 对我喜欢进行的活动来说，阿德莱德和高山岭是最好的地方
			自然联结	当我在阿德莱德和高山岭的自然环境中消磨时光时，我深深地感觉与自然环境融为一体了 如果栖息在这里的当地植物和动物消失了，我觉得对阿德莱德和高山岭的依恋会降低 当我在阿德莱德和高山岭的自然环境中消磨时光时，我学到了很多关于自己的事情 我非常依恋阿德莱德和高山岭的自然环境
			家庭联结	我生活在阿德莱德和高山岭，因为我的家人在这里 我与阿德莱德和高山岭的家人关系对我来说是非常特别的 如果没有与阿德莱德和高山岭的家人关系，我可能会离开
			朋友联结/归属	归属于阿德莱德和高山岭志愿者组织对我来说非常重要 通过从事各种社区活动形成的友谊强有力地把我和阿德莱德和高山岭联系在一起

黄帏雅（2009）参考 Hammitt 等（2004）的地方依恋量表为主要测量问项来源，设计了五个维度（地方依靠感、地方认同感、地方熟悉感、地方归属感和地方根深蒂固感）的地方依恋量表，每个维度包含 3—7 个问项。

在雷蒙德等（2010）的研究中，对农村土地所有者对自然资源管理地区的依恋进行了概念界定和开发，目的在于整合各种方法来对地方依恋进行测量。对包含四个维度（地方认同、地方依靠、自然联结和社会联结) 29 个问项的地方依恋量表进行了实证检验。验证性因子分析和可靠性分析结果产生了一个很高信度的五维度地方依恋量表,其中社会联结被划分为家庭联结和朋友联结两个概念。

第三节 商店依恋量表的理论模型和实证检验

一 理论依据

(一) 态度的三成分模型

态度是对事物的总体评价,即一个人对某一事物的总体感觉。在综合态度的背后有三个层面:认知成分、情感成分和行为成分(见图3-1)。也可以将它们分别称为知识成分、感觉成分和行动成分。也就是说,当人们对某一事物持有某种态度时,一般情况下,这种态度是建立在对这一事物的某些了解和信念基础之上的,我们对它有着正面或负面的感觉,希望按照某种特定方式对它采取行动,例如,接受它或放弃它。

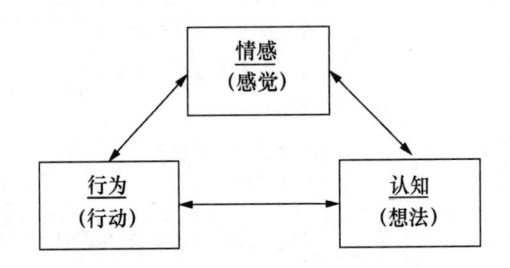

图3-1 三种态度成分的相互关系

资料来源:杰格迪什·N. 谢斯、本瓦利·米托:《消费者行为学:管理视角》,罗立彬译,机械工业出版社2004年版。

对某一事物的认知或看法也叫信念。信念是对某种事物是什么或不是什么、某种事物会做什么或不会做什么的期望。信念陈述将事物(人、品牌、商店)同一种属性或信念联结在一起。情感是一个人对某一事物的感觉,或是在某事物刺激下形成的情绪。行为是一个人针对某一事物所希望采取的行动。

态度的三种成分是按层次发生的。在学习层次下,首先发生的是认知成分,然后是情感成分,最后是行为成分;在情绪性态度结构中,情感成分发生在先,然后是行为成分,最后是认知成分;在低度介入模式下,三种成分发生的先后顺序为行为成分、情感成分，最后是认知成分。虽然三种成分是按层次发生，但它们之间是相互联系、相互渗透的。人们总是试图使三种成分相互一致，并保持它们之间的一致性。特定的认知不可避免地导致某种情感和行为倾向；反之亦然。不管三种成分的发生顺序如何，它们之间必然具有一致性，因此它们之间都有相互塑造的作用。

（二）地方依恋理论

依恋是个人与特定对象之间一种充满情感的独特纽带关系（Bowlby，1973），其本义为"附件"、"附属物"，引申为"连接物"，即能使一物与另一物相连的物体（姜岩、董大海，2008）。心理学主要关注个人对他人（如婴儿、母亲、亲密伙伴等）的依恋。Schultz（1989）的博士论文《个人—所有物依恋实证研究》表明，依恋可以拓展到人际关系以外的情境。个人不仅会对所有物产生依恋，还会对地点（Williams et al.，1992）、产品（Schifferstein et al.，2004）、品牌（Bouhlel et al.，2009）、组织（李晓阳，2011）以及其他特定类型的或者所喜欢的对象（Ball and Tasaki，1992）形成依恋。

对依恋的研究为我们提供了一条分析消费者忠诚度形成的新路径，因此，起源于心理学领域的依恋理论作为解构人际关系特征、解释人际关系的形成和维系的基础理论，日益受到营销学者的关注（温飞，2011）。研究表明，依恋在减少顾客转换品牌和形成顾客忠诚方面起重要作用（Yim et al.，2008）。但总体而言，依恋应用于服务和消费者行为领域的文献还很少。

地方依恋是基于心理学中的依恋理论提出的。地方依恋，又称地方依附、场所依恋，指的是人与地方之间基于感情、认知和实践的一种联系。地方对于个人具有价值性、赋有意义，且个人对于地方评价是正面的，就会产生个人对于地方的依恋感觉。以往地方依恋研究中所涉及的"地方"主要限于旅游目的地和休闲场所。正如 Mazumdar（2005）在评述地方感文献的时候指出"关于地方依恋的研究，大多数文献研究的是世俗的地方和环境。"Johnstone 和 Conroy（2008）极力呼吁，要把地方依恋这个概念引入零售研究中。

地方依恋是个人与地方之间的正向情感联结。它会随着时间而增强，它不仅代表对物理位置本身的依恋，也包含对于在那里所发展的社会关系的依恋。Kaltenborn（1997）认为，地方有以下三种含义：一是区位，即人们在社会和经济上活动的区域；二是场所，即平常生活和社会相互影响的现场；三是地方感，即一种对地方的认同和归属感。Williams 和 Roggenbuck（1989）认为，形成地方依恋的因素或特征有：其一，一个可以让人有满足特定或重要需求的机会的地方；其二，一个可以凸显个人意义与情感的地方。

零售商店具有地方功能和特征，零售顾客可能会对零售商店产生依恋。例如，在零售业中往往存在着消费者特别钟爱、特别愿意去某些商店的现象（吴泗宗、揭超，2011）。当消费者惠顾特定零售商店后，经过外在刺激及参与商店的活动，消费者渐渐地对零售商商店发展出一种情感上的联结，从陌生、熟悉到喜爱，甚至产生一种归属感，从而使零售商店逐渐成为一个购物的"地方"。显然，这种依恋关系的建立，主要决定于零售商店对个人的意义。若零售商店能满足消费者需求或心灵上的满足，则会发展出商店依恋的可能。

二　商店依恋的维度构成：态度理论视角

态度三成分模型表明，态度由认知、情感和行为三个要素构成。从心理学角度分析，人对地方的感知和态度也至少包括认知、情感和行为三个层面。Gieryn（2000）认为，地方依恋是人与特定的地方之间基于情感（情绪、感觉）、认知（思想、信仰、知识）和实践（行动、行为）的一种联系。根据"地方依恋的量表考评"结果可知，在现有地方依恋量表中，只有三维度量表、四维度量表和五维度量表主要从这三个层面对地方依恋进行测量（见表3-6）。

表3-6　　　　　　　　地方依恋的态度要素分解

作者	研究对象	态度成分			
		认知	情感	行为	
Yuksel 等（2010）	度假地	地方认同	情感依恋	地方依靠	
Tsai（2012）	国家	地方认同	情感依恋	地方依靠	
Williams 和 Roggenbuck（1989）	公园	地方认同	情感依恋	地方依靠	社会联结
Kyler 等（2004）	公园	地方认同	情感依恋	地方依靠	社会联结
Brocato（2006）	餐馆	地方认同	情感依恋	地方依靠	社会联结
Wynveen 等（2007）	露营地	熟悉	情感	依赖	根深蒂固
Jun 等（2009）	公园	地方认同	情感依恋	地方依靠	社会联结
Ramkissoon 等（2013）	公园	地方认同	地方情感	地方依靠	地方社会联结
Hammiit 等（2006）	休闲地	地方认同 地方熟悉	地方归属	地方依靠	地方根深蒂固

资料来源：笔者整理。

从研究对象看，只有 Brocato（2006）的研究立足于服务情境，其他学者主要基于旅游和休闲活动的研究。大量的实证研究为情感依恋（Jorgensen and Stedman，2001；Kyler et al.，2004，2005）、地方认同（Kyler et al.，2005；Proshansky et al.，1983）、地方依靠（Jorgensen and Stedman，2001；Kyler et al.，2004）和社会联结（Hidalgo and Hernandez，2001；Jorgensen and Stedman，2001；Kyler et al.，2004，2005）维度提供了证据。由于本书是针对服务背景下零售消费者的商店依恋研究，与 Brocato（2006）的研究背景基本相同，所以以 Brocato（2006）的量表为依托，并结合中国零售消费者基本特征来构建商店依恋量表。Jorgenson 和 Stedman（2001）、Kyler 等（2004）认为，可以利用态度框架将地方依恋概念化为四个维度。根据他们的研究成果，利用态度的三成分模型，本书勾勒出基于态度框架的商店依恋维度模型。一方面，这个量表反映出态度的三个成分，消费者对零售商店的知识、信念和想法代表认知成分，消费者对零售商店的情感和评价代表情感成分，而消费者面对零售商店的行为意图和行动代表行为成分。另一方面，这个初始量表包括商店认同、商店依靠、情感依恋和社会联结四个维度，其中商店认同被概念化为认知过程，情感依恋被概念化为情感成分、地方依靠和社会联结被概念化为行为成分。

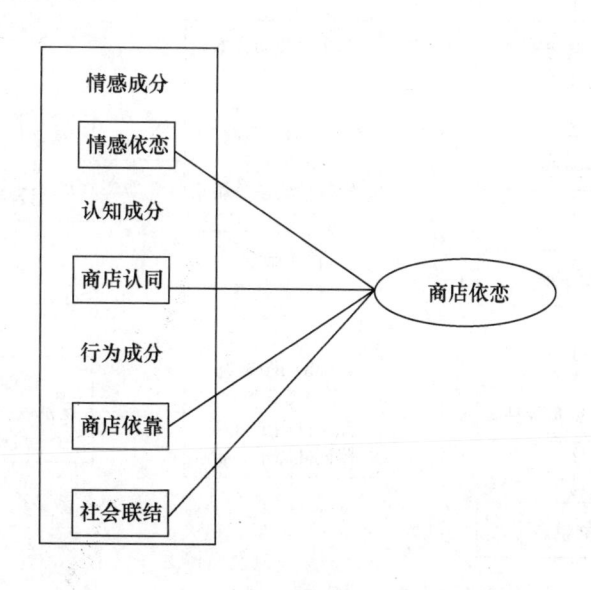

图 3-2 基于态度要素的零售商店依恋维度模型

三 商店依恋量表的开发

丘吉尔（Churchill，1979）认为，许多分析者在检测概念时没有选择一份真正有效的测量量表，来正确衡量欲探究的概念，以至于整个分析过程变成无用的操作。如何发展一份良好的衡量工具，有效帮助研究者开展研究，成为许多社会科学研究者关注的重点。

本书依据丘吉尔（1979）和吴明隆（2006）提出的量表发展框架和发展原则，按照"概念界定—收集资料—编拟确认量表初稿—专家审查—选取受测者预试—进行量表预测试—正式施测"的基本过程，建立商店依恋量表。量表开发具体过程和步骤如图3-3所示（刘纯绮，2010）。

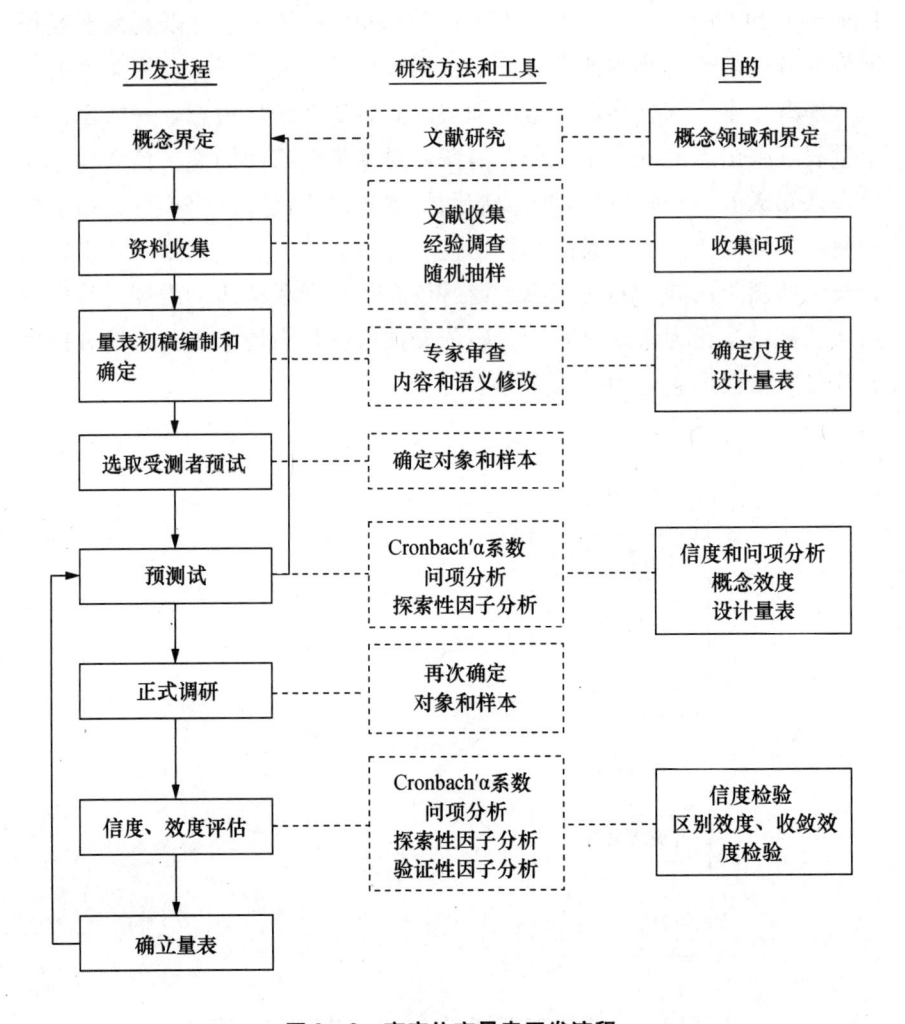

图3-3 商店依恋量表开发流程

(一) 概念界定

Hidalgo 和 Hernaèndez（2001）认为，依恋的主要特征是期望与依恋对象保持亲密。因此，本书将这个特征引入地方依恋，认为零售商店依恋是个人与特定零售商店之间的一种正向情感联结，其主要特征是个人倾向于与这个零售商店保持亲密关系。根据态度框架，将商店依恋概念化为商店认同、商店依靠、情感依恋和社会联结四个维度。

(二) 资料收集

本阶段主要完成以下三项任务：

1. 文献研究

广泛查阅、分析地方依恋文献资料，重点收集国外地方依恋量表，请东北财经大学市场营销专业和旅游管理专业的博士研究生对项目的内容效度做初步评价，针对问项描述、文字表达等进行了意见征集，修改了措辞不清的条目，合并雷同项目，删除表达存在歧义、过于抽象的问项。

以态度理论为依据，主要参考表3-6中不同学者的地方依恋量表，全面比较不同维度的测量问项，筛选出现频率较高的条目，并用"零售商店"替换问项中的其他依恋对象（度假地、国家、公园、餐馆、露营地、休闲地）名词，由此形成31个问项。

2. 半结构化访谈

为了弄清消费者商店依恋的内容结构究竟如何，笔者对10名消费者（5名大学生、5名有工作经验的人员）进行了访谈，以便了解消费者对商店的认知、情感和行为。主要采取半结构化访谈形式，访谈问题如"您如何理解商店依恋？""您是否对某个商店产生了依恋？""您认为哪些因素会导致商店依恋？"

3. 开放式问卷调查

为了有效地收集问项条目，设计开放式问卷进行调查。本次调查主要通过电子邮件发送方式完成，笔者从MBA学员中随机选取了30人，请求他们对问卷进行作答。主要调查的题目是：对于您所依恋的商店，您有何感受？您对某个商店形成依恋的原因是什么？产生商店依恋后，对您的购物行为和态度有什么影响？

(三) 量表初稿的编制和确定

从半结构化访谈和开放式问卷调查结果来看，如表3-7所示，在对商店依恋关系的描述中，一些词汇被消费者频繁（3次以上）提及。在认知方面，主要包括环境、特别、独特、认同、身份、个性、自我风格、重要、方便、有意思、吸引力；在情感方面，主要包括喜欢、舒服、亲切、记忆、愉快、开心、偏爱、惊喜、享受、承诺；在行为方面，主要包括习惯、（与朋友、家人）再来、常来、推荐、优先、不转换、体验。

表3-7　　基于态度要素的商店依恋访谈和开放式问卷结果统计

	认知	情感	行为
商店依恋	环境、特别、独特、认同、身份、个性、自我风格、重要、方便、有意思、吸引力、可靠	喜欢、舒服、亲切、记忆、愉快、开心、偏爱、惊喜、享受、承诺	习惯、（与朋友、家人）再来、常来、推荐、优先、不转换、体验

将表3-7与31个问项对接，利用专家访谈法，对31个问项提出完善和修改意见，使得问项尽可能达到"命中目标"、"表述规范"和"分类合理"。访谈专家包括7位专家，包括大连理工大学管理学院的副教授1名，东北财经大学工商管理学院市场营销方向的教授2名、副教授2名，旅游与酒店管理学院休闲学方向的副教授1名，人文学院心理学方向的副教授1名。

通过专家访谈，对前文收集的31个问项进行添加、删除、归并、修改和调整。对于问项"这个地方对我意义重大"、"我非常依恋这个地方"，有些学者将它们当作地方认同维度的测量问项，另外一些学者则将把它们作为情感依恋维度的测量问项。经过专家打分评判，我们将其纳入情感依恋维度。此外，问项"我对这家商店承诺，因为它为我提供我需要的东西"表述略显烦琐，专家讨论后一致同意将其改为"我对这家商店承诺"。

为进一步了解受测者实际填写的反应并发现问卷缺点，我们邀请市场营销专业的3名博士生，6名硕士生协助检查问题，进行讨论。在告知研究目的和商店依恋的概念后，研究者和9名学生针对问卷题项、内容和语义进行讨论，修改部分问项的语意，试图发现受测者容易误解、无法填答、答案无法区别等问卷设计的缺点，并加以修正。最后，研究者邀请1名本科生协助检查各问项语意，以期能使受测者在阅读时，易于阅读并了解题项内容。最终编制了包括20个问项的商店依恋初始量表（见表3-8）。其中，商店认同包括6个测量问项，商店依靠包括6个测量问项，情感依恋包括3个测量问项，社会联结包括5个测量问项。

表 3-8　　　　　　　　商店依恋初始量表及参考来源

维度	问项	编号	引用文献
商店认同	我强烈认同这家商店	SI1	Bricker 和 Kerstetter（2000）；Brocato（2006）；Budruk（2010）；Kyler 等（2003，2004，2005）；Payton 等（2005）；Ramkissoon 等（2013）；Raymond 等（2010）；Williams 和 Roggenbuck（1989）；Williams 和 Vaske（2003）；Yuksel 等（2010）
	这家商店代表我是一个怎样的人	SI2	Brocato（2006）；Jun 等（2009）；Kyler 等（2004）；Ramkissoon 等（2013）；Raymond 等（2010）；Williams and Roggenbuck（1989）；Williams 和 Vaske（2003）；Yuksel 等（2010）
	这家商店是我生活的一部分	SI3	Brocato（2006）；Williams 和 Roggenbuck（1989）；Williams 和 Vaske（2003）；Kyler 等（2003，2004）；Payton 等（2005）；Jun 等（2009）；Ramkissoon 等（2013）；Raymond 等（2010）；Yuksel 等（2010）；Tsai（2012）
	这家商店对我意义重大	SI4	Williams 和 Vaske（2003）；Kyler 等（2003，2004，2005）；Bricker 和 Kerstetter（2000）；Budruk（2010）；Raymond 等（2010）
	这家商店对我非常特别	SI5	Williams 和 Vaske（2003）；Brown 和 Raymond（2007）；Wynveen 等（2007）；黄咛雅（2009）；Raymond 等（2010）
	我与这家商店的联系非常紧密	SI6	Kyler 等（2004）；Williams 和 Vaske（2003）；Brown 和 Raymond（2007）；Vaske 和 Kobrin（2001）
商店依靠	在这个商店购物比其他商店购物更让我满意	SD1	Brocato（2006）；Bricker 和 Kerstetter（2000）；Kyler 等（2003，2004，2005）；Payton 等（2005）；Brown 和 Raymond（2007）；Williams 和 Vaske（2003）；Kobrin（2001）；Budruk（2010）
	在这家商店购物比在其他地方重要	SD2	Williams 和 Vaske（2003）；Kyler 等（2003，2004，2005）；Bricker 和 Kerstetter（2000）；Budruk（2010）；Wynveen 等（2007）；Raymond 等（2010）
	我对这家商店承诺，因为它能提供我需要的东西	SD3	Brocato（2006）；Bricker 和 Kerstetter（2000）；Kyler 等（2004，2005）
	这家商店是我购物的最好地方	SD4	Brocato（2006）；Williams 和 Vaske（2003）；Kyler 等（2003）；Payton 等（2005）；Bricker 和 Kerstetter（2000）；Wynveen 等（2007）；Jun 等（2009）；Raymond 等（2010）

续表

维度	问项	编号	引用文献
	在这家商店购物比在其他地方享受	SD5	Kyler 等（2003）；Bricker 和 Kerstetter（2000）；Kyler 等（2004，2005）；Budruk（2010）；Yuksel 等（2010）；Tsai（2012）；Ramkissoon 等（2013）
	我不会用其他的商店取代在这里所进行的购物活动	SD6	Williams 和 Vaske（2003）；Kyler 等（2003，2004，2005）；Payton 等（2005）；Budruk（2010）；Raymond 等（2010）
情感依恋	我非常依恋这家商店	EA1	Yuksel 等（2010）；Tsai（2012）Williams 和 Roggenbuck（1989）；Kyler 等（2004）；Wynveen 等（2007）；Ramkissoon 等（2013）
	我对这家商店有强烈的归属感	EA2	Yuksel 等（2010）；Williams 和 Roggenbuck（1989）Wynveen 等（2007）；Ramkissoon 等（2013）
	我对这家商店的环境和设施有情感上的依恋	EA3	Williams 和 Roggenbuck（1989）；Kyler 等（2004）
社会联结	我对这家商店有许多美好的记忆	SB1	Budruk（2010）；Kyler 等（2004，2005）
	我与这家商店及商店中的人有特别的联系	SB2	Kyler 等（2004，2005）；Budruk（2010）；Raymond 等（2010）
	不来这家商店我的朋友/家人会很失望	SB3	Williams 和 Roggenbuck（1989）；Kyler 等（2004）；Mowen 等（2004）；Ramkissoon 等（2013）
	如果我不来这家商店，我将与许多朋友失去联系	SB4	Williams 和 Roggenbuck（1989）；Kyler 等（2004）；Ramkissoon 等（2013）
	我的许多朋友/家人比较喜欢这家商店	SB5	Williams 和 Roggenbuck（1989）；Kyler 等（2004）；Ramkissoon 等（2013）

（四）选取受测者预试

为了考察受访者是否对特定零售商店已形成依恋，以东北财经大学研究生和本科生为研究对象，采取便利抽样的方式，进行前测。学生的年龄、教育程度、收入等变量均有一致性，且学生接收信息速度较快，因此以学生为研究对象是合适的。

本次前测采用纸条填写的形式，主要设计了以下问题："你对大连的哪个零售商店有依恋情结？"请写出该商店全称；如果没有依恋的商店，请写"无"。通过利用课堂间隙问卷调查，共发放278份问卷，回收254份。

对问卷结果进行频次分析发现，只有22位学生没有对特定商店形成依恋，而232位学生都具有明确的商店依恋对象。在学生形成依恋的零售商店中，综合商场主要包括凯德和平广场、时代购物广场、万达广场、连太百货、大商新玛特购物休闲广场、奥林匹克购物广场、友谊商城人民路店、麦凯乐西安路店、麦凯乐金马路店、麦凯乐青泥洼店、罗斯福天兴国际中心、百年城、久光百货、佳兆业购物广场、荣盛广场、长兴购物中心、锦辉商城黄河路店、友谊美邻购物广场、百盛西安路店、辰熙商场；超市、便利店主要包括乐购友好店、沃尔玛购物广场山姆会员商店、越洋物语日本食品连锁超市、万国小厨海事大学店、麦德龙大连西岗商场、沃尔玛购物广场学苑店、乐购和平广场店、大商新玛特超市青泥洼店、华润万家超市、罗林便利店、万国小厨天津街店、麦凯乐超市青泥洼店、罗森便利店软件园2店、嘉宇韩国超市数码广场店、家乐福鲁迅路店、永辉精致超市、元初食品超市、大商新玛特超市黑石礁店、北京华联超市、屈臣氏黑石礁店、乐购张前路店、家乐福黄河路店。从零售业态角度，大学生主要对百货商店、超级市场、购物中心和便利店产生了依恋。因此，预测试调查的主要研究对象是光顾这四种零售业态的零售商店的购物者。

（五）预测试

按以下五个步骤进行预测试。

1. 问卷设计

问卷主体包括三个部分：第一部分要求受访者想象一家自己最喜欢的零售商店的名称；第二部分为商店依恋初始量表（见表3-8），要求受访者准确填答；第三部分是个人基本信息，主要涉及性别、年龄、收入水平、受教育程度和婚姻状况。

态度测量往往采用Likert量表，量表回答方式以4点量表法—6点量表法最为常见。Berdie（1994）认为，一般情况下，5点量表是最可靠的，选项超过5点，人们很难有足够的辨别能力，3点量表限制了温和意见和强烈意见的表达，5点量表则正好可以表示温和意见与强烈意见之间的区别（吴明隆，2003）。但考虑到使用5点量表时，可能会出现趋中现象，不利于因素分析。因此，为更精确地区分计算结果，本书采用7点计分法（1=完全不同意，2=比较不同意，3=有点不同意，4=中立，5=有点同意，6=比较同意，7=非常同意）对每个问项进行评分。

2. 调查实施

本次问卷调查主要采用便利取样方式，受访对象为东北财经大学本科生（见表 3-9）。调查时间为 2012 年 4 月 7—21 日，调查地点为东北财经大学大学生公寓管理中心。共发放问卷 200 份，回收有效问卷 143 份（超过问项总数的 5 倍），有效率为 71.5%。

表 3-9　　　　　　　　　预调查样本特征

人品统计变量		频数	百分比	有效百分比	累计百分比
性别	女	86	60.1	60.1	60.1
	男	57	39.9	39.9	100.0
年龄	20 岁以下	62	43.4	43.4	43.4
	21—30 岁	81	56.6	56.6	100.0
收入水平	1000 元及其以下	42	29.4	29.4	29.4
	1001—2000 元	92	64.3	64.3	93.7
	2001—3000 元	8	5.6	5.6	99.3
	3001—4000 元	1	0.7	0.7	100.0
受教育程度	大专或本科	143	100.0	100.0	100.0
婚姻状况	未婚	143	100.0	100.0	100.0

3. 鉴别力分析

将预测试 143 份样本按总分高低次序排列，从最低分数（41 分）的人向上取 30 人为低分组，再从最高分数（107 分）的向下取 30 人为高分组；计算高分组和低分组每一问项得分的百分比，分别用 V_h、V_l 表示；按照公式 $D = V_h - V_l$ 求出每一问项的鉴别力指数。

表 3-10　　　　　　　　问项鉴别力指数统计结果

问项	级别	回应人数							均分	V_h/V_l	D
		1	2	3	4	5	6	7			
SI1	高分组	0	0	3	5	6	11	6	5.57	0.80	0.37
	低分组	2	8	9	8	2	1	0	3.00	0.43	
SI2	高分组	0	0	1	3	6	13	7	5.73	0.82	0.32
	低分组	1	4	12	6	5	2	0	3.53	0.50	
SI3	高分组	0	0	0	8	7	12	3	5.33	0.76	0.41
	低分组	7	10	7	4	2	0	0	2.47	0.35	
SI4	高分组	0	0	0	2	6	16	6	5.87	0.84	0.45
	低分组	4	3	5	12	4	1	1	2.70	0.39	

续表

问项	级别	回应人数							均分	V_h/V_l	D
		1	2	3	4	5	6	7			
SI5	高分组	0	0	0	2	10	14	4	5.00	0.71	0.19
	低分组	2	4	6	8	8	2	0	3.67	0.52	
SI6	高分组	0	0	0	6	10	12	2	5.33	0.76	0.16
	低分组	0	1	7	12	7	2	1	4.17	0.60	
SD1	高分组	10	4	10	3	3	0	0	2.50	0.36	0.20
	低分组	26	4	0	0	0	0	0	1.13	0.16	
SD2	高分组	0	1	0	4	13	10	2	4.60	0.66	0.23
	低分组	9	4	5	4	6	2	0	3.00	0.43	
SD3	高分组	0	1	2	6	11	9	1	4.93	0.70	0.34
	低分组	7	9	8	5	0	0	0	2.53	0.36	
SD4	高分组	0	1	3	9	4	11	2	4.90	0.70	0.39
	低分组	11	10	5	3	0	0	1	2.17	0.31	
SD5	高分组	0	0	2	13	7	6	2	4.43	0.63	0.42
	低分组	17	11	2	0	0	0	0	1.50	0.21	
SD6	高分组	0	0	3	15	6	4	2	4.57	0.65	0.45
	低分组	19	10	1	0	0	0	0	1.40	0.20	
EA1	高分组	0	0	0	0	5	12	13	6.27	0.90	0.21
	低分组	1	1	1	6	9	8	4	4.80	0.69	
EA2	高分组	0	0	0	2	5	15	8	5.97	0.85	0.22
	低分组	2	2	2	8	10	4	2	4.40	0.63	
EA3	高分组	1	1	0	2	5	11	10	5.73	0.82	0.30
	低分组	1	6	8	7	4	3	1	3.67	0.52	
SB1	高分组	5	7	11	7	0	0	0	2.67	0.38	0.21
	低分组	25	4	1	0	0	0	0	1.20	0.17	
SB2	高分组	6	6	7	6	2	3	0	3.03	0.43	0.22
	低分组	22	5	1	1	1	0	0	1.47	0.21	
SB3	高分组	7	4	3	9	1	6	0	3.37	0.48	0.38
	低分组	22	6	1	0	1	0	0	1.40	0.20	
SB4	高分组	6	11	7	4	1	0	1	2.57	0.37	0.19
	低分组	23	7	0	0	0	0	0	1.23	0.18	
SB5	高分组	0	1	10	6	5	8	0	4.30	0.61	0.31
	低分组	11	11	6	0	1	1	0	2.07	0.30	

根据鉴别力指数评价标准，如果鉴别力指数 D > 0.19，表明符合要求。从表 3 – 10 中各个问项鉴别力指数可见，问项 SI < 0.19，必须删除，将剩余 19 个问项列入下一轮分析。

4. 内部一致性信度分析

利用 SPSS 16.0 统计软件计算各测量指标的项目—总体相关系数（CITC）及各个变量的 Cronbach'α 系数，参照下列标准对问项进行删减：题目总分相关（item – total correlation） < 0.4 且删除后的 Cronbach'α 值会增加者删除（Gilbert and Churchill, 1979），分析结果参见表 3 – 11。

表 3 – 11　　　　商店依恋预测试问项信度分析

衡量维度	项目	项目—总体相关性	项目删除后 Cronbach'α 值	Cronbach'α	整体 Cronbach'α 值
商店认同	SI1	0.593	0.799	0.825	0.855
	SI2	0.706	0.765		
	SI3	0.697	0.767		
	SI4	0.624	0.789		
	SI5	0.490	0.824		
商店依靠	SD1	0.496	0.844	0.847	
	SD2	0.475	0.852		
	SD3	0.649	0.817		
	SD4	0.678	0.811		
	SD5	0.779	0.791		
	SD6	0.712	0.804		
情感依恋	EA1	0.683	0.394	0.682	
	EA2	0.485	0.603		
	EA3*	0.380	0.780		
社会联结	SB1	0.485	0.800	0.807	
	SB2	0.692	0.738		
	SB3	0.680	0.745		
	SB4	0.677	0.746		
	SB5	0.481	0.816		

注：*表示删除的题项。

从表 3 – 11 中可见，商店依恋量表整体信度系数 Cronbach'α 为

0.855，各个维度的测量指标的 Cronbach'α 系数为 0.682—0.847，达到了 Nunnally 和 Bernstein（1994）提出的参考标准，这表明各个测量变量均具有良好的信度。在各变量的测量指标中，大多数测量指标的 CITC 均大于 0.4，只有情感依恋的最后一个题项（EA3）CITC 系数为 0.38，低于 0.40 的标准。而在剔除这个测量指标后，情感依恋维度的 Cronbach'α 系数由 0.682 提高到 0.780，因此对这个指标予以删除。

5. 探索性因子分析

将"垃圾题项"（EA3）剔除后，对剩下的 18 个测量指标进行探索性因子分析（EFA）。提取因子方法为主成分分析，旋转方法为极大方差法，同时选择特征根大于或等于作为保留因子的标准，保留因子载荷大于 0.5 的项目。通过这种方法对 18 个测量问项进行合并分类，内定为 4 个因素，并以斜交旋转的结果对变量进行删除。

探索性因子分析的 KMO 值为 0.797，Bartlett 球形检验的相伴概率为 0.000，小于显著性水平 0.05，表明适合作因子分析。因此，本预测试所收集的数据适合进行因子分析。从表 3-12 可以看出，前 4 个因子的特征值大于 1，累计解释了 66.065% 的信息，且前 4 个因子变动较大，从第 4 个因子开始变动趋缓，表明应该提取 4 个因子。

表 3-12　　　　　商店依恋因子分析总方差解释

因子	初始特征值			提取的因子负荷矩阵			旋转后的因子负荷矩阵		
	总数	方差贡献率	累积贡献率	总数	方差贡献率	累积贡献率	总数	方差贡献率	累积贡献率
1	5.794	32.187	32.187	5.794	32.187	32.187	3.381	18.784	18.784
2	2.773	15.406	47.593	2.773	15.406	47.593	3.199	17.772	36.556
3	1.954	10.856	58.449	1.954	10.856	58.449	2.943	16.348	52.904
4	1.371	7.616	66.065	1.371	7.616	66.065	2.369	13.161	66.065
5	0.877	4.872	70.937						
6	0.809	4.494	75.431						
7	0.698	3.875	79.306						
8	0.562	3.124	82.431						
9	0.514	2.858	85.288						

续表

因子	初始特征值			提取的因子负荷矩阵			旋转后的因子负荷矩阵		
	总数	方差贡献率	累积贡献率	总数	方差贡献率	累积贡献率	总数	方差贡献率	累积贡献率
10	0.447	2.483	87.771						
11	0.422	2.344	90.116						
12	0.363	2.017	92.133						
13	0.351	1.950	94.083						
14	0.294	1.634	95.717						
15	0.265	1.472	97.189						
16	0.232	1.291	98.480						
17	0.174	0.968	99.448						
18	0.099	0.552	100.000						

表3-13 为对18个测量问项斜交旋转主成分分析矩阵，从中可以看出：第一个因子所反映的测量问项（SB1 除外）基本上属于原量表所划分的"商店依靠"这一维度；第二个因子所反映的测量问项完全属于原量表所划分的"商店认同"这一维度；第三个因子所反映的测量问项完全属于原量表所划分的"社会联结"这一维度；第四个因子所反映的测量问项（SD3 除外）基本属于原量表所反映的"情感依恋"这一维度。可见，预测试结果与第一轮量表的完善结果基本上是相符的。

接下来对相关测量问项进行删减，删减的主要标准是：因子载荷小于0.5 的问项；具有多重载荷且载荷值比较接近的问项；出现因素归类不当的问项。从表3-13可以看出，18个问项的因子载荷均大于0.5，说明问项具有良好的区分度；测量问项 SB1、SD3 出现多重载荷，且不在本书划定的维度中，因此将其删除。

表3-13 旋转后的商店依恋因子矩阵

测量问项	因子			
	1	2	3	4
SD1	0.773	-0.081	0.325	-0.195
SD4	0.712	0.318	0.239	0.276

续表

测量问项	因子 1	因子 2	因子 3	因子 4
SD5	0.690	0.380	0.240	0.154
SD6	0.680	-0.006	0.404	-0.139
SD2	0.621	0.150	-0.072	0.246
SB1*	0.558	0.030	0.269	0.535
SI2	0.026	0.823	0.088	0.100
SI3	0.202	0.811	0.097	-0.022
SI1	0.067	0.755	-0.004	0.019
SI4	-0.003	0.749	0.155	0.186
SI5	0.401	0.577	-0.167	0.123
SB3	0.116	-0.029	0.849	0.023
SB2	0.198	0.030	0.822	-0.107
SB4	0.243	0.121	0.782	-0.044
SB5	0.131	0.272	0.596	0.383
EA1	-0.046	0.054	-0.025	0.878
EA2	0.128	0.145	-0.130	0.754
SD3*	0.534	0.100	0.176	0.550

注：*表示删除的题项。

因子分析结果表明，四个因子与本书初始设想的商店依恋的四个维度高度吻合。这初步说明，本书对商店依恋维度构成划分具有合理性；而且不再需要进一步纯化测量问项，因此形成包含16个问项的商店依恋量表（见表3-14）。

表3-14　　　　　　　　　商店依恋量表

维度	问项	编号
商店认同	我强烈认同这家商店	SI1
	这家商店代表我是一个怎样的人	SI2
	这家商店是我生活的一部分	SI3
	这家商店对我意义重大	SI4
	这家商店对我非常特别	SI5

续表

维度	问项	编号
情感依恋	我非常依恋这家商店	EA1
	我对这家商店有强烈的归属感	EA2
商店依靠	在这个商店购物比其他商店购物更让我满意	SD1
	在这家商店购物比在其他地方重要	SD2
	这家商店是我购物的最好地方	SD4
	在这家商店购物比在其他地方享受	SD5
	我不会用其他商店取代在这里所进行的购物活动	SD6
社会联结	我与这家商店及商店中的人有特别的联系	SB2
	不来这家商店我的朋友/家人会很失望	SB3
	如果我不来这家商店，我将与许多朋友失去联系	SB4
	我的许多朋友/家人比较喜欢这家商店	SB5

（六）正式调查

为了验证第一次资料分析得到的量表能否再简化，采用最终形成的16个问项作为正式问卷组织正式调查。问卷主体包括：第一部分要求受访者想象一家自己喜欢的零售商店的名称；第二部分为包含16个问项的商店依恋量表（见表3-14），要求受访者准确填答；第三部分是个人基本信息，主要涉及性别、年龄、收入水平、受教育程度和婚姻状况。为更精确地区分计算结果，本书采用7点计分法（1＝完全不同意，2＝比较不同意，3＝有点不同意，4＝中立，5＝有点同意，6＝比较同意，7＝非常同意）对每个问项进行评分。

问卷采取便利抽样方式，以东北财经大学本科生、研究生（含MBA、EMBA）为研究对象，在课间时间进行问卷发放和填写。调查时间为2012年12月2—22日，共发放问卷268份，回收258份，删除遗漏过多和质量不佳的问卷，共获得有效问卷224份，有效回收率约83.6%。样本总体呈正态分布，见表3-15。

表3-15　　　　　　　　　正式调查样本特征

人品统计变量		频数	百分比（%）	有效百分比（%）	累计百分比（%）
性别	女	145	64.7	64.7	64.7
	男	79	35.3	35.3	100.0

续表

人品统计变量		频数	百分比（%）	有效百分比（%）	累计百分比（%）
年龄	20 岁以下	39	17.4	17.4	17.4
	21—30 岁	135	60.3	60.3	77.7
	31—40 岁	48	21.4	21.4	99.1
	41—50 岁	2	0.9	0.9	100.0
职业	公务员	6	2.7	2.7	2.7
	教师	4	1.8	1.8	4.5
	公司职员	76	33.9	33.9	38.4
	私营业主	2	0.9	0.9	39.3
	学生	132	58.9	58.9	98.2
	专业技术人员	2	0.9	0.9	99.1
	自由职业者	2	0.9	0.9	100.0
收入水平	1000 元及其以下	73	32.6	32.6	32.6
	1001—2000 元	55	24.6	24.6	57.1
	2001—3000 元	10	4.5	4.5	61.6
	3001—4000 元	16	7.1	7.1	68.8
	4001—5000 元	12	5.4	5.4	74.1
	5001 元以上	58	25.9	25.9	100.0
受教育程度	本科生	106	47.3	47.3	47.3
	研究生	118	52.7	52.7	100.0
婚姻状况	已婚	66	29.5	29.5	29.5
	未婚	158	70.5	70.5	100.0

为了进一步了解数据大体情况，本书对商店依恋量表各测量问项的均值和标准差进行统计分析，具体分析结果见表 3-16。从表 3-16 可见，商店依恋各测量问项数据的均值分布在 3.310—5.000 之间，标准差分布

表 3-16　　　　　各测量问项的均值和标准差

问项	SI1	SI2	SI3	SI4	SI5	SD1	SD2	SD4	SD5	SD6	EA1	EA2	SB2	SB3	SB4	SB5
均值	3.990	3.880	3.570	3.520	3.310	4.634	4.844	4.920	4.460	4.670	4.850	5.000	4.250	4.580	4.040	4.020
标准差	1.377	1.285	1.403	1.476	1.382	0.952	0.987	1.025	1.010	1.091	1.336	1.229	1.339	1.271	1.380	1.395

在 0.952—1.476 之间。总体来看，样本人群对情感依恋的评价最高，其次是对社会联结和商店依靠的评价，对商店认同的评价相对较低。

（七）信度、效度评估

对正式调查数据进行信度分析、探索性因子分析和验证性因子分析，进一步探索和检验商店依恋维度构成。

1. 信度检验

利用 SPSS 16.0 统计软件计算各测量指标的项目—总体相关系数（CITC）及各个变量的 Cronbach'α 系数，参照下列标准对问项进行删减：题目—总分相关 <0.4 且删除后的 Cronbach'α 值会增加者删除（Gilbert and Churchill, 1979），分析结果参见表 3-17。

表 3-17　　商店依恋预测试问项信度分析

衡量维度	项目	项目—总体相关性	项目删除后 Cronbach'α 值	Cronbach'α	整体 Cronbach'α 值
商店认同	SI1	0.686	0.912	0.913	0.866
	SI2	0.768	0.896		
	SI3	0.831	0.882		
	SI4	0.808	0.887		
	SI5	0.802	0.888		
商店依靠	SD1	0.665	0.824	0.854	
	SD2	0.709	0.813		
	SD4	0.654	0.827		
	SD5	0.676	0.821		
	SD6	0.633	0.833		
情感依恋	EA1	0.751	.a	0.856	
	EA2	0.751	.a		
社会联结	SB2	0.671	0.801	0.841	
	SB3	0.737	0.772		
	SB4	0.678	0.797		
	SB5	0.616	0.825		

从表 3-17 可见，商店依恋量表整体信度系数 Cronbach'α 系数为 0.866，各个维度的测量指标的 Cronbach'α 系数在 0.841—0.913 之间，达到了 Nunnally 和 Bernstein（1994）提出的参考标准，这表明各个测量

变量均具有良好的信度。在各变量的测量指标中，所有测量指标的 CITC 均大于 0.4。这表明，本书所设计的商店依恋量表具有很高的内部一致性信度。

2. 探索性因子分析

利用 SPSS 16.0 对 224 份样本对商店依恋的 16 个测量问项进行因子分析，提取因子的方法为主成分分析，旋转方法为极大方差法，同时选择特征根大于或等于作为保留因子的标准，保留因子载荷大于 0.5 的项目。通过这种方法对 16 个测量问项进行合并分类，内定 4 个因素，并以斜交旋转的结果对变量进行删除。探索性因子分析的 KMO 值为 0.820，Bartlett 球形检验的相伴概率为 0.000，小于显著性水平 0.05，表明适合作因子分析。因此，本预测试所收集的数据适合进行因子分析。从表 3-18 可以看出，前 4 个因子的特征值大于 1，累计解释了 71.735% 的信息，且前 4 个因子变动较大，从第 4 个因子开始变动趋缓，表明应该提取 4 个因子。

表 3-18　　　　商店依恋因子分析总方差解释

因子	初始特征值 总数	方差贡献率	累积贡献率	提取的因子负荷矩阵 总数	方差贡献率	累积贡献率	旋转后的因子负荷矩阵 总数	方差贡献率	累积贡献率
1	5.369	33.554	33.554	5.369	33.554	33.554	3.727	23.294	23.294
2	3.074	19.214	52.768	3.074	19.214	52.768	3.233	20.203	43.498
3	1.685	10.531	63.299	1.685	10.531	63.299	2.775	17.342	60.840
4	1.350	8.436	71.735	1.350	8.436	71.735	1.743	10.895	71.735
5	0.683	4.270	76.005						
6	0.614	3.839	79.843						
7	0.535	3.343	83.187						
8	0.486	3.040	86.227						
9	0.424	2.651	88.877						
10	0.386	2.414	91.291						
11	0.333	2.082	93.373						
12	0.309	1.930	95.303						
13	0.238	1.485	96.788						
14	0.199	1.241	98.029						
15	0.178	1.110	99.139						
16	0.138	0.861	100.000						

表3-19为对16个测量问项斜交旋转的主成分分析矩阵。从中可以看出，第一个因子反映的测量问项属于原量表所划分的"商店认同"这一维度；第二个因子所反映的测量问项属于原量表所划分的"商店依靠"这一维度；第三个因子所反映的测量问项属于原量表所划分的"社会联结"这一维度；第四个因子所反映的测量问项基本属于原量表所反映的"情感依恋"这一维度。

表3-19显示，16个问项的因子载荷均大于0.5，没有多重载荷且载荷值比较接近的问项，也没有因素归类不当的问项。可见，表3-19中四个因子与16个问项商店依恋的四个维度完全吻合，正式调查结果与预期的结果一致。从测量指标的具体内容分析来看，这四个因子就是商店认同、商店依靠、情感依恋和社会联结的四个不同维度。这进一步表明，本书对商店依恋的四维度划分是比较合理的。

表3-19　　　　　　　　旋转后的商店依恋因子矩阵

测量问项	因子			
	1	2	3	4
SI3	0.899	0.060	0.036	0.089
SI2	0.856	0.006	0.072	0.071
SI5	0.852	0.021	0.218	0.006
SI4	0.852	0.085	0.248	-0.069
SI1	0.783	0.060	0.066	0.140
SD4	0.013	0.792	0.079	0.051
SD2	0.027	0.791	0.258	0.047
SD5	0.088	0.786	0.075	0.128
SD1	-0.005	0.784	0.133	0.065
SD6	0.094	0.727	0.172	0.119
SB3	0.122	0.155	0.826	0.179
SB4	0.140	0.116	0.804	0.131
SB2	0.077	0.314	0.779	0.004
SB5	0.210	0.122	0.723	0.140
EA1	0.112	0.131	0.145	0.909
EA2	0.062	0.189	0.226	0.878

3. 进行验证性因子分析

收敛效度水平可以由验证性因子分析的拟合指数和因子载荷系数来检验（Mueller，1996）。具体来说，可以从观测变量因子载荷显著性程度（t 值）判断，观测变量的因子载荷应达到显著水平，且其值必须大于 0.45（Jöreskog and Sörbom，1988）。Bagozzi 和 Yi（1988）认为，可以通过平均方差抽取量 AVE（average variance extracted）来判断收敛效度，若 AVE 越大，表示潜变量有越高的收敛效度。Fornell 和 Larcker（1981）建议 AVE 大于 0.5 表示具有良好的信度及收敛效度。我们将样本数据输入 AMOS 18.0 统计软件，进行验证性因子分析，并对整体模型进行评价，模型拟合指数如表 3-20 所示。卡方值等于 267.70，自由度等于 99，χ^2/df 值等于 2.70，符合大于 2 小于 5 的标准，说明样本测量模型的总体拟合较优。模型拟合参数 GFI=0.87，CFI=0.95，NFI=0.92，基本达到 0.90 的临界标准；RMSEA=0.087，AGFI=0.82，处于可接受水平。可见，测量模型与样本数据的拟合情况良好，进而验证了商店依恋确实可以划分为商店认同、商店依靠、情感依恋和社会联结四个维度。

表 3-20　　商店依恋 CFA 模型的拟合指数

拟合度	χ^2	df	χ^2/df	P	RMSEA	GFI	AGFI	NFI	NNFI	CFI
拟合值	267.70	99	2.70	0.00	0.087	0.87	0.82	0.92	0.94	0.95

表 3-21 显示了商店依恋 CFA 模型的因子载荷、标准误差和 t 值。从中可以看出，商店依恋所有因子载荷 t 值均大于 3.291，表明所有指标在各自计量概念上的因子载荷都达到 $p<0.001$ 的显著水平；标准化因子载荷介于 0.687—0.958 之间，大于门槛值 0.45，表明量表具有较高的收敛效度。

表 3-21　　商店依恋 CFA 模型的因子载荷、标准误和 t 值

路径	标准化因子载荷	标准误差	t
$\xi_1 \leftarrow$ SI1	0.704	—	11.76
$\xi_1 \leftarrow$ SI2	0.784	0.094	13.69
$\xi_1 \leftarrow$ SI3	0.862	0.103	15.84
$\xi_1 \leftarrow$ SI4	0.882	0.108	16.41

续表

路径	标准化因子载荷	标准误差	t
$\xi_1 \leftarrow SI5$	0.874	0.101	16.18
$\xi_2 \leftarrow SD1$	0.744	—	12.23
$\xi_2 \leftarrow SD2$	0.805	0.100	13.66
$\xi_2 \leftarrow SD3$	0.713	0.103	11.56
$\xi_2 \leftarrow SD4$	0.722	0.101	11.76
$\xi_2 \leftarrow SD5$	0.690	0.109	11.07
$\xi_3 \leftarrow EA1$	0.784	—	13.71
$\xi_3 \leftarrow EA2$	0.958	0.146	19.40
$\xi_4 \leftarrow SB2$	0.763	—	12.65
$\xi_4 \leftarrow SB3$	0.836	0.087	14.39
$\xi_4 \leftarrow SB4$	0.748	0.093	12.31
$\xi_4 \leftarrow SB5$	0.687	0.095	10.99

注：$\xi_1 \sim \xi_4$ 依次表示商店认同、商店依靠、情感依恋和社会联结四个潜变量。

从表 3-22 可以看出，商店依恋各维度变量之间相关系数的绝对值处在 0.106—0.459 之间，而各维度变量 AVE 值的平方根处在 0.736—0.875 之间，各维度变量 AVE 值的平方根均大于各维度变量之间相关系数的绝对值，这表明商店依恋结构中商店认同、商店依靠、情感依恋和社会联结四个维度之间具有良好的区别效度。

表 3-22　　　　　商店依恋各潜变量区别效度分析结果

潜变量	ξ_1	ξ_2	ξ_3	ξ_4
ξ_1	0.824			
ξ_2	0.106	0.736		
ξ_3	0.172	0.259	0.875	
ξ_4	0.360	0.342	0.459	0.760

注：对角线为 AVE 值的平方根，对角线下方为商店依恋维度相关系数。

图 3-4 是商店依恋构想模型，该模型图直观地呈现了商店依恋的内容结构。具体而言，商店依恋是一个多维度概念，它是由商店认同、商店依靠、情感依恋和社会认同四个维度组成，其中商店认同包括 5 个指标

（SI1—SI5），商店依靠包括 5 个指标（SD1、SD2、SD4、SD6），情感依恋包括 2 个指标（EA1 和 EA2），社会联结包括 4 个指标（SB2—SB5）。

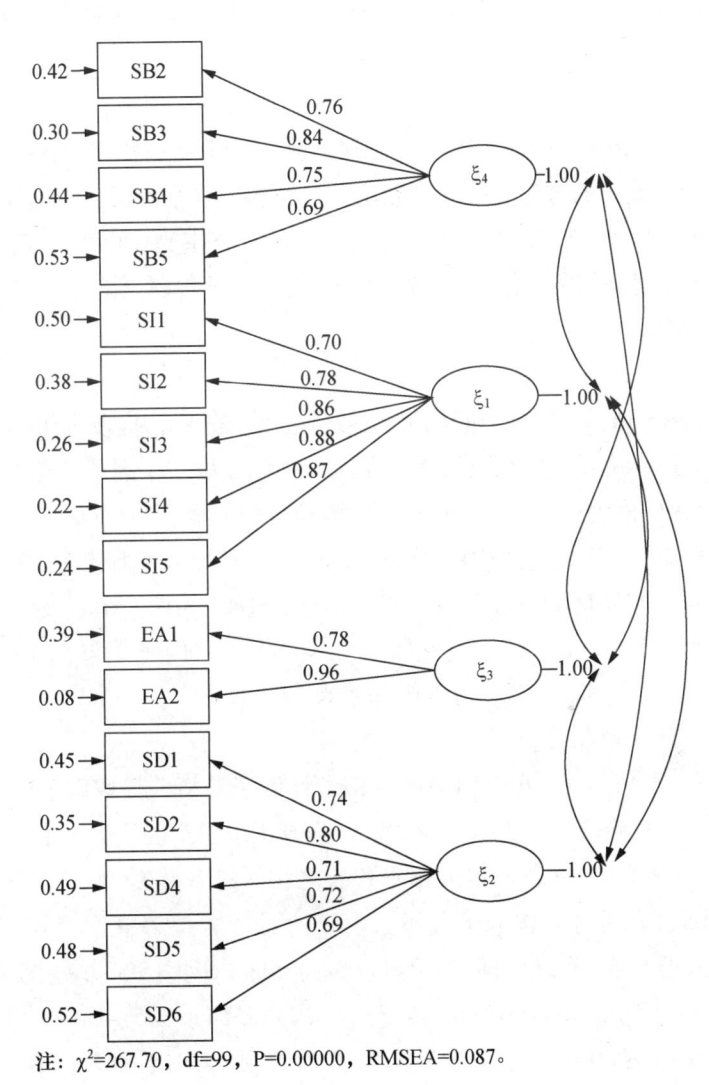

注：$\chi^2=267.70$，$df=99$，$P=0.00000$，$RMSEA=0.087$。

图 3-4　商店依恋 CFA 模型拟合图示

（八）确立量表

为了进一步证实本书构想的商店依恋四维度结构模型的合理性，需要对四因子模型与其他可能存在的相关竞争模型进行优劣比较，从而找出最优模型。由于对 16 个问项的探索性因子分析表明，从第五个因子开始，各因子的初始特征值均小于1，所以竞争模型的假设包括单因子模型、二因子模型和三因子模型。由于以往的研究没有构建商店依恋模型，故本书没有可参考的竞争模型，只能在SPSS 16.0软件中通过强制选取得到单因子、二因子和三因子的结构模型。

1. 单因子结构模型

用SPSS 16.0对16个问项进行探索性因子分析，提取因子方法为主成分分析，旋转的方法为极大方差法，强制提取一个因子。探索性因子分析的KMO值为0.820，Bartlett球形检验的相伴概率为0.000，小于显著性水平0.05，表明适合作因子分析，但是，因子的总体方差解释率仅为33.554%。

2. 二因子结构模型

用SPSS 16.0对16个问项进行探索性因子分析，提取因子的方法为主成分分析，旋转的方法为极大方差法，强制提取二个因子。探索性因子分析的KMO值为0.820，Bartlett球形检验的相伴概率为0.000，小于显著性水平0.05，表明适合作因子分析，因子的总体方差解释率为52.768%。其中，因子1包括11个问项：SD1、SD2、SD4、SD5、SD6、SB2、SB3、SB4、SB5、EA1、EA2，方差解释率为27.891%；因子2包含5个问项：SI1、SI2、SI3、SI4、SI5，方差解释率为24.877%。

3. 三因子结构模型

用SPSS 16.0对16个问项进行探索性因子分析，提取因子的方法为主成分分析，旋转方法为极大方差法，强制提取三个因子。探索性因子分析的KMO值为0.820，Bartlett球形检验的相伴概率为0.000，小于显著性水平0.05，表明适合作因子分析，因子的总体方差解释率为63.299%。其中，因子1包括5个问项：SI1、SI2、SI3、SI4、SI5方差解释率为23.332%；因子2包含6个问项：SB2、SB3、SB4、SB5、EA1、EA2，方差解释率为20.044%；因子3包含5个问项：SD1、SD2、SD4、SD5、SD6，方差解释率为19.923%。

表3-23显示了相关竞争模型的拟合指数。其中离散指数（NCP）主要用来比较在样本相同条件年不同模型的优劣，数值越小越好。从表3-23可以看出，四因子模型的各项指标都优于相关竞争模型。因此，四因子结构模型是商店依恋的理想模型，同时证实商店依恋量表（见表3-14）具有良好的信度和效度。

表 3-23　　商店依恋内容结构竞争模型的拟合指数比较

拟合度	χ^2	df	χ^2/df	p	RMSEA	GFI	AGFI	NFI	PNFI	NNFI	CFI	NCP
单因子模型	1222.62	104	11.76	0.00	0.22	0.50	0.34	0.42	0.36	0.35	0.44	1118.62
二因子模型	674.59	103	6.55	0.00	0.16	0.69	0.59	0.68	0.58	0.66	0.71	571.59
三因子模型	417.70	101	4.14	0.00	0.12	0.83	0.77	0.80	0.68	0.81	0.84	316.70
四因子模型	267.70	99	2.70	0.00	0.087	0.87	0.82	0.92	0.72	0.94	0.95	162.32

第四章 研究模型与研究假设

第一节 立论基础

一 类比学习理论

类比学习是使用一个熟悉的基础域去了解一个不熟悉的目标域。许多思考是通过类比学习完成的,当我们面对一种情况时,会回想起一个相似情况,然后寻找两者相像的地方,最后再进行推论和学习(Winston, 1980)。类比学习是一个有力的认知机制,人们利用这种机制来推论和学习新的抽象事物。在类比学习中,一个熟悉的领域被用来了解另一个新的领域是为了强调两个领域之间的相似性,或者用来预测新领域的某些特质(Clement and Gentner, 1991)。通过在两个类比之间找出一个初始部分的映射,然后以取回或创造的方式延伸此映射,以增加新的知识来弥补最初的不足(Gick and Holyoak, 1983)。Vosniadou 和 Ortony(1989)研究表明,类比学习的过程是指将资讯从已经存在的领域(通称资源或基础域)中转移到欲寻求解释的领域(通称目标域),而此知识的转移需通过映射或匹配来完成。Gentner(1997)、Holyoak 和 Thagard(1989)认为,学习的过程包含以下四个步骤:使用基础域;将目标中的要素映射到基础域中;将知识从基础域转移到目标域;形成一个新图式。消费者类比学习的主要观点是:①基本域的激活取决于基本域产品与目标域产品共享特质的数目。②基本域和目标域的匹配包括特质的匹配、关系的匹配、特质和关系的匹配。其中,进行关系匹配需要消费者对基本域的产品高度熟悉,而且这种匹配能使消费者对目标域的产品认识更深刻。③对基本域的了解程度决定了关系匹配的能力。因此,基本域的专家比新手更倾向于进行关系匹配。④消费者的知识迁移有两个过程:范例相似性加工和基于图式的加工（许亚磊，2007）。

在类比学习过程中，消费者在购买产品前会先取回记忆中有关产品的线索（内部搜寻），若此线索不合适，则搜寻外部线索（DeSarbo and Choi，1999）。如果在消费者记忆中的线索无法取回但又必须对此新产品立即进行评价时，则此时消费者会使用外部线索取回的过程（Shapiro and Krishnan，2001）。帕克等（Park et al.，1994）认为，知识的取回可以被视为一个判断的过程，是个人为了线索而对记忆进行扫描，用来帮助他们评估产品等级的一种知识，这些记忆包含产品属性和特质、使用程序和购买经历等。

二 剧场理论

戈夫曼（Goffman，1959）首次提出剧场理论，在其著作《日常生活中的个人表现》中以戏剧表演过程比喻社会互动过程，由此检验社会的互动结构，成为当代剧场理论研究的始祖。格罗夫（Grove et al.）和菲斯克（1983）将这一理论拓展到服务业，以剧场表演的观点看待服务接触时的情境，用来解释顾客和服务人员消费时的互动关系，将顾客和服务人员视为同一舞台的观众和演员，共同演出服务表演。格罗夫等（1992）首先将剧场理论发展出一完整架构，认为在消费过程中的每一位参与者都必须成功扮演各自特定的角色，才能使交易顺利圆满进行。可见，剧场理论就是以剧场表演中的演员、观众、场景、表演的字眼和观念比喻顾客在服务场所中与服务人员接触及消费过程。按照格罗夫（1998）所证实的服务经验模型，场景、演员、观众、表演这四个要素会影响顾客的满意度，进而将服务剧场的概念发展出一套完整架构，以剧场演出的观念描述服务接触过程（赵加欣，2010）。

场景是表演发生的场所，也就是顾客与服务人员所处的实体环境，它是帮助或阻碍组织目标的因素。顾客通常置身于服务产生的场景，通过商店的外观、商品的陈列等线索，进而形成该店铺印象，因此场景对于顾客的购买意图具有一定的影响力，而且服务业的实体场景设计和规划比其他产业更重要（Lovelock，2011）。此外，传递服务需要一个有形的实体环境提供背景，因为它会对服务人员与顾客间的互动产生影响（Grove et al.，1998）。Lockwood 和 Andrew（1994）也认为，服务接触除了人际互动之外，还包含其他一些有形、无形的因素，如服务人员、实体环境等，因为这些因素也会影响顾客和服务提供者之间的互动，例如购物过程中，实体场景中播放的音乐如果能促使顾客愉悦，则能降低顾客对时间的知觉（Yalch and Spangenberg，2000），并降低负面情绪发生的概率（Baker et al.，2002）。

剧场理论中的演员指服务人员，又称接触人员，是与顾客接触的一线人员。从顾客的观点看，员工就是服务的代表，员工的态度和行为对顾客有深远的影响。如果服务人员能以正确的行为态度有效地回应顾客抱怨，则可以将顾客原本对服务的负面、不满意的态度转为正面的看法（Mattsson，1994）。所以，服务人员到底要做什么（如技术），以及怎样去做（功能技术），都是顾客评估服务品质的要素（Baron et al.，1996），影响顾客对服务的满意程度（Guiry，1992），进而影响顾客再购意愿（Berry and Parasuraman，1991）。Bitner 等（1994）认为，未被请求的、自发的服务人员行为通常是服务人员展现对顾客同理心的一个表现机会，不但会让顾客觉得服务人员相当体贴、细心，而且会因此对服务组织与其所提供的服务品质留下十分满意的经验。索格蒙等（1985）发现，在服务环境中，影响顾客满意与其后续行为意向的因素，主要在于顾客与服务提供者之间的人际接触的品质，而且服务人员的专业知识和友善的态度能够促进购物过程更加流畅、排解顾客可能面临问题，并且可以提升顾客正面情绪、商品价值的知觉和购买意图。因此，服务接触是服务消费过程中影响顾客对品质评价的关键。服务接触会影响顾客满意度、再购意愿和口碑宣传（Bitner et al.，2000）。

剧场理论中的观众即接受服务的顾客。顾客是服务传递过程中非常重要的一环，特别是顾客和服务人员、顾客和顾客之间的行为均会有所互动，而且是对接触结果有所贡献的动态过程（Grove et al.，1998）。由于顾客扮演着如此举足轻重的角色，因此公司可以将顾客视为潜在员工，协助顾客扮演好他们的角色，通过教育顾客、告知顾客有效的期望、鼓励顾客、提供顾客回馈方案等方式，使顾客能更有效地参与（Bitner et al.，1997）。因此，为了让服务经验成功，教育顾客和教育员工一样重要。同时，顾客的类型和参与程度也会影响顾客对服务的满意程度。在服务接触过程中，顾客和顾客之间必然会相互影响，不论是正面的或负面的顾客互动事件都将影响其他顾客对服务经验的评价及其满意度，并会决定顾客的购买意图和再购意愿（Parker and Ward，2000）。

格罗夫等（1983）认为，表演就是服务过程中顾客与服务人员、实体环境、情境因素彼此的互动行为与动作，它是服务接触的主要核心。剧场理论将场景、服务人员、顾客之间的交互影响整合之后所形成的最终结果即为服务表现。顾客所感受到的服务表现会形成对该次服务的体验，也就是服务组织的相关系统、程序、服务人员和顾客之间的互动结果（Bitner et al.，1997）。各剧场要素在服务传递期间混在一起，以形成表演效果。服务顾客的经验是基于某一个体如何整合其演员、观众、场景以维持一项可依赖和享受的表演，故各要素间维持相互协调与一致是必要的。因为，任何一个戏剧要素均会影响顾客的满意或不满意，而产生正面或负面的评价。

三 刺激—机体—反应（S-O-R）理论

环境刺激对于行为意图的影响，在许多领域都受到重视。其中，根据S—O—R（Stimulus - Organism - Response）框架发展的一些概念，对于商店环境与消费者行为之间的关系具有较好的解释力。

（一）客观情境行为模型

贝尔克（Belk，1975）提出客观情境行为模型，他将刺激分为情境和标的物—产品或服务两类，认为消费者最直接反映的是产品、服务，但也不可忽视客观存在的情境（见图4-1）。其中，情境因素包括实体环境、社会环境、时间观点、任务定义和前提状态。

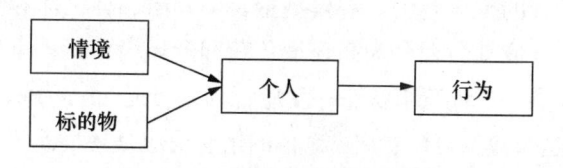

图4-1 客观情境行为模型

（二）主观情境行为模型

Kakkar和Lutz（1974）提出主观情境行为模型，他们认为，情境是消费者对环境的知觉反应，只有外部刺激能引起心理状态发生变化，进而影响消费者行为（见图4-2）。此学派主张情境是独立的，不受消费者和产品影响。

图4-2 主观情境行为模型

(三) 简单决策模型

Assael (1995) 对主观情境行为模型、客观情境行为模型以及其他相关模型进行了整合，提出简单决策模型（见图4-3）。模型中消费者、商品、情境之间的关系是双向的，而不是前人所说的单向的，这些因素是互动且相互影响的。消费者必须体验和了解情境或商品的刺激，才能产生决策和购买行为。

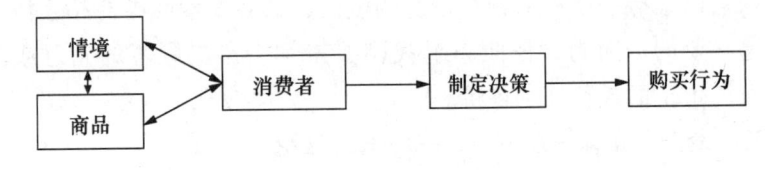

图4-3 简单决策模型

(四) Mehrabian-Russell 模型

上述三个模型虽然揭示了环境和行为之间的关系，但情境包含范围过大。Mehrabian 和 Russell（1974）提出的 Mehrabian-Russell 模型为商店环境和消费者行为关系提供了比较完整的解释，此后学者在探讨商店气氛时都以该模型为理论框架。

Mehrabian-Russell 模型认为，环境刺激会引发消费者特定的情绪状态，进而导致消费者的反应行为。该模型主要由刺激、有机体和反应行为三部分组成，其中环境刺激划分为高环境负荷和低环境负荷；有机体主要包括愉悦、唤醒和支配三种情绪状态；反应行为划分趋近行为和趋避行为（见图4-4）。从这个模型可以看出，个体的情感反应是环境刺激与个体行为之间的中介变量，驱动个体对环境反应行为的主要因素是情感或感受，而不是知觉或思维。典型的行为结果变量是趋近或趋避。趋近行为包括愿意停留、到处看看、探索环境、与环境中的其他人交流，而趋避行为包含一些相反的行为。

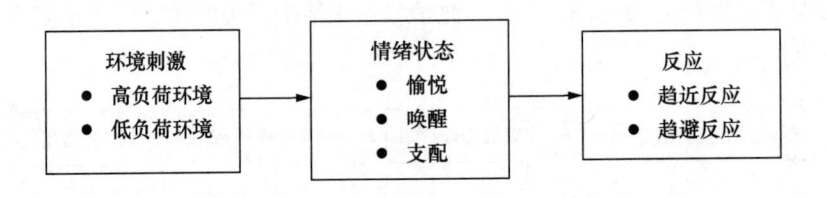

图4-4 Mehrabian-Russell 模型

拉塞尔和普拉特（Russell and Pratt，1980）通过实证对 M—R 模型中的 PAD 构面进行了修正，他们发现愉悦和唤醒这两个构面在各种情境都有明显的实证支持，而支配构面的证据则相对薄弱。他们认为这两个构面足够表达人们在大部分环境中的情绪反应，于是提出这两个主要情绪构面，并且认为其相关的两种情绪互动产生其他四种情绪反应，发展出八种情绪状态的理论架构。Donovan 和 Rossiter（1982）采用 M—R 模型探索商店环境对消费者行为的影响，结果显示愉悦和唤醒对消费者在店内行为有惊人的预测能力，而第三个构面——支配则似乎和店内行为并无太大相关。因此大部分后续研究均沿用愉悦感和唤醒两个构面来衡量情绪状态（Eroglu et al.，2003）。

Mehrabian - Russell 模型广泛应用于不同环境，实证结果表明该模型适用于零售和服务环境（Machleit and Mantel，2001）。Bagozzi 和 Colleagues（1999）考察了 Mehrabian - Russell 模型的 S—O 联结，指出消费情绪是对顾客做出的特定评价的反应。Baker 和 Colleagues（1992）考察了店铺环境与顾客高兴和唤醒的情绪状态之间的联系。Wakefield 和 Baker（1998）表明购物中心的整个建筑设计和装饰是产生顾客兴奋的关键环境要素。Donovan 等（1994）考察了 Mehrabian - Russell 模型的 O—R 联结，指出在零售店中愉悦是顾客趋近或趋避行为（包括比预期消费更多的行为）的有力的决定因素，唤醒与愉悦结合会增加愉快环境中的趋近行为，同时减少不愉快环境中的趋避行为。贝克等（1992）发现，不仅愉悦与购买意愿正相关，唤醒也与购买意愿正相关。Dubé 等（1995）通过银行业的实证发现，高水平的愉悦和唤醒会增加顾客与员工紧密联系的愿望。

四 地方依恋理论

依恋是个人与特定对象之间一种充满情感的独特纽带关系（Bowlby，1973），依恋的主要特征是期望与依恋对象保持亲密（Hidalgo and Hernaèndez，2001）。依恋可以拓展到人际关系以外的情境，而且个人不仅会对所有物产生依恋，还会对地点（Schultz，1989；Williams et al.，1992）、产品（Schifferstein et al.，2004）、品牌（Bouhlel et al.，2009）、组织（李晓阳，2011）以及其他特定类型或者所喜欢对象（Ball and Tasaki，1992）形成依恋。地方依恋是一种情感的归属，是使用者感觉到自己与地点的结合程度，经由对地方的依恋，人们得到归属感及对他们生活有意义的目的（Bricker and Kerstetter，2000）。依恋理论解释了人类情感联系的形成、维持和解散的倾向，因而成为分析消费者与企业之间的情感联系的理论基础是适用的（Thomson，2006）。

所谓"地方"，除了以具体、空间来定义的方式，还可以比喻为具有感情的空间（李英弘、林朝钦，1997）。Kaltenborn（1997）认为，地方有以下三个含义：一是区位，即人们在社会和经济上活动的区域；二是场所，即平常生活和社会相互影响的现场；三是地方感，即一种对地方的认同和归属感。Williams 和 Roggenbuck（1989）认为，形成地方依恋的因素或特征有：其一，一个可以让人有满足特定或重要需求的机会的地方；其二，一个可以凸显个人意义与情感的地方。

地方依恋是个人与地方之间的正向情感联结，会随着时间而增强，它不仅代表对物理位置本身的依恋，也包含对于在那里所发展的社会关系的依恋。地方依恋可视为人与环境之间密切的互动，产生情感依附的结果（Gross et al.，2008）。地方依恋会受到使用者的特征、从事的活动与使用频率及环境属性的影响（Lee，2001）。地方依恋可当作一个前置因素用来预测消费者忠诚度、顾客满意度及消费者偏好（Alexandris et al.，2006；Hwang et al.，2005）。当情感依恋越强烈，行为出现的可能性越大（Park et al.，2004），而且一旦引发行为，相应的行为不易改变（陈业玮，2010）。

从心理学角度分析，人对地方的感知和态度至少包括认知、情感和行为三个层面。Gieryn（2000）认为，地方依恋是人与特定地方之间基于情感（情绪、感觉）、认知（思想、信仰、知识）和实践（行动、行为）的一种联系。Jorgenson 和 Stedman（2001）、Kyler 等（2004）认为，可以利用态度框架将地方依恋概念化为若干维度。

在一定意义上，零售商店具有地方的功能和特征，零售顾客可能会对零售商店产生依恋。若零售商店能满足消费者需求或心灵上的满足，则会发展出商店依恋的可能。例如，在零售业中往往存在消费者特别钟爱、特别愿意去某些商店的现象（吴泗宗、揭超，2011）。当消费者惠顾特定零售商店后，经过外在刺激或参与商店的活动，消费者会渐渐地对零售商店发展出一种情感上的联结，从陌生、熟悉到喜爱，甚至产生一种归属感，使零售商店成为一个购物的"地方"。这种依恋关系的建立，主要决定于零售商店对个人的意义。消费者一旦对特定的零售商店形成依恋，则会表现出黏性的特征，并可能进一步演化为忠诚意向和行为，例如交叉购买。

第二节 模型构建和假设提出

一 模型构建

基于已有研究的空白和上述理论支撑，在图1-1的基础上，本书提出如图4-5所示的理论模型，整个模型包括多层面互动对商店依恋的影响作用、商店依恋对交叉购买的影响作用、多层面互动对交叉购买的影响作用、购买犹豫对商店和交叉购买关系的调节作用，以及消费惯性对商店依恋和交叉购买关系的调节作用五个部分。

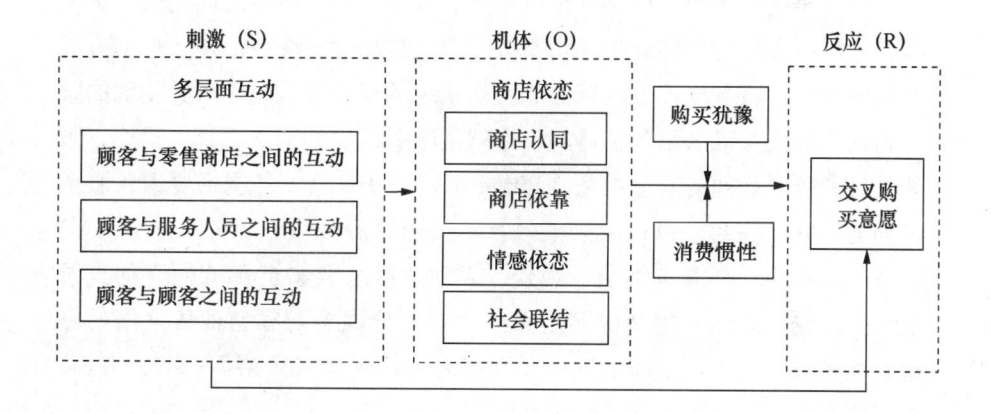

图4-5 理论模型

理论模型的主体部分是对 S—O—R 理论和地方依恋理论的拓展。根据 S—O—R 理论，S 指顾客与零售商店本身之间、顾客与服务人员之间及其他顾客之间的多层面互动等信号刺激；O 是顾客进入特定零售商店后，对该商店所形成的情感联结；R 是指交叉购买意愿。按照地方依恋理论，地方依恋可视为人与环境之间密切的互动，产生情感依附的结果（Gross et al.，2008）。地方依恋会受到使用者的特征、从事的活动与使用频率及环境属性的影响（Lee，2001）。地方依恋可当作一个前置因素用来预测消费者忠诚度、顾客满意度及消费者偏好（Alexandris et al.，2006；Hwang et al.，2005）。由此，我们勾勒出"多层面互动—商店依恋

—交叉购买意愿"的逻辑框架。地方依恋理论还表明，人对地方的感知和态度至少包括认知、情感和行为三个层面。地方依恋是人与特定的地方之间基于情感（情绪、感觉）、认知（思想、信仰、知识）和实践（行动、行为）的一种联系，可以利用态度框架将地方依恋概念化为若干维度（Jorgenson and Stedman，2001；Kyle et al.，2004）。依据此类观点以及第三章的地方依恋维度构成的实证研究结果，模型中的商店依恋被划分商店认同、商店依靠、情感依恋和社会联结四个维度。

在模型构建过程中，本书还参考了互动理论，特别是剧场理论。在服务接触中，互动可能会发生在三个重要的领域，即顾客和服务人员之间、顾客和服务环境之间以及顾客之间（Wu，2008）。剧场理论以剧场表演中的演员、观众、场景、表演的字眼和观念比喻顾客在服务场所中与服务人员接触及消费过程。剧场理论将场景、服务人员、顾客之间的交互影响整合之后所形成的最终结果即为服务表现，是显性的服务品质，包括有形产品的品质，服务的速度与服务流程、系统的支援等。顾客所感受到的服务表现会形成对该次服务的体验，也就是服务组织的相关系统、程序、服务人员和顾客之间的互动结果（Bitner et al.，1997）。各剧场要素在服务传递期间混在一起，以形成表演效果。按照格罗夫等（1998）所证实的服务经验模型，场景、演员、观众、表演这四个要素会影响顾客的满意度。因此，一方面，模型中多层面互动被划分顾客与零售商店之间的互动、顾客与服务人员之间的互动及顾客之间的互动三个层面；另一方面，多层面互动可能会影响交叉购买意愿。

消费者一旦对某一零售商店形成依恋，就可能演化为忠诚行为而在该零售商店购买其他产品或服务。在这一过程中，可能还有两股不同的力量在起作用。一是消费惯性的推动作用。消费惯性是指顾客基于过去的消费经验累积可靠性与熟悉度，呈现出因习惯而不假思索地到同一商店购买或购买相同产品的非意识固定消费模式（Oliver，1999）。除非习惯无法如期进行或经历无法弥补的错误，否则顾客会倾向于在后续消费中依惯性而再次消费（Tsai and Huang，2007）。当顾客有较高程度的消费惯性时，其未来到该店进行例行性购买的比率越高（Alba and Hutchinson，1987）。消费惯性程度越强，购买意图对决策的影响越弱（Triandis，1980），消费惯性对满意度与忠诚之间的关系起调节作用（Anderson and Srinivasan，2003）。二是购买犹豫的抑制作用。犹豫是指人们在各种环境和领域中不能及时地做出决策（Frost and Shows，1993）。犹豫会使人们对做出的抉择进行反复检查，经常出现长时间沉思，追求精确度，重新考虑过去或者未来的问题，并将模棱两可的情况以"最坏打算"的思维作出判断（Rassin and Muris，2005）。犹豫会使得实验者在决策后会出现担心、焦虑、压抑的情绪反应（Rassin et al.，2007）。消费者在购物时，犹豫时间越短，花费在卖场的时间越长，选择购买的可能性越大（Smith and Hantula，2003）。犹豫还会导致消费者的负面口碑，以及使报偿（取得产品）的价值降低（Nowlis et al.，2004）。可见，一方面，消费惯性可能推动交叉购买意愿，并削弱商店依恋与交叉购买意愿的关系；另一方面，购买犹豫可能会抑制交叉购买意愿，并增强商店依恋与交叉购买意愿的关系。因此，模型中引入购买犹豫和消费惯性两个调节变量。

二 研究假设

在零售环境中，互动可能发生在许多不同层面，其中一种互动是顾客与零售店铺之间的互动。这种互动主要表现为顾客与店铺环境之间的接触，或者说主要表现为顾客感受店铺环境不同要素的各种刺激。

在S—O—R范式中，刺激（S）往往被概念化为唤起或激发行为的要素（Bagozzi，1981；Belk，1975）。在消费者情境下，刺激是与决策有关的外部要素。在零售背景下，刺激是指对消费者心理状态产生影响的商店环境线索。贝特纳（1992）提出商店环境线索的三个维度：潜在环境，包括温度、空气质量、噪声、音乐和气味；空间布局和功能，包括商店的物理布局、设备和家具；标志、象征和制品，包括标牌、人工制品和装饰风格。贝克等（1987）将环境要素划分为潜在要素、设计要素和社会要素。其中设计要素是指消费者观察到的空间视觉要素（如颜色、布局和建筑）。Berman和Evans（1995）将环境刺激划分为商店潜在要素、一般内部要素、布局和设计要素以及购买点和装饰要素四类。特利和米利曼（Turley and Miliman，2000）确认了58个商店环境要素并将其划分为外部要素、一般内部要素、布局和设计、参考点和装饰以及人的要素五类。尽管这种分类是基于全面的文献述评而做出的，但缺乏理论支持（Gilboa and Rafaeli，2003）。除了上述提到的环境线索，商店中陈列的产品也是一个刺激要素（Thang and Tan，2003）。研究者通常视产品为商店形象的构成要素（Nevin and Houston，1980）。Doyle和Fenwick（1974）认为，商店形象包括产品分类风格，贝尔登（Bearden，1977）认为，产品质量和分类是商店形象的构成要素。

有机体（O）是指介于个人外部刺激和最终行为、行动或反应之间的内在过程和结构，主要包括知觉活动、心理活动、情感活动以及思考活动（Bagozzi，1986）。在零售环境中，环境刺激会影响消费者的心理状态：认知评价和情感评价（Mehrabian and Russell，1974）。认知评价与消费者认知过程有关，其依据是信息加工和推理理论（Zeithaml，1988）。认知是一种心理活动，在这种心理活动中感官刺激线索被转化为有意义的信息（Bettman，1979）。商店环境线索提供了一些重要的信息线索，根据这些线索消费者能够判断出商店中的价格、产品或服务质量（Baker et al.，2002）。情绪状态或情感评价是一种判断，即判断一个对象是不是令人愉悦的、有价值的、可爱的或令人偏爱的（Russell and Snodgrass，1987）。Mehrabian 和 Russell（1974）认为，任何环境都能够使个人产生不同的情绪状态，这些情绪状态决定着有无必要仍然留在或者离开实体环境。

环境感知可能影响认知反应，并影响人们对一个地方的信念以及他们对那个地方的人和产品的信念。在这个意义上，环境能够被认为是一种非言语沟通（Rapoport，1982），即 Ruesch 和 Kees（1956）所称的目标语言传达意义。从设计要素来看，设计要素会影响个人对环境中的人和对象的评价（Baker et al.，1994），良好的环境设计能向目标顾客传递品牌形象和质量信号。在服务导向的环境中，设计要素会影响消费者对服务供应商的认知和态度（McElroy et al.，1994）。在零售环境中，店中使用的颜色可能影响消费者对商店和产品的认知评价（Bellizzi et al.，1983）。Singh（2006）发现商店设计线索可能对认知评价产生影响。更准确地说，商店设计线索正向影响消费者对店中产品的评判。从周围要素来看，Areni 和 Kim（1993）发现价格认知与音乐有关。商店灯光会影响商店形象以及消费者对产品的认知和处理（Baker et al.，1992）。

除了影响消费者认知，感知环境还会引发情感反应。Yalch 和 Spengenberg（2000）考察了物理环境要素（音乐、颜色、气味、温度、灯光和设施）对愉悦、唤醒和支配（PAD）三种情绪状态的影响，他们发现顾客在商店中购买所花费的时间与引起个人不同情绪反应的环境要素正相关。Harris 和 Ezeh（2008）考察物理环境要素（包括氛围要素和设计要素）与商店环境中顾客正面情绪之间的关系，他们发现氛围要素会影响顾客的愉悦，结果导致正面情绪。Wong（2004）研究表明，商店物理环境与顾客正面情绪正相关,设计良好而令人愉悦的物理环境会减轻顾客的压力和紧张,产生正面情绪(如幸福和热情);相反,让人讨厌的设计会引起负面情绪(如生气和不愉快),进而降低顾客正面情绪。莫里森等(Morrison et al.,2011)研究表明,氛围要素(音乐和气味)与正面情绪正相关,他们发现音乐的音量大小和香味会正向影响顾客的正面情绪,这些正面情绪会影响顾客购买行为,包括满意、在店中花费的时间和金钱。Kim 和 Moon(2009)考察了氛围要素对顾客情绪和态度的影响,他们表明氛围环境与获得服务质量和愉悦有重要关系。Sirgy 等(2000)认为,通过商店整体气氛的营造,将会为商店创造有利的消费情境,能促使消费者对商店产生正面的知觉情绪。巴宾等(1994)认为,商店环境能够影响消费者愉悦及感知购物价值,由商店本身所塑造出来的环境实体表征的气氛将激发消费者情感上的价值知觉。Babin 和 Ataway(2000)认为,商店环境要素会影响消费者在环境中所经历的主观感觉。

感知服务环境可能引起认知反应(Rapoport 1982),这影响人们对一个地方以及那个地方中的人和产品的信念。此外,有形环境会影响顾客的行为并能建立良好的印象,在服务业尤为明显(Baker,1987; Kotler,1973; Zeithaml et al.,1985)。陈觉(2003)认为服务环境影响服务提供者和顾客的心理感受和行为。Lovelock 等(2011)指出,出色的服务环境设计会使顾客感到舒适,并提高他们的满意度。贝特纳(1992)提出"环境—使用者关系"框架来考察服务场景对行为的影响,认为服务场景中的各种要素都会对顾客和员工产生影响,顾客、员工会对服务环境产生一种内在反应而以某种特定的方式采取行动。这种内在的反应是在认知、情感和生理上产生的反应,认知则包括信任,行为包括吸引、停留、重购和回避等。

可见,商店环境刺激会影响消费者对商店的认知、评价并引发相应的行为。同时本书第三部分研究表明,零售商店依恋是个人与特定零售商店之间的一种正向情感联结,其主要特征是个人倾向于与这个零售商店保持亲密关系。根据态度框架,商店依恋能够被概念化为商店认同、商店依靠、情感依恋和社会联结四个维度,它包括认知、情感和知行为三个层面。

基于上述,提出如下假设:

H_1:顾客与店铺环境之间的互动对消费者商店依恋有显著的正向

影响。

H_{1-1}：顾客与店铺环境之间的互动对商店认同有显著的正向影响；

H_{1-2}：顾客与店铺环境之间的互动对商店依靠有显著的正向影响；

H_{1-3}：顾客与店铺环境之间的互动对情感依恋有显著的正向影响；

H_{1-4}：顾客与店铺环境之间的互动对社会联结有显著的正向影响。

从表面上看，员工和顾客之间是服务与被服务关系，但在顾客眼中员工是服务企业的形象代表，是提供服务质量的最终体现。如果服务人员想为顾客提供低质量的服务，他们能够毫不费力地做到。一线服务人员的地位极为重要，许多具体的问题尤其是服务质量都是由一线员工掌控的（Albrecht，1989）。一线员工是服务产品的核心部分，一线员工和顾客的互动决定着服务质量（李雪松，2009）。

Dabholkar 等（1996）证实商店中顾客与服务员工之间个人互动的重要性，并提议将这种互动引入零售服务质量模型。Vázquez 等（2001）也提出类似的建议，他们研究表明，除了愿意为顾客提供帮助并对顾客的要求做出回答之外，商店员工在回答顾客问题时应有的礼貌和知识也是十分重要的。Iacobucci 和 Hibbard（1999）指出，这种人际互动可能对顾客对服务者及服务者所在公司的认知有强烈的影响。在服务接触中，与员工的互动会使顾客经历如高兴和喜悦、温暖和满足、愤怒和挫折、失望和后悔等一系列的情感反应。服务人员能为顾客提供对服务期望的线索，帮助顾客对公司进行评级，或是形成对服务接触的先前态度和期望（Solomon et al.，1985）。服务人员的专业知识及友善态度可以促进顾客在购物过程中更加流畅地解决消费者可能面临的问题，进而增强消费者在购物时的正面情绪（Yoo et al.，1998；Baker et al.，1992，2002）。服务接触中员工与顾客的人际沟通质量对顾客的情感反应和消费体验具有决定性影响（Soloman et al.，1985），这种影响效果可以情绪感染理论来解释。按照情绪感染理论，社会互动过程中一方的情绪状态可能转移给另一方（Pugh，2001），其转移可以同时发生在有意识和无意识两个水平上：一方面，沟通主体将对方所表达出来的情绪信号无意识地融入自己的情绪系统；另一方面，他们主动把握对方的情绪状态及其所要表达的情感意义，并以此为基础形成或调整自己的情绪状态（Barsade，2002）。在服务互动中，员工和顾客之间的情绪感染现象十分普遍（Tsai and Huang，2002），员工友好的情感展露能够通过情绪感染来促进顾客积极的情绪状态和行为响应。

巴尼斯（Barnes，1997）发现，顾客感知的顾客—员工关系越密切，顾客对公司的总体满意度越高。古特克等（1999）发现，相比较于所表现的伪关系，与特定的服务员工有强烈的个人关系的顾客对公司的满意度会更高。Price 和 Arnould（1999）研究表明，对服务员工友善与整体服务满意度之间正相关。Gremler 等（2001）发现，人际联结是指顾客与服务员工之间的友谊，它与整体满意度之间正向相关。Hennig – Thurau 等（2002）认为，顾客与一线员工之间的人际友谊正向影响顾客对服务提供商的整体顾客感知满意。

基于上述，提出如下假设：

H_2：顾客与服务人员之间的互动对消费者商店依恋有显著的正向影响。

H_{2-1}：顾客与服务人员之间的互动对商店认同有显著的正向影响；

H_{2-2}：顾客与服务人员之间的互动对商店依靠有显著的正向影响；

H_{2-3}：顾客与服务人员之间的互动对情感依恋有显著的正向影响；

H_{2-4}：顾客与服务人员之间的互动对社会联结有显著的正向影响。

顾客之间可能相互影响，或者通过让顾客成为环境的一分子来间接实现，或者通过具体的人际接触来直接实现（Baker，1987；Bitner，1992）。尽管互动行为会因为个人与情境因素对顾客的服务体验有不同的影响，然而具体的顾客互动行为所带来的影响是一致的。顾客之间互动的作用结果主要表现为顾客的态度和行为的变化，可能是正面的、积极的，也可能是负面的、消极的（蒋婷，2012）。不论是正面的互动还是负面的互动，都有可能影响到消费者满意度（Grove and Fisk，1997；Martin，1996）、忠诚度（Guenzi and Pelloni，2004；Moore et al.，2005），反映在行为上可能是口碑传播或再购，对企业短期或长期的利益或成本都有所影响（Harris and Reynold，2003）。Wu（2008）发现了消极的顾客间互动和顾客不满以及积极的顾客间互动和顾客满意之间的相关性。马丁（Martin，1989）认为，顾客间互动还可能影响到顾客对服务企业的整体评价或再次光顾的意愿。

其他顾客的正面行为会让顾客感到愉悦，对服务评价有加分效果。在工具性目的方面，顾客的互助与资讯收集行为在购前能够影响购买决策（Harris and Baron，2004）。在人际性目的方面，顾客会因为简短的问候、幽默的对话等社交行为而感到愉悦（McGrath and Otnes，1995；Parker and

Ward, 2000)。在认同性目的方面，协助他人的过程使顾客因达到某种程度的自我实现而满足，许多正面互动行为能够刺激正向情感的产生、增进服务品质的知觉（Grove and Fisk, 1997; Parker and Ward, 2000）。Grove 和 Fisk（1992）对游客的研究表明，背景顾客会影响中心顾客对服务项目的满意度。哈里斯等（Harris et al., 1995）对零售服务的调查发现，顾客间的口头交流增加了服务体验的乐趣。哈里斯和巴伦（2004）对铁路乘客的研究表明，顾客之间的口头交流能够打发时间、互相提供信息或协助，并影响顾客的满意度。

当所遭遇的互动行为是负面的，消费者也会因为服务经验被破坏而不快（Harris and Reynold, 2003）。外表虽然只是行为的一部分，但可能让别人感到温暖或受到威胁或是引起刻板印象的评估（Anderson and Sedikides, 1991）。与他人站得太近可能会让人焦虑（Fisher and Byrne, 1975）或知觉太过拥挤（Bateson and Hui, 1986）。陌生人之间过多或太少的眼神接触都可能导致负面知觉（Albas and Albas, 1989）。插队会导致某些人感到失望（Caballero et al., 1985），抽烟行为通常让周围的人认为是不健康且使人不愉快的（Gallup, 1990）。此外，其他顾客的恶劣行径会直接影响第一线服务人员，员工因处理服务场景中破坏事件以及其他消费者不满情绪时所引发的心理与生理压力更可能是企业的隐忧（Harris and Reynold, 2003）。不良的顾客行为不仅让人印象深刻，且比正面顾客行为影响更大（Martin, 1996）。穆尔（2005）进一步提出了"顾客与顾客互动—服务结果的整合模型"，证实"顾客与顾客互动"与顾客满意度，顾客忠诚度、企业口碑均呈高相关关系。

基于上述，提出如下假设：

H_3：顾客与顾客之间的互动对消费者商店依恋有显著的正向影响。

H_{3-1}：顾客与顾客之间的互动对商店认同有显著的正向影响；

H_{3-2}：顾客与顾客之间的互动对商店依靠有显著的正向影响；

H_{3-3}：顾客与顾客之间的互动对情感依恋有显著的正向影响；

H_{3-4}：顾客与顾客之间的互动对社会联结有显著的正向影响。

卢因（Lewin, 1936）提出一个著名的公式：$B = f(P, E)$，认为"行为是人和环境的函数"。意思是说，一个人的行为（B）是其人格或个性（P）与其当时所处情景或环境的函数。换句话说，行为是人和环境相互作用的结果。相互依赖理论扩展了这一公式，认为在特定的社会情境下，A 和 B 两个人之间的互动可以从他们的需求、思想和彼此的动机等方面来概念化（Kelley et al.，2002），表达成公式就是：I = f（S，A，B）。在零售情景下，环境因素主要是指店铺环境，人的因素主要包括顾客自己、其他顾客以及服务人员。因此，零售商店中发生的交叉购买主要是顾客与店铺环境之间、顾客与服务人员之间以及顾客与顾客之间互动的结果。

从顾客—店铺环境互动看，商店环境本身包括不同的要素，这些要素可能会独立地影响行为。有关店铺形象的研究表明，商店忠诚与店铺形象有关（Parker，1973）。Assael（1995）指出，消费者一旦选择特定商店后，将评估商店情报，进而选择商品购买。消费者如满意商店的环境且有购买行为，将会强化消费者对商店的正面形象，并进而再度光临购买。这个持续的强化过程，将会产生商店忠诚度。Wong 和 Yu（2001）指出消费者对购物中心产生的商店印象对于该购物中心未来是否经营成功有相当大的影响，他们认为快乐、正向的购物经验与商店形象，能使消费者再度光临。Chang 和 Tu（2005）、Zimmer 和 Golden（1988）研究发现，店铺形象对顾客忠诚有直接的显著影响。王亚飞、于坤章（2006）在研究中证实，在中国零售领域，店铺形象对顾客的认知忠诚、情感忠诚、意向忠诚和行为忠诚都有直接影响。其他研究进一步表明，美妙的音乐会刺激额外销售（Milliman，1982），额外销售可能是冲动性购买，也可能是再次购买同一品牌或者增加不同类型产品的购买。愉悦的音乐可能使消费者无意识地在店内停留更多时间，更多地浏览以及对不同的产品进行评价。更多的浏览会增加搜寻，搜寻可能与多样化寻求正相关（Steenkamp and Baumgartner，1992）；浏览也会增加冲动性购买，冲动性购买可能与多样化寻求正相关（Sharma et al.，2006）。良好的灯光设计系统会创造兴奋的氛围，激发正面情绪，引导顾客关注重要的销售点，因此让消费者有机会观看更多的选择品。灯光会影响购物者处理和探查的产品数目（Areni and Kim，1994）。美妙的灯光会导致更多的浏览和更多的信息搜寻，更多的信息搜寻会导致多样化寻求（Steenkamp and Baumgartner，1992）。消费者会在香气四溢的商店中花费较多时间和金钱，并更多关注商店不同品牌（Spangenberg et al.，1996）。良好的布局有利于在店内进行更大范围的探索，也给人一种印象，即感觉的陈列产品比实际陈列产品要多。换言之，良好的布局导致更高的感知多样化，而感知多样化是多样化寻求的重要驱动因素（Kahn and Wansink，2004），产品分类也是多样化寻求的决定因素（Simonson，1999）。

从顾客—服务人员互动来看，顾客—员工关系越密切，顾客对公司的总体满意度越高（Gutek et al.，1999；Gremler et al.，2001；Hennig - Thurau et al.，2002；Price and Arnould，1999）。巴尼斯（1997）发现，与服务人员关系比较密切的顾客会和服务供应商开展更多的业务。古特克等（1999）认为，与特定员工保持个人关系的顾客，其服务使用水平更高。在零售环境下，社会利益（要求顾客和一线员工之间建立友谊）和购买份额之间的关系受到顾客商店满意的完全中介（Reynolds and Beatty，1999）。顾客对公司员工的承诺会影响顾客忠诚意图和重购意图（Macintosh and Lockshin，1997）。顾客—员工关系密切与重购意图、推荐意愿之间存在正向关系（Price and Arnould，1999）。菲尔等（File et al.，1992）发现顾客参与影响顾客口碑和再购买，其中顾客参与包括人际的互动，即顾客和服务人员之间的互动。此外，Mohan 等（2012）认为，销售人员即时帮助顾客找到产品或替代品，或者帮助消费者认识不同替代品的特点，都可能会导致消费者的多样化寻求行为。员工可以刺激消费者在店内探索，为不同产品和替代品进行消费者导购，这直接导致了消费者多样化寻求。

从顾客—顾客互动来看，Reynolds 和 Arnold（2000）认为，顾客最初因为有形的、视觉的服务（如销售人员）而形成忠诚，而最终则因为抽象的、无形的要素（如零售商店）而形成忠诚。穆尔等（2005）证实，在高度人员接触服务情境下，顾客之间互动正向影响顾客对公司的忠诚和口碑。马丁（1996）认为，顾客之间的关系质量可能会影响顾客对企业的整体评价、下次再来的意愿以及通过口碑影响别人未来惠顾的倾向。另有学者发现，很多消费者到商场和购物中心去的目的是与其他顾客进行交流（Parker et al.，2000）。此外，还有学者进一步考察了在服务情境下怎样促进顾客间互动，例如，Gruen 等（2007）发现，动机、机会和能力影响顾客间互动，这种互动会增强服务价值认知和顾客忠诚。

基于上述分析，提出如下假设：

H_4：多层面互动对消费者交叉购买意愿有显著的正向影响。

H_{4-1}：顾客与店铺环境之间的互动对消费者交叉购买意愿有显著的正向影响；

H_{4-2}：顾客与服务人员之间的互动对消费者交叉购买意愿有显著的正向影响；

H_{4-3}：顾客与顾客之间的互动对消费者交叉购买意愿有显著的正向影响。

依恋对满意起决定作用（Fleury – Bahi et al.，2008）。地方依恋类型和水平会影响顾客满意度（Halpenny，2006；Mowen et al.，1997；Scott and Vitardas，2008；Wickham，2000）。对社区具有强烈依恋感的社区成员可能会对当地政府提供的服务更满意（Scott and Vitardas，2008）。地方依恋会影响个人对休闲区域的满意度，并与影响休闲体验的其他变量共同发生作用（Mowen et al.，1997；Wickham，2000）。

地方依恋对惠顾意愿具有明显的正相关关系，地方依恋的直接结果就是惠顾意愿的形成（Brocato，2006）。Yu（2010）发现地方依恋对旅游后行为的影响不是直线效应，地方依恋对旅游后行为意图的形成和结构会通过价值感知和满意体验的中介效应而有间接影响。Ba和Pavlou（2002）认为，顾客对商家的信赖、认可能够带来溢价支付意愿，因为信赖能够降低交易中的风险。Chaudhuri（2009）也认为，与顾客和店铺间的良好依恋情感会和购物价值共同影响溢价支付意愿。因此，场所依赖和溢价支付意愿之间存在直接的关联。珀金斯等（1996）表明，社区依恋和邻里关系是基层社区组织中参与行为的正向预测变量。

如果游客对特定游憩地方所提供的环境和设施有特别的需求和情感投入，就会更愿意持续地游历该地方（Hammitt and Cole，1998）。如果特定游憩地方具有其他地方所没有的特性，则游客对这个地方的依恋会增强，持续光顾该地方的需求会增加，推荐他人或消费更多的意愿也会增强（曹胜雄、孙君仪，2009）。地方依恋对游客的再次游历的行为意图具有重要的影响力，当游客的地方依恋越强，则忠诚度越高（Hammitt and Cole Lee et al.，1997，1998）。地方依恋和顾客满意均与目的地忠诚显著正向关（Lee，2003）。目的地依恋可能是旅游者对度假地忠诚的重要预测变量，即依恋程度越高，忠诚度越高；反之亦然（Alexandris et al.，2006；Brocato，2006；George and George，2004；Lee et al.，2007；Simpson and Siquaw，2008）。尽管以往研究已经确立了地方依恋与忠诚之间的关系，然而大多数研究认为，忠诚是一个单维度建构（Yuksel et al.，2010）。例如，Alexandris等（2006）将其界定为持续购买服务，用3个问项测量访问者持续意愿。乔治夫妇（2004）用"去购买的频率和强度"、"再次访问意图"作为研究地方依恋对目的地忠诚作用的调节变量。Simpson 和 Siquaw（2008）采用口碑沟通意图作为忠诚的指标。按照 Stum 和 Thiry（1991）、格罗芬（Griffin, 1995）的观点，交叉购买是顾客忠诚的重要衡量指标。

基于上述，提出如下假设：

H_5：商店依恋对消费者交叉购买意愿有显著的正向影响。

H_{5-1}：商店认同对消费者交叉购买意愿有显著的正向影响；

H_{5-2}：商店依靠对消费者交叉购买意愿有显著的正向影响；

H_{5-3}：情感依恋对消费者交叉购买意愿有显著的正向影响；

H_{5-4}：社会联结对消费者交叉购买意愿有显著的正向影响。

尽管大量研究证实，地方依恋与顾客忠诚正向相关，但也有研究发现地方依恋与从事与地方有关的活动之间零相关或负相关。Lewicka（2005）并没有发现地方依恋与从事各种社会活动意愿之间存在直接关系。Payton（2003）认为，地方依恋与社会活动之间的关系受到社会资本（个人信任）的调节。在另一篇论文中，Payton 等（2005）指出，社会信任部分地对地方依恋与公民行为的关系起了中介作用，以至于地方依恋与活动之间的直接关系仍然显著，但是这种关系比个人信任与公民行为的关系较弱。Perkins 和 Long（2002）也没有发现社会活动与地方依恋之间有直接关系，他们指出在很大程度上这种关系被证明是负向的。戈斯林和威廉姆斯（Gosling and Williams, 2010）没有证实地方依恋与农户管理原生植被之间显著相关。其他研究发现依恋与主动态度之间没有关系或负相关（Harmon et al., 2005）。而且，面对地震、洪水和辐射等自然灾害，地方依恋还可能带来危险，例如减少人口流动，因此阻碍了人们生存的机会（Fried, 2000），或者降低了人们迁移的意愿（Druzhinina and Palma – Oliveira, 2004）。Devine – Wright and Howes（2010）指出，地方依恋/地区认同与为国家公园提供支持之间存在负向关系。可见，地方依恋和顾客忠诚的关系还没有达成共识，这意味着二者关系可能会受到其他变量的调节。

消费者一旦对特定零售商店形成依恋，就可能演化为忠诚行为，在该零售商店购买其他产品或服务。在这一过程中，可能还受到一些变量的干扰。在经济学领域中，凡是重复的行动都可以被视为惯性行为（Carlsson et al., 2006）。心理学和行为学常常以日常生活中自发性的重复行为，或决策过程依赖理性或非理性决策程序来定义惯性。在市场营销领域中，消费惯性是指顾客基于过去的消费经验累积可靠性与熟悉度，呈现出因习惯而不假思索地到同一商店购买或购买相同产品的非意识固定消费模式（Oliver，1999）。消费惯性为消费者决策因素中的非理性因素，依消费者对决策的偏好，形成一种因个人对决策态度上的差异，进而影响意图，成为未经深思熟虑下的长期重复行为表现（Blackwell et al.，2001）。除非习惯无法如期进行或经历无法弥补的错误，否则顾客会倾向于在后续消费中依惯性而再次消费（Tsai and Huang，2007）。当顾客有较高程度的惯性时，其未来到该店进行例行性购买的比率越高（Alba and Hutchinson，1987）。Hidalgo 等（2008）长期研究价格对消费者生命价值的影响，发现顾客的惯性越高，越能促使消费者停留在原先的公司进行购买。惯性程度越高，购买意图对决策的影响越弱。惯性较高会直接使转换的可能性降低（Liao et al.，2006）。Jolley 等（2006）也发现，如果有惯性存在，没有满意度的消费者将会有更低的转换意图。如果顾客惰性较高，那么电子忠诚对电子满意的敏感度可能较低；相反，如果顾客惰性较低，那么电子满意对电子忠诚的程度可能较高，也就是说，惯性对满意度与忠诚之间的关系起负向调节作用（Anderson and Srinivasan，2003）。因此，在消费惯性的作用下，商店依恋对交叉购买意愿的影响可能会减弱。

　　基于上述，提出如下假设：

H_6：消费惯性会削弱商店依恋与消费者交叉购买意愿之间的关系。

H_{6-1}：消费惯性会削弱商店认同与消费者交叉购买意愿之间的关系；

H_{6-2}：消费惯性会削弱商店依靠与消费者交叉购买意愿之间的关系；

H_{6-3}：消费惯性会削弱情感依恋与消费者交叉购买意愿之间的关系；

H_{6-4}：消费惯性会削弱社会联结与消费者交叉购买意愿之间的关系。

　　犹豫是指人们在各种环境与领域中不能及时做出决策（Frost and Shows，1993）。犹豫会使人们对做出的抉择进行反复检查，经常出现长时间的沉思，追求精确度，重新考虑过去或者未来的问题，并将模棱两可的情况以"最坏打算"的思维作出判断（Rassin and Muris，2005）。犹豫会使实验者在决策后会出现担心、焦虑、压抑的情绪反应（Rassin and Muris，2007）。消费者在购物时，犹豫时间越短，花费在卖场的时间越长，选择购买的可能性越大（Smith and Hantula，2003）。犹豫还会导致消费者的负面口碑，以及使报偿（取得产品）的价值降低（Nowlis et al.，

2004)。与低犹豫者相比，高犹豫者会在不同的替代方案上花费更多的时间进行选择（Frost and Shows, 1993），采用消耗较少（less – exhaustive）的决策战略，需要付出更大的认知努力来做决策（Ferrari and Dovidio, 2001），受模糊不定情境的威胁较大，推迟决策的可能性也较大（Rassin and Muris, 2005）。在自然情况下，犹豫者在大学专业选择（Rassin and Muris, 2005）、职业选择（Gati et al., 1986）以及其他生活（Germeijs and De Boeck, 2002）决策方面困难更大。犹豫与很多其他个性特征相关，这些特征包括自尊（Burka and Yuen, 1983）、偶尔敏感（Jackson et al., 1999）、延迟行为（Effert and Ferrari, 1989）、强迫行为倾向（Gayton et al., 1994）、囤积行为（Frost and Gross, 1993）、完美主义（Gayton et al., 1994）以及注意涣散（distractibility）（Harriott et al., 1996）。由此我们认为，与低购买犹豫相比较，在高购买犹豫下，作为消费者与零售商店之间一种正向的情感联结，商店依恋更能增强消费者对零售商店的信任和承诺。

基于上述，提出如下假设：

H_7：购买犹豫会增强商店依恋与消费者交叉购买意愿之间的关系。

H_{7-1}：购买犹豫会增强商店认同与消费者交叉购买意愿之间的关系；

H_{7-2}：购买犹豫会增强商店依靠与消费者交叉购买意愿之间的关系；

H_{7-3}：购买犹豫会增强情感依恋与消费者交叉购买意愿之间的关系；

H_{7-4}：购买犹豫会增强社会联结与消费者交叉购买意愿之间的关系。

第五章 研究设计

第一节 变量定义和测量

本书主要从地方依恋视角探索消费者交叉购买意愿的形成机理，揭示多层面互动、商店依恋和交叉购买意愿，并检验消费惯性和购买犹豫在商店依恋和交叉购买关系中的调节作用。测量变量主要涉及多层面互动、商店依恋和交叉购买意愿。此外，测量量表还包括被调查者的年龄、性别、收入、职业、受教育程度和婚姻状况等人口统计变量。

一 多层面互动

本书主要考察零售领域的互动，认为服务互动是服务接触在概念上的延伸，相比较于服务接触，服务互动所涵盖的范围更广。参考服务产出模型，在整合范秀成（1999）、Wu（2008）、刘桂瑜（2009）对服务互动类型划分的基础上，将服务互动分为顾客与店铺环境之间的互动、顾客与服务人员之间的互动以及顾客与顾客之间的互动三个维度。

本书将顾客与店铺环境之间的互动界定为在购物过程中顾客感受的店铺环境要素的各种刺激，这些刺激主要来自贝尔等（2002）提及的潜在因素和设计因素。贝尔等（2002）认为，商店环境包括潜在因素、设计因素和社会因素。潜在因素是指存在于即时知觉之外的背景状况，潜在因素可能是视觉的（如颜色、灯光）、听觉的（如音乐、噪声）、嗅觉的（如气味、香味）或触觉的（如温度）（Baker，1987；Bellizzi et al.，1983）。设计因素是指存在于知觉最前端的空间视觉要素（如颜色、布局和建筑）。鉴于贝尔等（2002）提及的商店环境要素涉及面相对较窄，本书主要参考伯曼和埃文斯（Berman and Evans，1995）、Mohan 等（2012）对商店环境的分类，建立顾客与商店环境之间互动量表，共包含14个测量问项。

　　本书将顾客与服务人员之间的互动界定为购物过程中顾客与服务人员间的人际接触。Parasuraman 等（1986）提出 SERVQUAL 模型，从可靠性、响应性、保证性、移情性和可感知性五个维度来测量服务质量，其中许多题项用于衡量顾客—员工互动。贝特纳（1990）利用风度、行为和服务技能三个维度共 12 个问项对顾客—员工互动质量进行评价。张蕾（2010）构建了基于多维互动质量的服务品牌资产分析框架和驱动模型，并设计 11 个问项来测量顾客—员工互动质量。本书主要参考 Parasuraman 等（1986）、贝特纳（1990）、张蕾（2010）的研究成果，从服务人员专业性、服务人员态度和行为表现等方面测量顾客与服务人员之间的互动。其中服务人员专业性为服务人员所表现出来的专业行为，服务人员的态度和行为表现为服务人员所表现出的态度和外在行为，共包含 10 个测量问项。

　　本书将顾客与顾客之间的互动界定为顾客间近距离的接触、口头交谈甚至等候时的排队状况等互动关系（Lovelock，2011；Martin，1996）。一个互动事件可能会当成好的经验，或更可能当成一个使人痛苦的经验，互动可能是正面的，也可能是负面的（蒋婷，2012）。相应的，在对顾客与顾客之间的互动进行测量时，学者们构建了两类不同的量表。格罗夫和菲斯克（1997）、马丁（1996）、Wu（2007）基于顾客的不当行为，倾向于从社交的行为、礼节的行为、不顾别人的行为、粗野的行为、暴力的行为或不满现状的行为等负面关键事件角度来进行测量。Moore 等（2005）则采用 4 个正向问项来对美发沙龙中的顾客与顾客之间的互动，Yoo 等（2012）沿用穆尔等（2005）的量表，考察了医院中顾客与顾客之间互动对顾客满意的影响。负向量表问项内容全面，并被认为适用于许多公开的商业环境中，但通常采用从"非常不喜欢（或不接受）"到"非常喜欢（不接受）"等评价型计分尺度，而不能真实地反映受测者的互动感知；相反，正向量表因题项过少可能无法全面揭示顾客与顾客之间的互动内容，且没有在商业环境中进行验证，但通常采用从"非常不同意（或非常不赞同）"到"非常同意（非常赞同）"等描述型计分尺度，能够如实地刻画受测者的互动感知。因此，本书结合正、反量表的优点，参考上述学者的观点，以负向量表中的问项为依托，采用正向量表的陈述方式和计分尺度，设计顾客与顾客之间互动的量表，共包含 16 个测量问项。

　　表 5-1 列出了三个层面互动的操作性定义及测量问项。量表采用

Likert 七点尺度计分方法，分为非常不同意、不同意、有点不同意、中立、有点同意、同意和非常同意七类目，依次给 1—7 分。

表 5-1　　　　　　　　多层面互动的操作性定义和测量问项

多层面互动的不同维度	定义	测量问项和编码	参考量表
顾客与店铺环境之间的互动	在购物过程中顾客感受的店铺环境要素的各种刺激	潜在因素 店内的音乐使我放松（ce1） 店内的音乐播放音量适当（ce2） 店内散发着讨人喜欢的气味（ce3） 店内的气味让我感到舒适（ce4） 店内的光线充足（ce5） 店内的灯光强度适当（ce6） 店内的温度让我感到舒适（ce7） 设计因素 店内的色彩设计令人愉快（ce8） 店内的色彩似乎是目前流行的（ce9） 店内的实体设施是吸引人的（ce10） 店内的商品陈列整齐（ce11） 店内的商品陈列清楚（ce12） 店内的布局令人易于走动（ce13） 店内的布局令人易于接触和取得想要的产品（ce14）	Berman 和 Evans（1995）；Mohan 等（2012）
顾客与服务人员之间的互动	在购物过程中顾客与服务人员间的人际接触	服务人员外表整洁（cs1） 服务人员很有礼貌（cs2） 服务人员具有充足的知识来回答我的问题（cs3） 服务人员自发关注我（cs4） 服务人员乐于帮助我（cs5） 服务人员了解我的需要（cs6） 服务人员态度诚恳（cs7） 服务人员服务准时（cs8） 服务人员反应迅速（cs9） 即使是我的失误，服务人员也一样有耐心（cs10）	Bitner 等（1990）；Parasuraman 等（1986）；张蕾（2010）
顾客与顾客之间的互动	顾客间近距离的接触、口头交谈甚至等候	在此次购物中，其他顾客跟我握手（cc1） 在此次购物中，其他顾客与我交谈（cc2） 在此次购物中，其他顾客恭贺我做了好选择（cc3） 在此次购物中，其他顾客服装仪容不整（cc4） 在此次购物中，其他顾客身上发出异味（cc5）	Grove 和 Fisk（1997）；Martin（1996）；Wu（2007）

续表

多层面互动的不同维度	定义	测量问项和编码	参考量表
顾客与顾客之间的互动	时的排队状况等互动关系	在此次购物中,其他顾客插队(cc6)	
		在此次购物中,其他顾客大声喧哗(cc7)	
		在此次购物中,其他顾客允许他的小孩到处乱跑(cc8)	
		在此次购物中,其他顾客说黄色笑话(cc9)	
		在此次购物中,其他顾客讲脏话(cc10)	
		在此次购物中,其他顾客生气地敲打柜台(cc11)	
		在此次购物中,其他顾客乱扔商品(cc12)	
		在此次购物中,其他顾客抱怨服务不周(cc13)	
		在此次购物中,其他顾客在接受不良服务后表现出沮丧表情(cc14)	
		在此次购物中,其他顾客发生争吵(cc15)	
		在此次购物中,其他顾客表现出喜欢与人社交(cc16)	

注:cc4—cc16反向计分。

二 商店依恋

商店依恋量表由笔者自行开发,本书认为,零售商店依恋是个人与特定零售商店之间的一种正向情感联结,其主要特征是个人倾向于与这个零售商店保持亲密关系。根据态度框架,将商店依恋概念化为商店认同、商店依靠、情感依恋和社会联结四个维度。参考Proshansky(1978)的地方认同定义,将商店认同界定为"消费者与特定商店之间的认知联系",消费者会以个人身份来认同商店。参考Jorgensen和Stedman(2001)的地方依靠定义,将商店依靠界定为"在当前可以选择的商店中,特定商店满足消费者购物目的及需求如何"。商店依靠的是消费者对特定零售商店的功能性依恋,反映出依恋在特定商店以满足消费者的购物目的及需求,主要取决于实质环境的特质。参考Jorgenson和Stedman(2001)的情感依恋定义,将情感依恋界定为"消费者对特定零售商店形成的一种情绪、情感或感情联系"。参考Low和Altman(1992)的社会联结观点,将社会联结界定为"在特定商店中发展的人们之间的社会联系"。商店依恋量表共包含16个问项。其中,商店认同5个问项、商店依靠5个问项,情感依恋 2 个问项，社会联结 4 个问项。

表 5-2 列出了商店依恋的测量问项。量表采用 Likert 七点尺度计分方法，分为非常不同意、不同意、有点不同意、中立、有点同意、同意和非常同意七类目，依次给 1—7 分。

表 5-2　　　　　　　　　　　商店依恋量表

维度	定义	问项	编号
商店认同	消费者与特定商店之间的认知联系	我强烈认同这家商店	SI1
		这家商店代表我是一个怎样的人	SI2
		这家商店是我生活的一部分	SI3
		这家商店对我意义重大	SI4
		这家商店对我非常特别	SI5
商店依靠	在当前可以选择的商店中，特定商店满足消费者购物目的及需求如何	在这个商店购物比其他商店购物更让我满意	SD1
		在这家商店购物比在其他地方重要	SD2
		这家商店是我购物的最好地方	SD4
		在这家商店购物比在其他地方享受	SD5
		我不会用其他商店取代在这里所进行的购物活动	SD6
情感依恋	消费者对特定零售商店形成的一种情绪、情感或感情(Sentimental)联系	我非常依恋这家商店	EA1
		我对这家商店有强烈的归属感	EA2
社会联结	在特定商店中发展的人们之间的社会联系	我与这家商店及商店中的人有特别的联系	SB2
		不来这家商店我的朋友/家人会很失望	SB3
		如果我不来这家商店，我将与许多朋友失去联系	SB4
		我的许多朋友/家人比较喜欢这家商店	SB5

三　消费惯性

消费惯性是指顾客以过去消费经验累积熟悉性，为节省在学习或比较时所产生的麻烦，呈现出因习惯及不会在决策时花费心力或时间而至同一商家购买的非意识固定消费模式（Anderson and Srinivasan Oliver, 1999, 2003）。惯性的衡量一直没有一个标准的操作性定义，目前衡量惯性的方法大致有三种。第一种方法是以过去行为的频率来测量惯性；第二种方法为自我报告习惯性指标（Self-report habit index, SRHI）；第三种方法为反应频率测量（response frequency measure, RFM）。第一种方法是以观察或询问的方式来测量惯性，例如：观察或询问过去某段时间内某一行为重复出现的频率，频率越高则惯性越强。第二种方法直接要求受访者回答惯性的强度，例如：询问受访者"过去多久在无知觉或习惯性的情况下从事某一特定行为"。第三种方法由 Verplanken 等（1994）提出，它是一种植根于剧本行为的惯性测量方法。此法试图测量在某一特定目标和情境下所出现重复性行为的惯性。其重点在于提示某一特定情境下，要求受访者不假思索地快速回答第一个在心中闪过的答案。这种方法虽然较符合惯性的精神，但它却不容易执行。因为它必须慎选从事各种不同活动内容的受访者，以及严格控制研究环境，在研究上有诸多的限制。本书主要参考 Anderson 和 Srinivasan（2003）的惯性量表，共包括 3 个题项。

表 5-3 列出了消费惯性的操作性定义及测量问项。量表采用 Likert 七点尺度计分方法，分为非常不同意、不同意、有点不同意、中立、有点同意、同意、非常同意七类目，依次给 1—7 分。

表 5-3　　　　　　　　　　消费惯性量表

	定义	测量问项和编码	参考量表
消费惯性	顾客以过去消费经验累积熟悉性，为节省在学习或比较时所产生的麻烦，呈现出因习惯及不会在决策时花费心力或时间而至同一商家购买的非意识固定消费模式	除非我对该商店非常不满意，否则我认为转换到其他商店进行交易是件麻烦的事（ci1）	Anderson 和 Srinivasan（2003）
		当进行购物时，我会很自然地使用该商店（ci2）	
		转换到其他购物商店进行交易时，在时间、金钱和心力上所花费的成本对我来说是高的（ci3）	

四　购买犹豫

本书参考 Frost 和 Shows（1993）的定义，将购买犹豫界定为消费者在购物时不能及时做出购买决策。量表改编自 Cho 等（2006）的整体犹豫量表，共 5 个题项。由于 Cho 等（2006）的研究情境是线上，本书却聚焦于线下购物情境，所以对其部分题项进行了修改。

表 5-4 列出了三个层面互动的操作性定义及测量问项。量表采用 Likert 七点尺度计分方法，分为非常不同意、不同意、有点不同意、中立、有点同意、同意和非常同意七类目，依次给 1—7 分。

表 5-4　　　　　　　　　购买犹豫量表

	定义	测量问项和编码	参考量表
购买犹豫	消费者在购物时不能及时做出购买决策	当好不容易找到一些产品后，在最后的购买决策阶段，我却犹豫要不要购买这些产品（ph1）	Cho 等（2006）
		在结账时我会延迟最后的购买决策（ph2）	
		我决定不购买自己好不容易才找到的产品（ph3）	
		我几乎准备好了要买一些东西，但却不能做最后的购买决策（ph4）	
		我已找到打算购买的特定产品，但没有做出最后的购买决策（ph5）	

五　交叉购买意愿

本书参考非契约条件下交叉购买的定义（Kumar et al., 2008），在杨宜苗（2010）定义基础上，将交叉购买意愿界定为"除了已购买的产品或品牌之外，消费者从同一零售商店购买其他产品或品牌的意愿"。采用以下三个题项度量："我愿意购买这家商店的不同产品"；"我愿意购买以前在这家商店没有买过的产品"；"我愿意购买以前在这家商店没有买过的品牌"。

表 5-5 列出了三个层面互动的操作性定义及测量问项。量表采用 Likert 七点尺度计分方法，分为非常不同意、不同意、有点不同意、中立、有点同意、同意和非常同意七个类目，依次给 1—7 分。

表 5-5　　　　　　　　　交叉购买意愿量表

	定义	测量问项和编码	参考量表
交叉购买意愿	除了已购买的产品或品牌之外，消费者从同一零售商店购买其他产品或品牌的意愿	我愿意购买这家商店的不同产品	库马等（2008）、杨宜苗（2010）
		我愿意购买以前在这家商店没有买过的产品	
		我愿意购买以前在这家商店没有买过的品牌	

第二节　调查设计

一　调查方法

有五种重要的研究方法，它们分别是实验法、调查法、档案分析、历史学和案例研究。哪种方法最适用？这取决于研究问题的类型、研究者对事件的控制程度以及关注的是当前事件还是历史事件。

调查法是收集定量数据的一个最常见的方法。当研究者关注的是当前事件，对受访者的行为或调查的事件无法控制，以及研究谁（who）、什么（what）、何处（where）、多少（how many/much）之类的问题时，使用调查法是适当的。调查研究是截面研究，利用问卷或结构化访谈来收集数据，其目标是获取与待检验是否存在协方差关系的两个以上变量有关的定量数据（Bryman et al., 2009）。问卷可以在线上制作，并通过电子邮件、网页或者社会媒介轻松实现共享。这些网络调查形式具有问卷发放省钱、快速而容易的优点，但其缺点是，由于互联网和计算机可用性而导致回应率低（Christensen et al., 2010）。

本书想弄清多层面互动、商店依恋对交叉购买产生了怎样的影响，无法对受访者的行为进行控制，且关注当前事件，所以调查法是本研究最适合的研究方法。调查法有利于考察若干变量之间的关系，并得到许多响应者（Bryman et al., 2009）。为了低成本而快速地得到尽可能多的响应者，我们采用线下调查法。本次调查在大连、沈阳和合肥三个城市同时展开，调查时间为2014年2月1—21日，历时21天。

二 问卷设计

问卷设计的主要基点是：回应者能够同时看到整体调查问卷和进行浏览，并看到所有问题。笔者希望通过这样做，回应者可能认为调查问卷较短，并尽可能作答。笔者还尽量通过问项之间的行距以及简单的设计来使问卷外观令人轻松，以便回应者容易地浏览。Bryman等（2009）指出，简短的问卷对回应率有正向的影响，所有问题都要求作答，以便能够得到问卷调查结果。

本次调查问卷共包含七个部分。Bryman等（2009）认为，在问卷前面应该提供包含关于问卷细节的一个导语。一般的做法是：说明研究的目的；说明本次调查是某项研究（如论文）的一部分；说明谁实施本次调查；说明其他重要事项。其中其他重要事项主要包括：①说明回应者在回答问卷中的作用；②说明回应者匿名作答，并指出他或她可以自愿作答；③说明怎样与研究者取得联系的信息，以防回应者可能有其他问题；④指出填写问卷估计需要的时间，以便回应者准备花多少时间来完成。基于此，本书设计了调查问卷的第一部分——导语。此外，我们在导语中还设计了"您光顾的这家商店名称"、"您到这家商店的频率"两个问题，前者旨在了解消费者惠顾的零售业态类型，后者旨在了解消费者在特定商店的购买经历。第二部分和第三部分分别是消费者对所惠顾商店的多层面互动和商店依恋的描述进行打分。第四部分和第五部分分别是对消费者消费惯性和购买犹豫的调查。第六部分是对消费者交叉购买意愿进行调查。第七部分是有关消费者人文特征的调查，如年龄、性别、收入、职业和受教育程度等背景信息。

问卷形式包括封闭式和开放式两种。封闭式问题会降低研究者用不正确方式为回应者解释答案的可能，采用封闭式问题能够根据受访者填写的答案直接进行编码，较容易操作。对回应者而言，封闭式问题有助于阐明问题的含义，并使回应者更容易、更快速地填写。相反，研究者分析开放式问题会花费很长时间，因为需要对答案进行编码。对回应者来说，在开放式问题上会花费更多的时间和精力，这可能意味着回应者可能不回答那些问题或整个问卷，因而导致回应率低。因此，为了节省分析问卷的时间，为了得到高回应率，在调查中应避免开放式问卷。也不应该设计双重问题，因为这可能使回应者感到困惑。在设计问题时，笔者尽力保持文字简洁，不使用可能引起误解或让人难以理解的词语。每个问题都经过笔者、专家和被请来提供意见的测试组仔细审查。问题采用陈述句而不是疑问句的形式，这是因为认同或否定一个陈述可能更容易（Bryman et al., 2009）。因此，本次调查问卷主要采用封闭式问题。

采用问卷收集样本方式包括邮寄和人员现场指导。现场指导填写问卷不但可以提高问卷回收率，而且如果受访者有疑问则可以即时得到澄清，从而有助于提高问卷信度。邮寄问卷虽然可以达到区域分散，以及时间、空间等较节省的效果，但回应时间可能较长，回收率可能较低，而且作答时有疑问，也不能及时给予解释，因而导致问卷误差可能较大。因此，本书主要采用人员现场指导的问卷填写方式来收集样本。

三　抽样设计

本书的研究对象是零售商店购物者。由于专卖店、专业店和建材商店等零售业态具有鲜明的个性特征，目标顾客比较集中，选择此类商店可能不利于形成适用于不同零售业态的一般性结论，所以本书选取目标顾客相对分散的百货商店、超级市场和购物中心三种零售业态的消费者为主要调研对象。此外，第三章商店依恋的探索性因子分析表明，消费者已对一些便利店产生了商店依恋，因此为了提高本研究的外部效度，也为了扩大交叉购买研究的业态类型，本书也将便利店的消费者作为调研对象。

为了节约时间和费用以及方便开展研究工作，本书选取样本的一种方法是便利抽样，在各类零售商店前拦截偶然遇到的消费者，或者选择那些离得最近的、最容易找到的消费者。为了降低抽样误差和提高抽样精度，以及便于对总体不同的层次或类别进行单独研究，本书使用的另一种抽样方法是分层抽样。分层过程分为：第一步，选取大连、沈阳、合肥三个城市，按照3∶2∶1的比例分配样本；第二步，选取三个城市的大众点评网中排名靠前的百货商店、超级市场、购物中心和便利店四种零售业态，按1∶1∶1∶1的比例分配样本。

Roscoe（1975）认为，研究样本大小应符合以下原则：第一，适合开展研究的有效样本，30—500之间比较适当。第二，当样本被分成若干样本群（如职业、性别等）时，每个子样本群内样本数应不少于30。第三，在开展多变量研究时，样本数至少要大于研究变量数倍，且10倍以上最好。第四，对于包含实验控制的实验研究，样本数在10—20之间是适当的。基于上述标准，考虑无效样本问题，本书共选取600份样本。

第三节 数据分析方法和软件

分析数据的方法涉及单变量分析（univariate analysis）、双变量分析（bivariate analysis）和多变量分析（multivariate analysis）等多种方法。在单变量分析中，研究者一次只分析一个变量。这种方法可以通过频率表或图解来进行。在双变量分析中，研究者一次分析两个变量，以弄清变量之间是否相关。这种方法可以通过检查概率表中变量的皮尔森（Pearson）r、系数和克莱姆（Phi and Cramer）V值来完成（Bryman et al., 2009）。多变量分析是单变量统计的发展，主要包括回归分析技术：主成分分析和因子分析、判别分析技术、对应分析技术、Logistics回归技术、聚类分析技术以及GLM通用线性模型、Logit回归、Probit分析、可靠性分析等其他技术。

一 描述性分析

进行描述性数据分析以提供回应率和频率，这通过单变量分析来完成,单变量分析结果是通过查看受访者回答的人数和所占百分比来判断的。通过查看单变量分析结果,能够快速看出哪些问题没有被回答。受访者没有回答或者回答有误的问题将会被删除。通过频率分析以获取受访者的最基本的背景信息,包括年龄、性别、收入、受教育程度和婚姻状况等。

二 信度和效度分析

信度是指对同一或相似样本重复测量所得到结果的一致性或稳定性。一般建议 Cronbach' α 系数至少要达到 0.7 以上,Wortzel(1979)认为,Cronbach α 系数若介于 0.7—0.98 之间,则属于高信度;若低于 0.35,则应该拒绝使用。Nunnally 和 Bernstein(1994)认为,若 Cronbach' α 系数 >0.9,则十分可信;若 0.7 < Cronbach' α 系数 ≤0.9,则可信(次常见);若 0.5 < Cronbach' α 系数 ≤0.7,则可信(最常见);若 0.4 < Cronbach' α 系数 ≤0.5,则可信;若 0.3 < Cronbach' α 系数 ≤0.4,则勉强可信;若 Cronbach' α 系数 ≤0.3,则不可信。

效度是指研究者使用的衡量工具确实能衡量出想要衡量问题的程度,高效度表示问卷中的变量能真正测量所要衡量的概念。效度主要包括内容效度、区别效度和收敛效度。就内容效度而言,其是一种稳定性指标,本书中的自变量和因变量均来自相关文献,并且根据具体情况加以修正,或者经过前测和修订,因此本书问卷应该具有良好的效度。本书主要采用区别效度和收敛效度来验证研究变量的效度。

三 独立样本 T 检验

独立样本 T 检验主要用于两个子样本总体均值的比较。本书试图通过独立样本 T 检验,以验证不同购买犹豫水平、不同消费惯性水平的均值是否存在显著差异,以进一步检验购买犹豫和消费惯性的调节作用。

四 因子分析

因子分析的主要目的是减少和归纳维数。通过主成分分析、最大方差法、转轴法将多层面互动因素简化、归纳并且转成有意义的三个因子:顾客与店铺环境之间的互动、顾客与服务人员之间的互动以及顾客与顾客之间的互动。

五 相关分析

主要用来判断两组变量间的关系,包括相关的程度和方向。因为本书的自变量和因变量为连续变量,因此比较适用 Pearson 相关法。

六　多元线性回归分析

回归分析用来分析一组自变量和因变量间的数量关系，以了解当自变量为某一水平或数量时，因变量反映的数量或水平。本书以多元线性回归方程式分析多层面互动、商店依恋与交叉购买意愿变量之间的关系。

七　结构方程模型分析

线性结构关系模型是一种社会和行为科学研究中通常用来探讨因果关系模式的工具，线性结构关系模型主要包含三个程序：建立因果模型、估计参数及模式评估。线性结构关系模型的主要目的是探讨变量间的线性关系，并针对可观测与不可观测的变量间因果关系模型做出假设。因此，利用线性结构关系模型探讨变量间的因果关系时，其因果模型早已事先做好假设，统计方法只是用来验证，在此因果模式下施测所得到的观察资料的适配度。本书利用AMOS18.0统计软件，对问卷回收的信度及效度进行检测，以确认问卷的品质及内在情况。通过验证性因子分析对本书各个潜在变量及观测值进行检验，检验的项目包括：观测值的因子载荷、误差变异及模型适配度。此外，通过建立线性结构方程模型，检验多层面互动、商店依恋与交叉购买意愿等变量之间的路径系数是否显著。在模型的参数估计上，采用最大似然法；在模型拟合度检验方面，从基本的拟合标准、整体模型拟合及模型内在结构拟合度三个方面的各项指标作为判断的依据（Bagozzi and Yi, 1988）。

八　数据分析软件

本书主要运用SPSS16.0、AMOS18.0、LISREL8.8统计软件对样本数据进行统计分析。SPSS16.0主要用于描述性分析、信度分析、单因素方差分析、因子分析和相关分析；AMOS18.0、LISREL8.8软件主要用于验证性因子分析、效度检验以及结构方程模型分析。

第六章 数据分析与假设检验

第一节 描述性统计分析

一 问卷回收

问卷采用便利抽样，通过人员现场发放，发放地点为大连、沈阳和合肥三个城市中获大众点评网高度评价（排名前10名）的百货商店、超级市场、购物中心和便利店前。作为回馈，当场赠送价值15元左右的小礼品。共发出600份，回收有效问卷492份，无效问卷108份，有效回收率为82.00%。无效问卷主要产生于：第一，受访者填写时因接听电话、遇到熟人等被中途打断，并最终放弃填写等情形；第二，回收问卷时发现有漏填等情形；第三，问卷内容填写一致太多、问题答案相同或明显敷衍回答等情形；第四，看错题意，错误作答等情形。

表6-1　　　　　　　　　　问卷发放和回收情况

城市	零售业态	发放数量（份）	有效问卷回收数量（份）	有效回收率（%） 分业态样本	有效回收率（%） 分地区样本
大连	百货商店	75	66	0.88	85.67
大连	超级市场	75	68	0.91	85.67
大连	购物中心	75	57	0.76	85.67
大连	便利店	75	66	0.88	85.67
沈阳	百货商店	50	41	0.82	79.50
沈阳	超级市场	50	42	0.84	79.50
沈阳	购物中心	50	37	0.74	79.50
沈阳	便利店	50	39	0.78	79.50

续表

城市	零售业态	发放数量（份）	有效问卷回收数量（份）	有效回收率（%）	
				分业态样本	分地区样本
合肥	百货商店	25	18	0.72	76.00
	超级市场	25	21	0.84	
	购物中心	25	20	0.8	
	便利店	25	17	0.68	
总样本		600	492	82.00	

二 样本结构

将492份有效问卷的基本资料，通过简单的描述性统计分析整理如表6-2所示。

表6-2　　　　　　　问卷样本特征

人口统计变量		频数	百分比（%）	有效百分比（%）	累计百分比（%）
性别	女	279	56.7	56.7	56.7
	男	213	43.3	43.3	100.0
年龄	15岁及以下	87	17.7	17.7	17.7
	16—25岁	189	38.4	38.4	56.1
	26—35岁	99	20.1	20.1	76.2
	36—45岁	85	17.3	17.3	93.5
	46—55岁	24	4.9	4.9	98.4
	56岁及以上	8	1.6	1.6	100.0
职业	公务员	6	1.2	1.2	1.2
	工人	30	6.1	6.1	7.3
	教师	23	4.7	4.7	12.0
	公司职员	153	31.1	31.1	43.1
	私营业主	40	8.1	8.1	51.2
	学生	176	35.8	35.8	87.0
	专业技术人员	13	2.6	2.6	89.6
	自由职业者	51	10.4	10.4	100.0

续表

人品统计变量		频数	百分比（%）	有效百分比（%）	累计百分比（%）
收入	1000元及以下	48	9.8	9.8	9.8
	1001—2000元	131	26.6	26.6	36.4
	2001—3000元	110	22.4	22.4	58.7
	3001—4000元	98	19.9	19.9	78.7
	4001—5000元	41	8.3	8.3	87.0
	5001元及以上	64	13.0	13.0	100.0
受教育程度	初中及以下	66	13.4	13.4	13.4
	高中、技校或大专	122	24.8	24.8	38.2
	本科	175	35.6	35.6	73.8
	研究生	129	26.2	26.2	100.0
婚姻状况	已婚	225	45.7	45.7	45.7
	未婚	267	54.3	54.3	100.0

从表6-2可以看出，有效样本在性别上的比率为男性占43.3%，女性占56.7%，女性略多于男性，这可能表明女性更喜欢购物。在年龄方面，16—25岁所占比例最高，占38.4%；26—35岁、15岁以下、36—45岁所占比例较高，分别为20.1%、17.7%和17.3%；46—55岁人数较少，占4.9%；56岁以上人数最少，所占比例最低，为1.6%。在职业方面，学生和职员所占比例较高，分别为35.8%、31.1%；其他依次为自由职业者（10.4%）、私营业主（8.1%）、工人（6.1%）、教师（4.7%）、专业技术人员（2.6%）和公务员（1.2%）。在收入方面，主要集中于1001—2000元和2001—3000元，分别占26.6%、22.4%，其他依次为3001—4000元（19.9%）、5001元及以上（13.0%）和1000元及以下（9.8%），4001—5000元所占比例最低，为8.3%。受访者的教育程度以本科为主，占35.6%；研究生、高中、技校和大专人数相当，所占比例分别为26.2%和24.8%；初中及以下所占比例最小，为13.4%。在婚姻状况方面，未婚所占比例略高，为54.3%；已婚所占比例略低，为45.7%。因此，总体而言，样本基本上呈正态分布，能够较好地反映总体。

第二节 信度分析

信度即可靠性，是指一种衡量工具的正确性或精确度，亦即测试结果的一致性和稳定性。信度能够显示测试的内部问题间是否相符或前后两次结果是否一致。信度检验方式有很多种，其中 Cronbach α 是目前社会科学研究最常用的信度测量方式。因此，本书采用 Cronbach α 进行信度检验，分析软件为 SPSS16.0。

一 多层面互动信度分析

从表 6-3 可见，顾客与店铺环境之间互动的第 9 个问项（ce9）和第 14 个问项（ce14）、顾客与服务人员之间互动的第 1 个问项（cs1）、第 3 个问项（cs3）和第 6 个问项（cs6）以及顾客与其他顾客之间互动的第 1 个问项（cc1）、第 9 个问项（cc9）、第 10 个问项（cc10）和第 13 个问项（cc13）等问项的项目—总体相关性均低于 0.4，且将此问项删除后能明显提高整体信度，因此将这 9 个问项删除。其他问项的项目—总体相关性均大于 0.4，不同层面互动的信度 Cronbach'α 值分别为 0.941、0.744 和 0.822，均超过 0.7，多层面互动量表的整体信度 Cronbach'α 值为 0.916，符合问卷内部一致性的标准，通过信度检验。

表 6-3　　　　　　　　多层面互动信度分析

衡量维度	项目	项目—总体相关性	项目删除后 Cronbach'α 值	Cronbach'α
顾客与店铺环境之间互动	ce1	0.821	0.934	0.941
	ce2	0.832	0.933	
	ce3	0.793	0.934	
	ce4	0.792	0.934	
	ce5	0.810	0.934	
	ce6	0.846	0.933	
	ce7	0.793	0.934	
	ce8	0.845	0.932	
	★ce9	0.287	0.950	
	ce10	0.766	0.935	
	ce11	0.810	0.934	

续表

衡量维度	项目	项目—总体相关性	项目删除后 Cronbach'α 值	Cronbach'α
	ce12	0.817	0.934	
	ce13	0.838	0.933	
	★ce14	0.113	0.953	
顾客与服务人员之间的互动	★cs1	0.171	0.757	0.744
	cs2	0.570	0.702	
	★cs3	0.137	0.777	
	cs4	0.565	0.703	
	cs5	0.620	0.693	
	★cs6	0.072	0.786	
	cs7	0.578	0.702	
	cs8	0.632	0.692	
	cs9	0.552	0.706	
	cs10	0.591	0.696	
顾客与其他顾客之间的互动	★cc1	0.251	0.824	0.822
	cc2	0.648	0.799	
	cc3	0.640	0.799	
	cc4	0.580	0.802	
	cc5	0.561	0.803	
	cc6	0.597	0.801	
	cc7	0.500	0.808	
	cc8	0.545	0.805	
	★cc9	-0.006	0.839	
	★cc10	-0.112	0.849	
	cc11	0.540	0.806	
	cc12	0.523	0.807	
	★cc13	0.211	0.830	
	cc14	0.576	0.803	
	cc15	0.613	0.801	
	cc16	0.584	0.803	

整体问卷信度 Cronbach'α = 0.916

注：★表示删除项。

二　商店依恋信度分析

从表6-4可以看出，商店依恋量表的各个项目—总体相关性均大于参考值0.4，商店依恋不同维度的信度Cronbach α值分别为0.881、0.860、0.930和0.872，均超过参考值0.7，商店依恋量表的整体信度为0.800，符合问卷内部一致性标准，没有删除问项，通过信度检验。

表6-4　　　　　　　　　　商店依恋信度分析

衡量维度	项目	项目—总体相关性	项目删除后Cronbach' α值	Cronbach' α
商店认同	SI1	0.613	0.878	0.881
	SI2	0.674	0.867	
	SI3	0.702	0.860	
	SI4	0.861	0.817	
	SI5	0.759	0.844	
商店依靠	SD1	0.606	0.849	0.860
	SD2	0.722	0.820	
	SD4	0.650	0.838	
	SD5	0.739	0.815	
	SD6	0.675	0.832	
情感依恋	EA1	0.871	—	0.930
	EA2	0.871	—	
社会联结	SB2	0.636	0.871	0.872
	SB3	0.779	0.816	
	SB4	0.796	0.809	
	SB5	0.706	0.847	
整体问卷信度Cronbach' α = 0.800				

三　消费惯性信度分析

从表6-5可以看出，消费惯性量表的各个项目—总体相关性均大于参考值0.4，信度Cronbach' α值为0.889，超过参考值0.7，没有删除问项，符合问卷内部一致性的标准，通过信度检验。

表 6–5　　　　　　　　　　消费惯性信度分析

衡量维度	项目	项目—总体相关性	项目删除后 Cronbach'α 值	Cronbach'α
消费惯性	gx1	0.785	0.840	0.889
	gx2	0.816	0.812	
	gx3	0.748	0.872	

四　购买犹豫信度分析

从表 6–6 可以看出,购买犹豫量表的各个项目—总体相关性均大于参考值 0.4,信度 Cronbach'α 值为 0.874,超过参考值 0.7,没有删除问项,符合问卷内部一致性标准,通过信度检验。

表 6–6　　　　　　　　　　购买犹豫信度分析

衡量维度	项目	项目—总体相关性	项目删除后 Cronbach'α 值	Cronbach'α
购买犹豫	ph1	0.684	0.853	0.874
	ph2	0.652	0.860	
	ph3	0.754	0.835	
	Ph4	0.724	0.843	
	Ph5	0.702	0.848	

五　交叉购买意愿信度分析

从表 6–7 可以看出,交叉购买意愿量表的项目—总体相关性均大于参考值 0.4,信度 Cronbach'α 值为 0.832,超过参考值 0.7,没有删除问项,符合问卷内部一致性的标准,通过信度检验。

表 6–7　　　　　　　　　　交叉购买意愿信度分析

衡量维度	项目	项目—总体相关性	项目删除后 Cronbach'α 值	Cronbach'α
交叉购买意愿	ph1	0.640	0.816	0.832
	ph2	0.764	0.695	
	ph3	0.679	0.784	

第三节 效度分析

一 内容效度

内容效度是指测量工具内容的适当性,即测量工具能充分涵盖研究主题的程度。内容效度意味着将概念分解成维度和指标的过程,通常通过访谈或者小组座谈形式来证实。本书的商店依恋量表是严格按照量表开发过程形成的,多层面互动、消费惯性、购买犹豫与交叉购买意愿是表的问卷内容,系依据研究目的,并参考专家学者所提出的量表,经过相关文献分析再加以修正,使问卷内容符合本书要求。因此,本书问卷在内容效度应达到一定的水平,亦即问卷具有内容适当性。

二 收敛效度

收敛效度是指相同概念里的测量问项,彼此之间相关度高。海尔等(Hair et al.,2006)认为,可以从因素载荷、信度与平均萃取变异量三方面来评估。Bagozzi 和 Yi（1988）认为,因素负荷量（λ 值）与平均萃取变异量（AVE）应大于 0.5。Jöreskog 和 Sörbom（1988）认为,可以从观测变量因子载荷的显著性程度（t 值）判断,观测变量的因子载荷大于 0.45,并达到显著水平。因此,本书以因子载荷 > 0.45（达到显著水平）且 AVE > 0.5 为标准来判断概念的收敛效度。

（一）多层面互动 CFA 分析

将 ce9、ce14、cs1、cs3、cs6、cc1、cc9、cc10、cc13 9 个问项删除后,利用 Lisrel 8.8 软件对多层面互动进行验证性因子分析（CFA）。从图 6-1 和表 6-8 中可见,在 CFA 模型拟合指标中,卡方值 χ^2 = 1330.82,自由度 df = 431,χ^2/df = 3.09（P = 0.00）,RMSEA = 0.065,GFI = 0.85,NFI = 0.96,CFI = 0.98,均达到理想水平,表明模型拟合状况良好。从表 6-9 可见,不同层面互动各题项的因子载荷均在 0.6 以上,其 t 值均已达显著水平,平均萃取变异量（AVE）都在参考值 0.5 以上,组合信度大于 0.8,符合评估标准,表明多层面互动量表的收敛效度在可接受的范围。

表 6-8　　　　多层面互动 CFA 模型的拟合指数

拟合度	χ^2	df	χ^2/df	P	RMSEA	GFI	AGFI	NFI	NNFI	CFI
拟合值	1330.82	431	3.09	0.00	0.065	0.85	0.83	0.96	0.97	0.98

注：$C\chi^2e=1330.82$, df=431, P=0.00000, RMSEA=0.065。

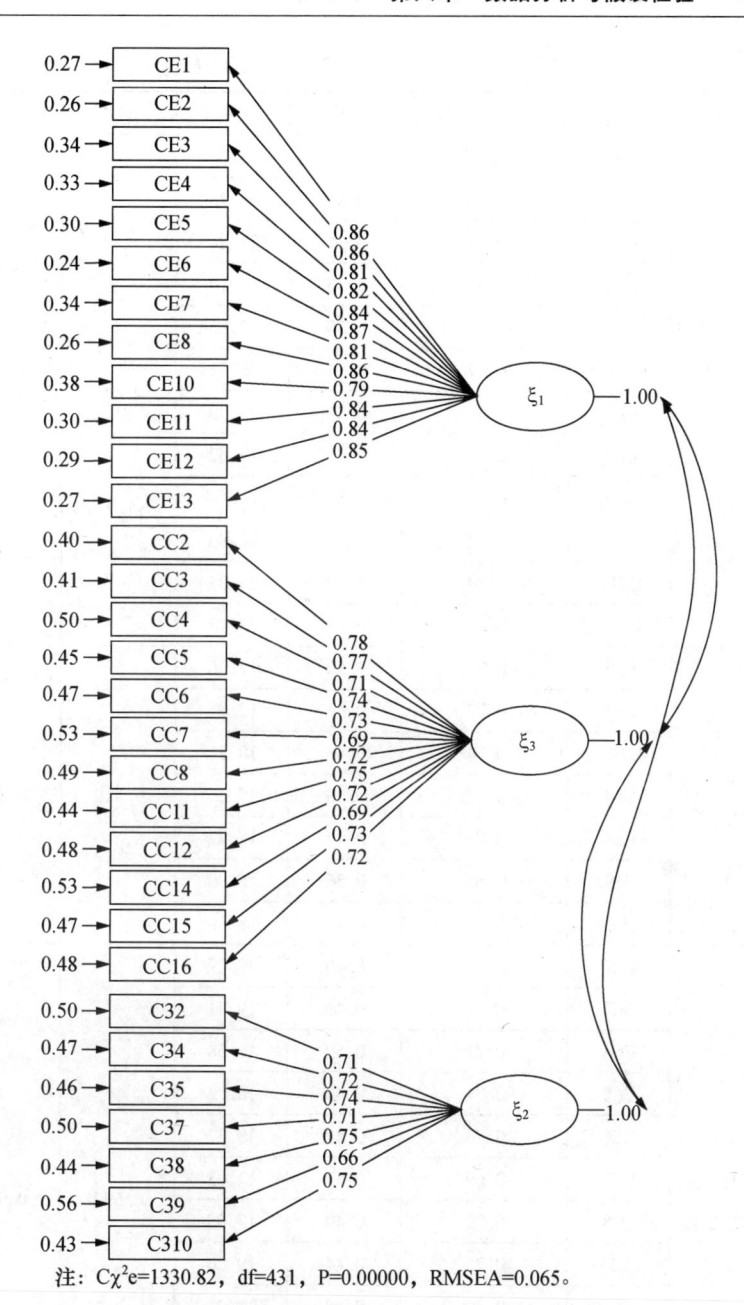

图 6-1　多层面互动 CFA 模型拟合图示

注：ξ_1—ξ_3 依次表示顾客与店铺环境之间的互动、顾客与服务人员之间的互动以及顾客与其他顾客之间的互动 3 个潜变量。

表6-9　多层面互动 CFA 模型的因子载荷和 AVE 值

潜变量	问项	标准化因子载荷	标准误差	t 值	AVE	组合信度
顾客与店铺环境之间的互动	CE1	0.86	0.27	23.63	0.701	0.966
	CE2	0.86	0.26	23.73		
	CE3	0.81	0.34	21.84		
	CE4	0.82	0.33	22.10		
	CE5	0.84	0.30	22.83		
	CE6	0.87	0.24	24.22		
	CE7	0.81	0.34	21.79		
	CE8	0.86	0.26	23.82		
	CE10	0.79	0.38	20.74		
	CE11	0.84	0.30	22.86		
	CE12	0.84	0.29	23.05		
	CE13	0.85	0.27	23.48		
顾客与服务人员之间的互动	CS2	0.71	0.50	17.36	0.519	0.883
	CS4	0.72	0.47	17.87		
	CS5	0.74	0.46	18.21		
	CS7	0.71	0.50	17.26		
	CS8	0.75	0.44	18.72		
	CS9	0.66	0.56	15.90		
	CS10	0.75	0.43	18.90		
顾客与其他顾客之间的互动	CC2	0.78	0.40	20.09	0.532	0.932
	CC3	0.77	0.41	19.71		
	CC4	0.71	0.50	17.58		
	CC5	0.74	0.45	18.73		
	CC6	0.73	0.47	18.32		
	CC7	0.69	0.53	17.03		
	CC8	0.72	0.49	17.95		
	CC11	0.75	0.44	19.00		
	CC12	0.72	0.48	18.04		
	CC14	0.69	0.53	16.94		
	CC15	0.73	0.47	18.40		
	CC16	0.72	0.48	18.00		

(二) 商店依恋 CFA 分析

从图 6-2 和表 6-10 可见，CFA 拟合指标均达到理想值，表明模型拟合状况良好。从表 6-11 可见，商店依恋不同维度各个问项的因子载荷均在 0.6 以上，其 t 值均已达显著水平，平均萃取变异量（AVE）都在参考值 0.5 以上，且组合信度大于 0.8，符合评估标准，表明商店依恋量表的收敛效度在可接受的范围。

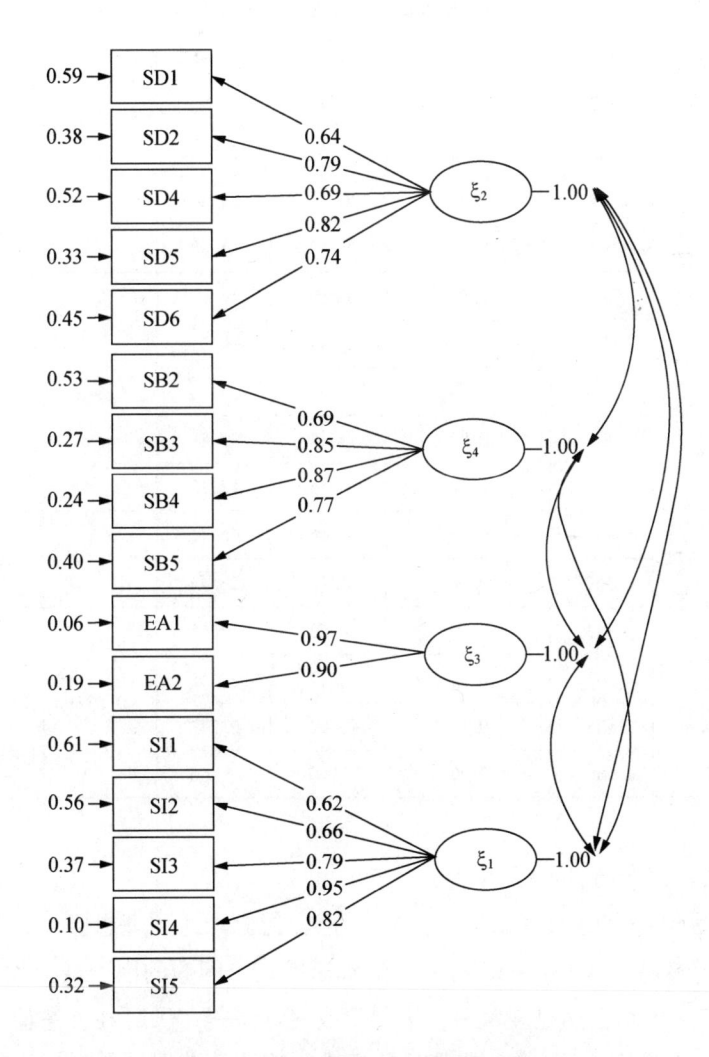

图 6-2 商店依恋 CFA 模型拟合图示

注：ξ_1—ξ_4 依次表示商店认同、商店依靠、情感依恋和社会联结 4 个潜变量。

表6-10　　　　　商店依恋 CFA 模型的拟合指数

拟合度	χ^2	df	χ^2/df	P	RMSEA	GFI	AGFI	NFI	NNFI	CFI
拟合值	435.55	98	4.44	0.00	0.084	0.90	0.86	0.94	0.94	0.95

表6-11　　　商店依恋 CFA 模型的因子载荷和 AVE 值

潜变量	问项	标准化因子载荷	标准误差	t 值	AVE	组合信度
商店认同	SI1	0.62	0.61	14.96	0.604	0.882
	SI2	0.66	0.56	16.20		
	SI3	0.79	0.37	20.72		
	SI4	0.95	0.10	27.40		
	SI5	0.82	0.32	21.88		
商店依靠	SD1	0.64	0.59	14.97	0.546	0.856
	SD2	0.79	0.38	19.74		
	SD4	0.69	0.52	16.58		
	SD5	0.82	0.33	20.84		
	SD6	0.74	0.45	18.12		
情感依恋	EA1	0.97	0.06	26.11	0.876	0.934
	EA2	0.90	0.19	23.44		
社会联结	SB2	0.69	0.53	16.65	0.637	0.875
	SB3	0.85	0.27	22.58		
	SB4	0.87	0.24	23.42		
	SB5	0.77	0.40	19.56		

（三）消费惯性 CFA 分析

从图6-3和表6-12可见，CFA 拟合指标均达到理想值，表明模型拟合状况良好。从表6-13可见，消费惯性三个问项的因子载荷均在0.7以上，其 t 值均已达显著水平，平均萃取变异量（AVE）在参考值0.5以上，且组合信度大于0.8，符合评估标准，表明消费惯性量表的收敛效度在可接受范围。

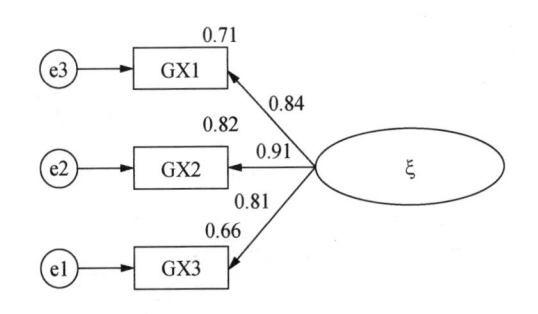

图 6-3　消费惯性 CFA 模型拟合图示

注：ξ 表示消费惯性潜变量。

表 6-12　消费惯性 CFA 模型的拟合指数

拟合度	χ^2	df	χ^2/df	P	RMSEA	GFI	AGFI	NFI	NNFI	CFI
拟合值	2.014	1	2.014	0.156	0.045	0.90	0.98	0.99	0.99	0.99

表 6-13　消费惯性 CFA 模型的因子载荷和 AVE 值

潜变量	问项	标准化因子载荷	标准误差	t 值	AVE	组合信度
消费惯性	GX1	0.84	0.39	19.86	0.730	0.890
	GX2	0.91	0.20	23.79		
	GX3	0.81	0.31	19.41		

（四）购买犹豫 CFA 分析

从图 6-4 和表 6-14 可见，CFA 模型拟合状况良好。从表 6-15 可见，购买犹豫 5 个问项的因子载荷均在 0.6 以上，其 t 值均已达显著水平，平均萃取变异量（AVE）在参考值 0.5 以上，且组合信度大于 0.8，符合评估标准，表明购买犹豫量表的收敛效度在可接受的范围。

表 6-14　购买犹豫 CFA 模型的拟合指数

拟合度	χ^2	df	χ^2/df	P	RMSEA	GFI	AGFI	NFI	NNFI	CFI
拟合值	0.72	2	0.36	0.699	0.000	1.00	0.99	1.00	1.00	1.00

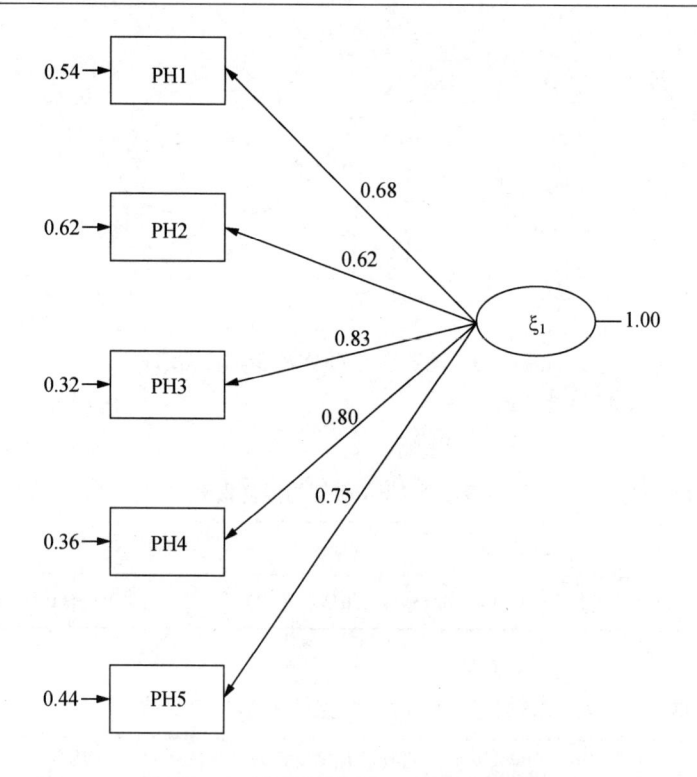

图 6-4　购买犹豫 CFA 模型拟合图示

注：ξ_1 表示购买犹豫潜变量。

表 6-15　　　　购买犹豫 CFA 模型的因子载荷和 AVE 值

潜变量	问项	标准化因子载荷	标准误差	t 值	AVE	组合信度
购买犹豫	PH1	0.72	0.48	16.80	0.585	0.872
	PH2	0.66	0.56	14.93		
	PH3	0.84	0.29	21.64		
	PH4	0.83	0.32	20.97		
	PH5	0.76	0.42	19.11		

（五）交叉购买意愿 CFA 分析

从图 6-5 和表 6-16 可见，χ^2、χ^2/df、RMSEA 未达到理想值，主要原因在于测量问项偏少。其他拟合指标均达到参考值，CFA 模型拟合状况总体良好。从表 6-17 可见，交叉购买意愿三个问项的因子载荷均在 0.6 以上，平均萃取变异量（AVE）均在参考值 0.5 以上，其 t 值均已达显著水平,且组合信度大于 0.8,符合评估标准,表明交叉购买意愿量表的收敛效度在可接受的范围。

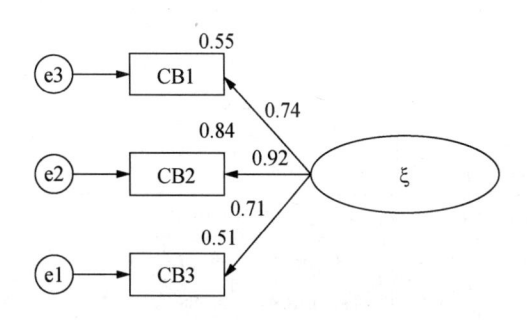

图 6-5 交叉购买意愿 CFA 模型拟合图示

注:ξ 表示交叉购买意愿潜变量。

表 6-16   交叉购买意愿 CFA 模型的拟合指数

拟合度	χ^2	df	χ^2/df	P	RMSEA	GFI	AGFI	NFI	NNFI	CFI
拟合值	8.949	1	8.949	0.003	0.127	0.99	0.93	0.99	9.99	0.99

表 6-17   交叉购买意愿 CFA 模型的因子载荷和 AVE 值

潜变量	问项	标准化因子载荷	标准误差	t 值	AVE	组合信度
交叉购买意愿	CB1	0.74	0.06	16.67	0.633	0.836
	CB2	0.92	0.06	22.46		
	CB3	0.71	0.05	18.01		

三 区别效度

区别效度是指不同概念的测量问项彼此相关度低。福内尔和拉克(Fornell and Larcker,1981)建议比较变量的 AVE 与相关系数平方,每个概念的 AVE 要大于构面相关系数的平方,亦即 AVE 的平方根大于构面相关系数。表 6-18 的分析结果显示,各概念的平均萃取变异量(AVE)的平方根均大于变量间相关系数,表明本书不同概念具有良好的区别效度。

表6-18　潜变量的相关系数和平均萃取变异量（AVE）平方根

变量	CE	CS	CC	SI	SD	EA	SB	GX	PH	CB
CE	0.837									
CS	0.207**	0.720								
CC	0.249**	0.596**	0.729							
SI	0.268**	0.485**	0.573**	0.777						
SD	0.180**	0.235**	0.230**	0.307**	0.739					
EA	0.141**	0.040	0.112*	0.504**	0.202**	0.936				
SB	0.025	-0.092*	-0.164**	-0.309**	0.210**	-0.332**	0.798			
GX	0.050	0.127**	0.100*	0.193**	0.440**	0.178**	0.053	0.854		
PH	-0.196**	-0.501**	-0.643**	-0.496**	-0.142**	-0.081	0.120**	-0.052	0.765	
CB	0.234**	0.190**	0.284**	0.402**	0.533**	0.386**	0.010	0.498**	-0.245**	0.794

注：①** 表示在0.01的水平下显著（双尾），* 表示在0.05的水平下显著（双尾）。②对角线下方为相关系数矩阵。③对角线数字为各个潜变量的平方差萃取量（AVE）的平方根。

第四节　假设检验

利用SPSS 16.0，分别对多层面互动与商店依恋、商店依恋与交叉购买意愿、多层面互动与交叉购买意愿等变量之间的关系进行回归分析，以说明两个构念之间的影响关系。

一　多层面互动对商店依恋的影响

为了进一步了解多层面互动和商店依恋不同维度之间的关系，本书以三个层面的互动（顾客与店铺环境之间的互动、顾客与服务人员之间的互动及顾客与其他顾客之间的互动）为自变量，以商店依恋四个维度（商店认同、商店依靠、情感依恋和社会联结）为因变量进行回归分析，得到结果如表6-19所示。

多层面互动对商店认同的回归模型统计显著（F = 97.069, Sig. = 0.000），表明模型具有统计意义。顾客与店铺环境之间的互动、顾客与服务人员之间的互动、顾客与其他顾客之间的互动对商店认同的影响系数分别为0.120（T = 4.724, Sig. = 0.001）、0.211（t = 4.724, sig. = 0.000）、0.417（t = 9.235, Sig. = 0.000），表明不同层面的互动越好，消费者的商店认同程度越高。因此，H_{1-1}、H_{2-1}、H_{3-1} 得到实证支持。

多层面互动对商店依靠的回归模型统计显著（F = 14.482，Sig. = 0.000），表明模型具有统计意义。顾客与店铺环境之间的互动、顾客与服务人员之间的互动、顾客与其他顾客之间的互动对商店认同的影响系数分别为 0.122（t = 2.712，Sig. = 0.007）、0.141（t = 2.609，Sig. = 0.009）、0.115（t = 2.110，Sig. = 0.035），表明不同层面的互动越好，消费者的商店依靠程度越高。因此，H_{1-2}、H_{2-2}、H_{3-2} 得到实证支持。

多层面互动对情感依恋的回归模型统计显著（F = 4.676，Sig. = 0.003），表明模型具有统计意义。顾客与店铺环境之间的互动、顾客与服务人员之间的互动、顾客与其他顾客之间的互动对商店认同的影响系数分别为 0.124（t = 2.691，Sig. = 0.007）、-0.052（t = -0.936，Sig. = 0.350）、0.112（t = 1.983，Sig. = 0.048），表明顾客与店铺环境之间的互动以及顾客与其他顾客之间的互动越好，消费者的情感依恋程度越高，而顾客与服务人员之间的互动对情感依恋影响并不显著。因此，H_{1-3}、H_{3-3} 得到实证支持，而 H_{2-3} 并没有得到验证。

多层面互动对社会联结的回归模型统计显著（F = 5.328，Sig. = 0.001），表明模型具有统计意义。顾客与店铺环境之间的互动、顾客与服务人员之间的互动、顾客与其他顾客之间的互动对商店认同的影响系数分别为 0.070（t = 1.526，Sig. = 0.128）、0.003（t = 0.054，Sig. = 0.957）、-0.184（t = -3.271，Sig. = 0.001），表明顾客与其他顾客之间的互动对消费者的社会联结有显著的负向影响，而其他两个层面的互动对社会联结的影响不显著。因此，H_{3-4} 得到实证支持，而 H_{1-4}、H_{2-4} 并没有得到验证。

表6-19　　　　　　　多层面互动与商店依恋关系的回归结果

自变量	商店认同	商店依靠	情感依恋	社会联结
顾客与店铺环境之间的互动	0.120**	0.122**	0.124**	0.070
顾客与服务人员之间的互动	0.211***	0.141**	-0.052	0.003
顾客与其他顾客之间的互动	0.417***	0.115*	0.112*	-0.184**
F	97.069***	14.482***	4.676**	5.328**
R^2	0.374	0.082	0.028	0.032

注：* 表示 $P<0.05$，** 表示 $P<0.01$，*** 表示 $P<0.001$；前三行数字表示标准化回归系数。

二 商店依恋对交叉购买意愿的影响

为了进一步了解商店依恋和交叉购买意愿之间的关系,本书以商店依恋的四个维度(商店认同、商店依靠、情感依恋和社会联结)为自变量,以交叉购买意愿为因变量,进行回归分析,得到的结果如表6-20所示。

商店依恋对商店认同的回归模型统计显著(F=75.837, Sig. =0.000),表明模型具有统计意义。商店认同、商店依靠、情感依恋和社会联结对交叉购买意愿的影响系数分别为0.171(t=3.887, Sig. =0.000)、0.422(t=10.534, Sig. =0.000)、0.232(t=5.436, Sig. =0.000)、0.051(t=1.249, Sig. =0.212),表明商店认同、商店依靠和情感联结程度越高,消费者交叉购买意愿越强,但社会联结对交叉购买意愿的影响不显著。因此,H_{5-1}、H_{5-2}、H_{5-3}得到实证支持,而H_{5-4}并没有得到验证。

表6-20　　　　　　　商店依恋与交叉购买意愿的回归结果

模型	非标准化系数 B	标准误差	标准化系数 Beta	t	Sig.	R^2	F检验 F	Sig.	调整后的R^2	F change检验 F change	Sig.
常数	0.630	0.276		2.283	0.023						
商店认同	0.132	0.034	0.171	3.887	0.000	0.384	75.837	0.000	0.379	75.837	0.000
商店依靠	0.493	0.047	0.422	10.534	0.000						
情感依恋	0.202	0.037	0.232	5.436	0.000						
社会联结	0.058	0.047	0.051	1.249	0.212						

三 多层面互动对交叉购买意愿的影响

为了进一步了解多层面互动和交叉购买意愿之间的关系,本书以不同层面的互动(顾客与店铺环境之间的互动、顾客与服务人员之间的互动及顾客与其他顾客之间的互动)为自变量,以交叉购买意愿为因变量,进行回归分析,得到结果如表6-21所示。

商店依恋对商店认同的回归模型统计显著(F=19.948, Sig. =0.000),表明模型具有统计意义。商店认同、商店依靠、情感依恋和社会联结对交叉购买意愿的影响系数分别为0.174(t=3.922, Sig. =0.000)、0.017(t=0.325, Sig. =0.745)、0.230(t=4.268, Sig. =0.000),表明顾客与

表6-21　　　　　　多层面互动与交叉购买意愿的回归结果

模型	非标准化系数 B	非标准化系数 标准误差	标准化系数 Beta	T	Sig.	R^2	F检验 F	F检验 Sig.	调整后的 R^2	F change 检验 F change	F change 检验 Sig.
常数	1.060	0.433		2.446	0.015	0.109	19.948	0.000	0.104	19.948	0.000
顾客与店铺环境之间的互动	0.263	0.067	0.174	3.922	0.000						
顾客与服务人员之间的互动	0.037	0.113	0.017	0.325	0.745						
顾客与其他顾客之间的互动	0.442	0.104	0.230	4.268	0.000						

店铺环境之间的互动、顾客与其他顾客之间的互动越好，消费者交叉购买意愿越强，但顾客与服务人员之间的互动对交叉购买意愿的影响不显著。因此，假设 H_{4-1}、H_{4-3} 得到实证支持，而 H_{4-2} 并没有得到验证。

四　多层面互动、商店依恋与交叉购买意愿关系的结构方程模型分析

为了直观显示多层面互动、商店依恋与交叉购买意愿的关系，运用 AMOS18.0 软件对它们之间的影响关系进行结构方程模型分析。在变量设定时，以商店依恋的四个维度、交叉购买意愿为内生变量，这个变量在路径分析模型图中作为因变量，三个外生变量为三个层面的互动，这三个变量在路径分析模型中作为自变量。由于本书各个构面的信度、收敛效度及区别效度均达到可接受的范围，采用单一衡量指标取代多重指标是可行的，因此对不同层面的互动和商店依恋的各个维度等，以衡量题项得分的均值作为其得分，交叉购买包含三个外显指标。如此操作可以有效地缩减衡量指标的数目，而使整体模式的衡量在执行分析时可行，否则若将所有的题项均纳入衡量指标，则会因变量太多而使得 AMOS18.0 软件无法执行。

表6-22 呈现的是模型注解，模型的适配度卡方值 $\chi^2 = 45.789$，自由度 $df = 11$，$\chi^2/df = 3.254$，显著性概率（$P = 0.000$）达到显著性水平，达到模型可以适配标准，即假设模型图与观察数据契合。RMSEA = 0.068 < 0.08，AGFI = 0.93 > 0.90，GFI = 0.99 > 0.90，NFI = 0.98 > 0.90，均达到

模型适配标准，表示假设模型与观察数据能适配。

表 6-23 显示了多层面互动、商店依恋与交叉购买意愿关系的标准化回归系数。在多层面互动与商店依恋的关系中，顾客与店铺环境之间的互动对商店认同、商店依靠、情感依恋的影响均显著，但与社会联结的路径系数没有通过显著性检验；顾客与服务人员之间的互动对商店认同、商店依靠的影响均显著，但与情感依恋和社会联结的路径系数没有通过显著性检验；顾客与其他顾客之间的互动与商店依恋四个维度之间的路径系数均通过显著性检验。在商店依恋与交叉购买意愿关系中，商店依靠、情感依恋对交叉购买意愿的影响显著，但商店认同、社会联结与交叉购买意愿的路径系数没有通过显著性检验；在多层面互动与交叉意愿的关系中，顾客与店铺环境之间的互动、顾客与其他顾客之间的互动对交叉购买意愿的影响显著，但顾客与服务人员之间的互动与交叉购买意愿的路径系数没有通过显著性检验。

表 6-22　　　　　交叉购买意愿 CFA 模型的拟合指数

拟合度	χ^2	df	χ^2/df	P	RMSEA	GFI	AGFI	NFI	IFI	CFI
拟合值	45.789	11	3.254	0.000	0.068	0.99	0.93	0.98	0.99	0.99

表 6-23　　　多层面互动、商店依恋与交叉购买意愿关系
CFA 模型的标准化回归系数

路径	标准化系数	标准误差	C.R.	P
SI←CE	0.114	0.072	3.109	0.002
SD←CE	0.105	0.057	2.382	0.017
EA←CE	0.124	0.080	2.699	0.007
SB←CE	0.070	0.061	1.530	0.126
SI←CS	0.203	0.123	4.566	***
SD←CS	0.160	0.097	3.013	0.003
EA←CS	-0.052	0.135	-0.939	0.348
SB←CS	0.003	0.103	0.054	0.957
SI←CC	0.426	0.112	9.501	***
SD←CC	0.131	0.088	2.435	0.015
EA←CC	0.112	0.124	1.989	0.047
SB←CC	-0.184	0.095	-3.281	0.001
CB←SI	0.037	0.034	0.489	0.625

续表

路径	标准化系数	标准误差	C. R.	P
CB←SD	0.436	0.039	7.732	***
CB←EA	0.319	0.029	5.609	***
CB←SB	0.036	0.029	0.829	0.407
CB←CE	0.089	0.035	2.235	0.025
CB←CS	0.020	0.062	0.416	0.678
CB←CC	0.175	0.063	3.115	0.002
CB1←CB	0.540			
CB2←CB	0.774	0.115	13.093	***
CB3←CB	0.893	0.175	10.773	***

注：*** 表示 P<0.001。

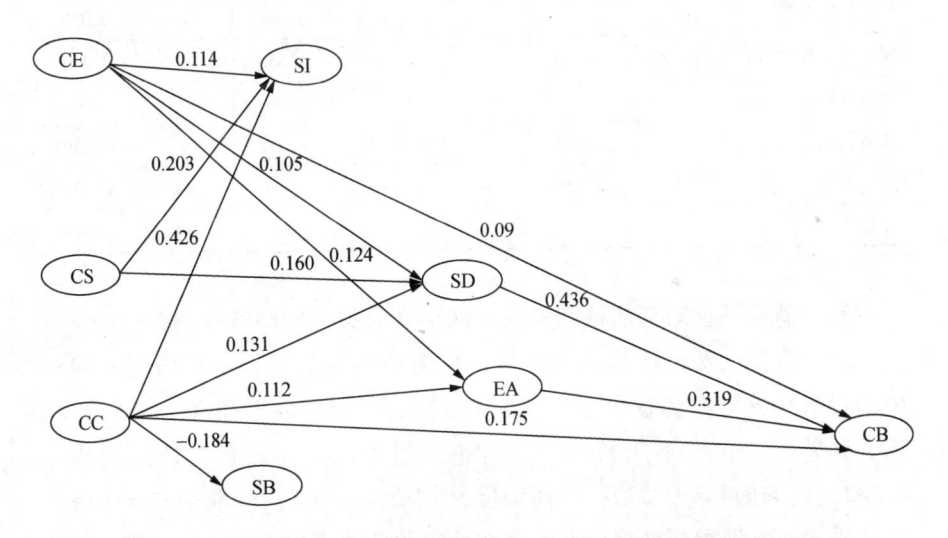

图 6-6　多层面互动、商店依恋与交叉购买意愿关系结构模型图示

在各变量间的影响效果上，可区分为直接影响效果、间接影响效果及总影响效果三个方面，而总影响效果等于直接影响效果加上间接影响效果。从表 6-24 可知，在多层面互动与交叉购买意愿影响效果上，顾客与店铺环境之间的互动对交叉购买意愿的直接影响效果是 0.089，顾客与店铺环境之间的互动对交叉购买意愿也有显著的间接影响效果，其间接影响路径分别是商店依靠和情感依恋，间接效应分别为 0.046 和 0.039，因此顾客与店铺环境之间的互动对交叉购买意愿的总效应为 0.174。顾客与服务人员之间的互动对交叉购买意愿没有直接影响效果，但通过商店依靠间接影响交叉购买意愿。顾客与其他顾客之间的互动对交叉购买意愿的直接影响效果为 0.175，其间接影响路径分别为商店依靠和情感依恋，间接效应分别为 0.057 和 0.036，因此顾客与其他顾客之间的互动对交叉购买意愿的总效应为 0.268。在商店依恋与交叉购买意愿影响效果上，商店依靠、情感依恋对交叉购买意愿无间接影响效果，直接影响效果分别为 0.319、0.436；商店认同和社会联结对交叉购买意愿没有显著影响。

表 6-24　　　　　各变量对交叉购买意愿的效果分析

	直接效应	间接效应				总效应
		商店认同	商店依靠	情感依恋	社会联结	
顾客与店铺环境之间的互动	0.089	—	0.046	0.039	—	0.174
顾客与服务人员之间的互动	—	—	0.070	—	—	0.070
顾客与其他顾客之间的互动	0.175	—	0.057	0.036	—	0.268
商店认同	—	—	—	—	—	—
商店依靠	0.319	—	—	—	—	0.319
情感依恋	0.436	—	—	—	—	0.436
社会联结	—	—	—	—	—	—

五　消费惯性对商店依恋与交叉购买意愿关系的调节作用

为了分析消费惯性的调节作用，按消费惯性的总样本均值（3.343）将消费惯性分为高消费惯性组（N=187）、低消费惯性组（N=305）两组，并进行独立样本 T 检验。分组统计量显示：高消费惯性组均值=4.282，标准偏差=0.570；低消费惯性均值=2.767，标准偏差=0.667。初步看来，高消费惯性组比低消费惯性组的分数高出 1.515 分。进一步查看独立样本 T 检验的统计量，F=1.088，Sig.=0.297>0.05，说明两个子总体的方差相同，所以采用合并方差 T 检验，即看假设方差相同一行的统计结果：t=26.798 且 df=490，查表得双尾概率的显著性水平 Sig.=0.000<0.001，所以有足够的理由说明两个子总体的均值不相同，即高消费惯性组、低消费惯性组的平均分数不相同。

在多组分析之前要确保各个组别与模型的拟合形态大体相同。这可以通过考察各组拟合指数来判定。如果各组数据都拟合同一个模型，拟合指数都达标，且差别不大，就可以进行多组分析。不同消费惯性下拟合结果如表6-25所示，在5组拟合指数中，卡方自由度比值$\chi^2/df > 2$，RMSEA = 0.000 < 0.08，GFI值、AGFI值、NFI值、CFI值基本接近或大于0.900，适配度显著性概率值P < 0.05，且相差不大，说明达到模型可以适配的标准，所以，不同消费惯性变量产生的数据与理论模型吻合的初始状态基本相同，适于进行多组分析。

表6-25　　　　　　　　　不同消费惯性下模型拟合度摘要

模型	χ^2	df	χ^2/df	P	RMSEA	GFI	AGFI	NFI	IFI	CFI
全样本	410.683	134	3.065	0.000	0.065	0.921	0.888	0.929	0.951	0.951
高消费惯性	270.708	134	2.586	0.000	0.074	0.871	0.817	0.871	0.930	0.929
低消费惯性	313.451	134	2.339	0.000	0.066	0.904	0.864	0.918	0.951	0.951
未限制参数（M_0）	584.260	268	2.180	0.000	0.049	0.891	0.846	0.901	0.944	0.943
测量系数（M_1）	600.120	282	2.128	0.000	0.048	0.889	0.850	0.899	0.944	0.943
结构系数（M_2）	619.364	286	2.166	0.000	0.049	0.886	0.848	0.895	0.941	0.940
结构协方差（M_3）	633.487	296	2.140	0.000	0.048	0.884	0.851	0.893	0.940	0.940
结构残差（M_4）	635.321	297	2.139	0.000	0.048	0.883	0.850	0.893	0.940	0.939
测量残差（M_5）	712.235	324	2.198	0.000	0.049	0.869	0.846	0.880	0.931	0.930

利用AMOS18.0多群组分析程序，进一步讨论预设的理论模型是否同时适配于不同的消费惯性。多群组模型设定完后，包括六个模型，第一个模型为参数均未加以限制模型（M_0）；第二个模型为设定测量系数相等（M_1）；第三个模型为在模型M_1基础上设定结构系数相等（M_2）；第四个模型为在模型M_2基础上设定结构协方差相等（M_3）；第五个模型为在模型M_3基础上设定结构残差相等（M_4）；第六个模型为在模型M_4基础上设定测量残差相等（M_5）（见表6-25）。

在整体模型适配度摘要表6-25中，六个模型M_0、M_1、M_2、M_3、M_4、M_5待估计的自由度分别为268、282、286、296、297和324，χ^2分别为

584.260、600.120、619.364、633.487、635.321 和 712.235，参数限制六个模型的 χ^2 自由度比值分别为 2.180、2.128、2.166、2.140、2.139 和 2.198。六个模型的基准线比较指标值 GFI、NFI、IFI 和 CFI 值接近或大于 0.900，RMSEA 均小于 0.080 的标准值，表示六个模型均是适配的。

因为六个模型均是适配模型，按照竞争模型策略观点，在六个备选模型中要选择一个最好的模型，可以根据 AIC 指标值与 ECVI 指标值来判断。六个模型的 AIC 指标值分别为 808.260、796.120、807.364、801.487、801.321、824.235，根据 AIC 指标值准则，以 M_1 模型最佳；六个模型的 ECVI 指标值分别为 829.709、814.887、825、365、817.573、817.216、834.959，根据 ECVI 指标值准则，以 M_1 模型最佳。因而若就选优与模型竞争比较而言，六个适配的模型中，以结构残差模型最佳，此假设模型与样本数据最为适配。

表 6-26 为嵌套模型比较简表。假定未限制参数模型（M_0）是正确的，M_1 的增加卡方值（χ^2）为 15.860，增加量显著性 P 值为 0.322（P>0.05），未达到 0.05 显著水平，而四个增值适配指标量的变化值或增加量均很小，表示 M_1 与参数未限制模型特性可视为相同，由于参数未限制模型的群组路径模型是适配的，M_1 模型的群组路径模型也是适配的。M_2、M_3、M_4、M_5 的增加卡方值的显著性 P 值均小于 0.01，达到 0.01 显著水平，而四个增值适配指标量的变化值或增加值均较大，表示它们与参数未限制的特性未必相同，即 M_2、M_3、M_4、M_5 四个参数模型的群组路径模型适配不佳，也就是说这些模型不具有跨群组效度。因此，最佳模型为测量系数模型 M_1。

表 6-26　假定未限制模型（M_0）正确下嵌套模型比较

模型	DF	CMIN	P	NFI Delta-1	IFI Delta-2	RFI rho-1	TLI rho-2
测量系数（M_1）	14	15.860	0.322	0.003	0.003	-0.003	-0.003
结构系数（M_2）	18	35.103	0.009	0.006	0.006	-0.001	-0.001
结构协方差（M_3）	28	49.227	0.008	0.008	0.009	-0.002	-0.002
结构残差（M_4）	29	51.061	0.007	0.008	0.009	-0.002	-0.003
测量残差（M_5）	56	127.974	0.000	0.022	0.023	0.001	0.001

表 6-27 和表 6-28 显示了测量系数相等限制模型（M_1）的回归系数，标准化系数具有跨群组恒等性。在商店依恋与交叉购买意愿的关系

中，在高消费惯性下，商店认同对交叉购买意愿的影响不显著（P = 0.913 > 0.05），商店依靠、情感依恋和社会联结对交叉购买均有显著影响，其标准化影响系数分别为 0.424、0.354、-0.175。在低消费惯性下，商店认同、商店依靠、情感依恋和社会联结对交叉购买意愿均有显著的正向影响，其标准化影响系数分别为 0.426、0.430、0.157、0.124。初步判断，在高、低消费惯性下，商店依恋四个维度对交叉购买意愿的影响存在一定的差异。

表 6-27　测量系数相等模型 M_1 的回归系数（高消费惯性）

路径	非标准化系数	标准化系数	S.E.	C.R.	P
CB←SI	0.008	0.011	0.073	0.109	0.913
CB←SD	0.412	0.424	0.101	4.080	***
CB←EA	0.185	0.354	0.051	3.602	***
CB←SB	-0.150	-0.175	0.076	-1.974	0.048
SI1←SI	1.000	0.587			
SI2←SI	1.013	0.645	0.066	15.387	***
SI3←SI	1.695	0.760	0.121	14.028	***
SI4←SI	2.135	0.944	0.138	15.482	***
SI5←SI	1.684	0.835	0.117	14.431	***
SD1←SD	1.000	0.573			
SD2←SD	1.240	0.750	0.097	12.832	***
SD4←SD	1.037	0.602	0.090	11.494	***
SD5←SD	1.495	0.763	0.112	13.333	***
SD6←SD	1.200	0.709	0.097	12.392	***
EA1←EA	1.000	0.950			
EA2←EA	1.012	0.907	0.041	24.770	***
SB2←SB	1.000	0.669			
SB3←SB	1.335	0.819	0.079	16.870	***
SB4←SB	1.347	0.851	0.079	17.138	***
SB5←SB	1.305	0.815	0.085	15.286	***
CB1←CB	1.000	0.563			
CB2←CB	1.417	0.686	0.097	14.642	***
CB3←CB	1.727	0.821	0.143	12.040	***

注：*** 表示 P < 0.001。

表6-28　测量系数相等模型 M_1 的路径系数（低消费惯性）

路径	非标准化系数	标准化系数	S.E.	C.R.	P
CB←SI	0.325	0.426	0.057	5.667	***
CB←SD	0.413	0.430	0.070	5.862	***
CB←EA	0.090	0.157	0.034	2.677	0.007
CB←SB	0.118	0.124	0.058	2.020	0.043
SI1←SI	1.000	0.614			
SI2←SI	1.013	0.645	0.066	15.387	***
SI3←SI	1.695	0.811	0.121	14.028	***
SI4←SI	2.135	0.957	0.138	15.482	***
SI5←SI	1.684	0.823	0.117	14.431	***
SD1←SD	1.000	0.649			
SD2←SD	1.240	0.731	0.097	12.832	***
SD4←SD	1.037	0.656	0.090	11.494	***
SD5←SD	1.495	0.852	0.112	13.333	***
SD6←SD	1.200	0.766	0.097	12.392	***
EA1←EA	1.000	0.961			
EA2←EA	1.012	0.910	0.041	24.770	***
SB2←SB	1.000	0.711			
SB3←SB	1.335	0.871	0.079	16.870	***
SB4←SB	1.347	0.887	0.079	17.138	***
SB5←SB	1.305	0.761	0.085	15.286	***
CB1←CB	1.000	0.582			
CB2←CB	1.417	0.827	0.097	14.642	***
CB3←CB	1.727	0.901	0.143	12.040	***

注：*** 表示 $P<0.001$。

进一步利用"参数间差异的临界比值"检验高、低消费惯性下商店依恋对交叉购买意愿影响系数是否相等。在成对参数比较表中，高、低消费惯性下路径系数 CB←SI、CB←SD、CB←EA、CB←SB 的参数差异决断值为3.554、1.509、-1.757、2.700，CB←SD 差异决断值的绝对值小于1.96，表明高、低消费惯性群体的路径系数可视为相等，即高消费惯性群体中，商店依靠对交叉购买意愿变量的路径系数，与低消费惯性群体中，商店依靠对交叉购买意愿变量的路径系数相等。相反，CB←SI、CB←

EA、CB←SB 的参数差异决断值的绝对值均大于 1.96，表明这些路径系数在高、低消费惯性群体中不能视为相等，即商店认同、情感依恋、社会联结对交叉购买意愿的影响对高、低消费惯性的消费者存在显著差异。具体而言，相比较于低消费惯性，高消费惯性下商店认同、商店依恋和社会联结对交叉购买意愿影响较小，而商店依靠对交叉购买意愿的影响没有显著差异。因此，假设 H_6 得到部分证实，即 H_{6-1}、H_{6-3}、H_{6-4} 得到证实，而 H_{6-2} 没有获得实证支持。

六 购买犹豫对商店依恋与交叉购买意愿关系的调节作用

采用与检验消费惯性调节作用相同的操作方法，将购买犹豫分为低购买犹豫组（N=203）、高购买犹豫组（N=289）两组，并进行独立样本 T 检验。分组统计量显示：低购买犹豫均值＝4.024，标准偏差＝0.418；高购买犹豫组均值＝5.113，标准偏差＝0.350。初步看来，高购买犹豫组比低购买犹豫组的分数高出 1.089 分。进一步查看独立样本 T 检验的统计量，F＝1.739，Sig.＝0.000＜0.05，说明两个子总体的方差不同，所以采用合并方差 T 检验，即看假设方差不相同一行的统计结果：t＝－30.385 且 df＝384.257，查表得双尾概率的显著性水平 Sig.＝0.000＜0.001，所以有足够的理由说明两个子总体的均值不相同，即低购买犹豫组、高购买犹豫组的平均分数不相同。

在多组分析之前要确保各个组别与模型的拟合形态大体相同，可以通过考察各组拟合指数来判定。如果各组数据都拟合同一个模型，拟合指数都达标，且差别不大，就可以进行多组分析。不同购买犹豫下拟合结果如表 6-29 所示，在 5 组拟合指数中，χ^2 自由度比值 $\chi^2/df > 2$，RMSEA＜0.08，GFI 值、AGFI 值、NFI 值、CFI 值接近或大于 0.900，适配度显著性概率值 P＜0.05，且相差不大，说明达到模型可以适配的标准，所以不同购买犹豫变量产生的数据与理论模型吻合的初始状态基本相同，适于进行多组分析。

利用 AMOS18.0 多群组分析程序，进一步讨论预设的理论模型是否同时适配于不同的购买犹豫。多群组模型设定完后，包括六个模型，第一个模型为参数均未加以限制模型（M_{01}）；第二个模型为设定测量系数相等（M_{11}）；第三个模型为在模型 M_{11} 基础上设定结构系数相等（M_{21}）；第四个模型为在模型 M_{21} 基础上设定结构斜方差相等（M_{31}）；第五个模型为在模型 M_{31} 基础上设定结构残差相等（M_{41}）；第六个模型为在模型 M_{41} 基础上设定测量残差相等（M_{51}）（见表6-29）。

在整体模型适配度摘要表6-29中，六个模型M_0、M_1、M_2、M_3、M_4、M_5待估计的自由度分别为284、298、302、312、313和332，χ^2值分别为750.209、780.063、788.784、826.509、827.790和878.168，参数限制六个模型的χ^2自由度比值分别为2.642、2.618、2.612、2.649、2.645和2.645。六个模型的基准线比较指标值GFI、NFI、IFI和CFI值接近或大于0.900，RMSEA均小于0.080的标准值，表示六个模型均是适配的。

因为六个模型均是适配模型，按照竞争模型策略的观点，在六个备选模型中要选择一个最好的模型，可以根据AIC指标值与ECVI指标值来判断。六个模型的AIC指标值分别为942.209、944.063、944.784、962.509、961.790、974.168，根据AIC指标值准则，以M_0模型最佳；六个模型的ECVI指标值分别为1.923、1.927、1.928、1.964、1.963、1.988，根据ECVI指标值准则，以M_0模型最佳。因而若就选优与模型竞争比较而言，六个适配的模型中，以未限制参数模型最佳，此假设模型与样本数据最为适配。

表6-29　　　　　　　　　　不同购买犹豫下模型拟合度摘要

模型	χ^2	Df	χ^2/df	P	RMSEA	GFI	AGFI	NFI	IFI	CFI
全样本	410.683	134	3.065	0.000	0.065	0.921	0.888	0.929	0.951	0.951
低购买犹豫	240.798	134	1.797	0.000	0.063	0.890	0.844	0.914	0.960	0.959
高购买犹豫	348.441	134	2.600	0.000	0.075	0.892	0.847	0.883	0.925	0.924
未限制参数（M_0）	750.209	284	2.642	0.000	0.058	0.865	0.820	0.870	0.915	0.914
测量系数（M_1）	780.063	298	2.618	0.000	0.057	0.861	0.823	0.865	0.912	0.911
结构系数（M_2）	788.784	302	2.612	0.000	0.057	0.859	0.823	0.863	0.911	0.910
结构协方差（M_3）	826.509	312	2.649	0.000	0.058	0.852	0.820	0.856	0.906	0.905
结构残差（M_4）	827.790	313	2.645	0.000	0.058	0.852	0.820	0.856	0.905	0.905
测量残差（M_5）	878.168	332	2.645	0.000	0.058	0.844	0.821	0.848	0.899	0.899

表 6-30 为嵌套模型比较简表。假定未限制参数模型（M_0）是正确的，M_1 的增加卡方值（$\Delta\chi^2$）为 29.854，增加量显著性 P 值为 0.008（P < 0.01），达到 0.01 显著水平，而四个增值适配指标量变化值或增加量均很小，表示 M_1 与参数未限制模型的特性不能视为相同，由于参数未限制模型的群组路径模型是适配的，M_1 模型的群组路径模型未必是适配的。M_2、M_3、M_4、M_5 的增加卡方值的显著性 P 值均小于 0.01，达到 0.01 显著水平，而四个增值适配指标量的变化值或增加值均较大，表明它们与参数未限制模型的特性存在差异，即 M_2、M_3、M_4、M_5 四个参数模型的群组路径模型也未必适配，也就是说这些模型不具有跨群组效度。因此，最佳模型为未限制参数模型（M_0）。

表 6-30　假定未限制模型（M_0）正确下嵌套模型比较

模型	DF	CMIN	P	NFI Delta-1	IFI Delta-2	RFI rho-1	TLI rho-2
测量系数（M_1）	14	29.854	0.008	0.005	0.005	-0.001	-0.002
结构系数（M_2）	18	38.575	0.003	0.007	0.007	-0.002	-0.002
结构协方差（M_3）	28	76.300	0.000	0.013	0.014	0.000	0.000
结构残差（M_4）	29	77.581	0.000	0.013	0.014	0.000	0.000
测量残差（M_5）	48	127.959	0.000	0.022	0.023	0.000	0.000

表 6-31 和表 6-32 显示了未限制参数模型（M_1）的回归系数，标准化系数具有跨群组恒等性。在商店依恋与交叉购买意愿关系中，在低购买犹豫下，商店依靠、情感依恋对交叉购买意愿有显著的影响，其标准化影响系数分别为 0.581、0.314；商店认同、社会联结对交叉购买意愿的影响不显著，其相应的概率值 P 分别为 0.931、0.264。在高购买犹豫下，商店认同、商店依靠、情感依恋和社会联结对交叉购买意愿均有显著的正向影响，其标准化影响系数分别为 0.230、0.461、0.222、0.126。初步判断，在高、低购买犹豫下，商店依恋四个维度对交叉购买意愿的影响存在一定差异。

表 6-31　测量系数相等模型（M_1）的回归系数（低购买犹豫）

路径	非标准化系数	标准化系数	S.E.	C.R.	P
CB←SI	-0.009	-0.009	0.100	-0.087	0.931
CB←SD	0.679	0.581	0.119	5.691	***

续表

路径	非标准化系数	标准化系数	S. E.	C. R.	
CB←EA	0.202	0.314	0.066	3.040	0.002
CB←SB	-0.074	-0.093	0.066	-1.118	0.264
SI1←SI	1.000	0.617			
SI2←SI	1.142	0.667	0.141	8.104	***
SI3←SI	1.888	0.874	0.192	9.858	***
SI4←SI	2.175	0.940	0.212	10.277	***
SI5←SI	1.798	0.821	0.190	9.455	***
SD1←SD	1.000	0.679			
SD2←SD	1.354	0.785	0.139	9.708	***
SD4←SD	1.079	0.725	0.119	9.083	***
SD5←SD	1.363	0.822	0.135	10.067	***
SD6←SD	1.111	0.665	0.132	8.423	***
EA1←EA	1.000	0.918			
EA2←EA	0.972	0.955	0.048	20.411	***
SB2←SB	1.000	0.801			
SB3←SB	1.070	0.925	0.069	15.429	***
SB4←SB	1.033	0.867	0.073	14.251	***
SB5←SB	0.894	0.796	0.070	12.698	***
CB1←CB	1.000	0.691			
CB2←CB	1.374	0.888	0.129	10.683	***
CB3←CB	1.350	0.818	0.131	10.266	***

注：*** 表示 $P<0.001$。

进一步利用"参数间差异的临界比值"检验高、低购买犹豫下商店依恋对交叉购买意愿的影响系数是否相等。在成对参数比较表中，低、高购买犹豫下路径系数 CB←SI、CB←SD、CB←EA、CB←SB 的参数差异决断值为 2.085、-1.852、-0.538、2.175，CB←EA 差异决断值的绝对值小于 1.96，表明高、低购买犹豫群体的路径系数可视为相等，即低购买犹豫群体中，情感依恋对交叉购买意愿变量的路径系数，与高购买犹豫群体中，情感依恋对交叉购买意愿变量的路径系数相等。相反，CB←SI、CB←SD、CB←SB 的参数差异决断值的绝对值均大于 1.96，表明这些路径系数在高、低购买犹豫群体中不能视为相等，即商店认同、商店依靠、

第六章　数据分析与假设检验　·157·

社会联结对交叉购买意愿的影响对高、低购买犹豫的消费者可能存在显著差异。具体而言，相较于低购买犹豫，高购买犹豫下商店认同、社会联结对交叉购买意愿的影响较大，社会依赖对交叉购买意愿的影响较小，情感依恋对交叉购买意愿的影响没有显著差异。因此，假设 H_7 得到部分证实，即 H_{7-1}、H_{7-4} 得到证实，H_{7-2} 获得反向支持，而 H_{7-3} 并没有得到证实。

表6-32　测量系数相等模型 M_1 的路径系数（高购买犹豫）

路径	非标准化系数	标准化系数	S.E.	C.R.	P
CB←SI	0.259	0.230	0.081	3.208	0.001
CB←SD	0.424	0.461	0.069	6.148	***
CB←EA	0.159	0.222	0.045	3.555	***
CB←SB	0.124	0.126	0.063	1.981	0.048
SI1←SI	1.000	0.524			
SI2←SI	0.945	0.556	0.128	7.370	***
SI3←SI	1.670	0.677	0.201	8.314	***
SI4←SI	2.262	0.948	0.238	9.507	***
SI5←SI	1.635	0.768	0.184	8.894	***
SD1←SD	1.000	0.778			
SD2←SD	1.211	0.844	0.084	14.485	***
SD4←SD	0.878	0.665	0.078	11.210	***
SD5←SD	0.984	0.746	0.077	12.748	***
SD6←SD	0.764	0.630	0.072	10.559	***
EA1←EA	1.000	0.914			
EA2←EA	0.970	0.945	0.066	14.742	***
SB2←SB	1.000	0.743			
SB3←SB	0.996	0.814	0.078	12.830	***
SB4←SB	1.019	0.839	0.078	13.053	***
SB5←SB	0.618	0.559	0.070	8.889	***
CB1←CB	1.000	0.710			
CB2←CB	1.089	0.789	0.093	11.662	***
CB3←CB	1.261	0.825	0.105	11.957	***

注：*** 表示 $P<0.001$。

表6-33对本书提出的假设验证结果进行了汇总。

表 6-33　　　　　　　　　　　假设检验结果

研究假设	结果
H_1：顾客与店铺环境之间的互动对消费者商店依恋有显著的正向影响	
H_{1-1}：顾客与店铺环境之间的互动对商店认同有显著的正向影响	证实
H_{1-2}：顾客与店铺环境之间的互动对商店依靠有显著的正向影响	证实
H_{1-3}：顾客与店铺环境之间的互动对情感依恋有显著的正向影响	证实
H_{1-4}：顾客与店铺环境之间的互动对社会联结有显著的正向影响	未证实
H_2：顾客与服务人员之间的互动对消费者商店依恋有显著的正向影响	
H_{2-1}：顾客与服务人员之间的互动对商店认同有显著的正向影响	证实
H_{2-2}：顾客与服务人员之间的互动对商店依靠有显著的正向影响	证实
H_{2-3}：顾客与服务人员之间的互动对情感依恋有显著的正向影响	未证实
H_{2-4}：顾客与服务人员之间的互动对社会联结有显著的正向影响	未证实
H_3：顾客与顾客之间的互动对消费者商店依恋有显著的正向影响	
H_{3-1}：顾客与顾客之间的互动对商店认同有显著的正向影响	证实
H_{3-2}：顾客与顾客之间的互动对商店依靠有显著的正向影响	证实
H_{3-3}：顾客与顾客之间的互动对情感依恋有显著的正向影响	证实
H_{3-4}：顾客与顾客之间的互动对社会联结有显著的正向影响	证实
H_4：多层面互动对消费者交叉购买意愿有显著的正向影响	
H_{4-1}：顾客与店铺环境之间的互动对消费者交叉购买意愿有显著的正向影响	证实
H_{4-2}：顾客与服务人员之间的互动对消费者交叉购买意愿有显著的正向影响	未证实
H_{4-3}：顾客与顾客之间的互动对消费者交叉购买意愿有显著的正向影响	证实
H_5：商店依恋对消费者交叉购买意愿有显著的正向影响	
H_{5-1}：商店认同对消费者交叉购买意愿有显著的正向影响	证实
H_{5-2}：商店依靠对消费者交叉购买意愿有显著的正向影响	证实
H_{5-3}：情感依恋对消费者交叉购买意愿有显著的正向影响	证实
H_{5-4}：社会联结对消费者交叉购买意愿有显著的正向影响	未证实
H_6：消费惯性会削弱商店依恋与消费者交叉购买意愿之间的关系	
H_{6-1}：消费惯性会削弱商店认同与消费者交叉购买意愿之间的关系	证实
H_{6-2}：消费惯性会削弱商店依靠与消费者交叉购买意愿之间的关系	未证实
H_{6-3}：消费惯性会削弱情感依恋与消费者交叉购买意愿之间的关系	证实
H_{6-4}：消费惯性会削弱社会联结与消费者交叉购买意愿之间的关系	证实
H_7：购买犹豫会增强商店依恋与消费者交叉购买意愿之间的关系	
H_{7-1}：购买犹豫会增强商店认同与消费者交叉购买意愿之间的关系	证实
H_{7-2}：购买犹豫会增强商店依靠与消费者交叉购买意愿之间的关系	反向证实
H_{7-3}：购买犹豫会增强情感依恋与消费者交叉购买意愿之间的关系	未证实
H_{7-4}：购买犹豫会增强社会联结与消费者交叉购买意愿之间的关系	证实

第七章 结论和管理启示

第一节 主要结论和讨论

一 商店依恋的内容结构和量表开发

地方依恋曾经被认为是一个单维度概念,然而实证研究表明地方依恋是一个多维度现象(Hidalgo and Hernandez, 2001; Kyle et al., 2005)。威廉姆斯等(1992)认为,地方依恋包括两个维度:地方认同和地方依靠。此后对地方依恋特性的研究添加了情感要素和社会要素(Jorgensen and Stedman, 2001; Kyle et al., 2005),并证实这个概念的多维度特性。地方依恋的情感依恋(Jorgensen and Stedman, 2001; Kyle et al., 2004;)、地方认同(Proshansky et al., 1983; Kyle et al., 2005)、地方依靠(Jorgensen and Stedman, 2001; Kyle et al., 2004)和社会联结(Hidalgo and Hernandez, 2002; Jorgensen and Stedman, 2001; Kyle et al., 2004; Kyle et al., 2005)维度已经获得大量实证研究的支持。然而,鲜有学者同时对地方依恋四个维度进行实证检验。尽管学者们开发了一些地方依恋量表,并进行实证检验,但到目前为止,很少研究从态度视角来考察,也没有学者挖掘商店依恋的内涵和内容结构,更没有给出商店依恋的操作化定义及测量量表。

Hidalgo 和 Hernaèndez(2001)认为,依恋的主要特征是期望与依恋对象保持亲密。Jorgenson 和 Stedman(2001)、Kyle 等(2004)研究表明,能够利用态度框架将地方依恋概念化为不同的维度。参考这些观点,本书认为零售商店依恋是个人与特定零售商店之间的一种正向情感联结,其主要特征是个人倾向于与这个零售商店保持亲密关系。根据态度框架,进一步将商店依恋概念化为商店认同、商店依靠、情感依恋和社会联结四个维度。商店认同是"消费者与特定商店之间的认知联系"。地方依靠是指"在当前可以选择的商店中，特定商店满足消费者购物目的及需求如何"。情感依恋为"消费者对特定零售商店形成的一种情绪、情感或感情联系"。社会联结为"在特定商店中发展的人们之间的社会联系"。

在对商店依恋进行界定基础上，本书开发了商店依恋量表并进行了实证检验。本书证实，商店依恋量表共包含16个问项，其中商店认同5个问项，商店依靠5个问项，情感依恋2个问项，社会联结4个问项。探索性因子分析和验证性因子分析结果表明，商店依恋量表具有很高的内部一致性信度，而且商店认同、商店依靠、情感依恋和社会联结四个维度之间具有良好的收敛效度和区别效度。本书开发的商店依恋量表，拓展了地方依恋理论应用领域，即将地方依恋从旅游学、休闲学等领域延伸到零售领域，有利于深刻洞察消费者与零售商店之间的情感联系。

二 多层面互动对商店依恋的影响

本书继承并开拓了肖斯塔克（1985）、Wu（2008）和范秀成（1999）的研究成果，将服务互动进一步划分为顾客与店铺环境之间的互动、顾客与服务人员之间的互动以及顾客与其他顾客之间的互动，来研究多层面互动对商店依恋不同维度的影响。通过对492个有效样本的实证研究发现：

顾客与店铺环境之间的互动对商店认同、商店依靠和情感依恋有显著正向影响，即顾客与店铺环境之间的互动越高，消费者的商店认同、商店依靠、情感依恋程度越高。然而，顾客与店铺环境之间的互动与社会联结之间的关系并不显著。其可能的解释是：社会联结是在特定商店中发展的人们之间的社会联系，这种联系通常以消费者与其生命中重要之人的共同经历为基础（Kyle et al., 2005）。顾客与店铺环境之间的互动则是指零售环境的物理特征或属性对消费者产生的一种外部刺激，这种环境刺激可能会影响消费者的情绪反应，并最终影响购物行为（Gulas and Bloch, 1995）。按照S—O—R范式，环境是一种刺激，它包括各种线索，这些线索共同影响人们的内部评价（O），内部评价又引发趋近/趋避行为（R）。趋近行为表现为所有对环境有利的正面行为，例如渴望继续待在商店并浏览其他产品；趋避行为表现为相反的反应，例如渴望离开商店或者不再浏览（Mehrabian and Russell, 1974）。无论是趋近行为还是趋避行为，都只与消费者本人的行为有关，而与他人的行为无关。因此，社会联结可能是独立于消费者心中的物理环境而存在的。也就是说，在特定商店中，消费者与他人之间是否有特别的关系？消费者若不去这家商店则其朋友/家人情绪反应如何？消费者会不会因不去这家商店而与许多朋友失去联系？消费者的朋友/家人是否喜欢这家商店？对这些问题的回答可能与消费者和店铺环境之间的互动无关。

顾客与服务人员之间的互动对商店认同和商店依靠有显著的正向影响，即顾客与服务人员之间的互动越高，消费者的商店认同、商店依靠程度越高。然而，顾客与服务人员之间的互动与情感依恋、社会联结之间的关系并不显著。顾客与服务人员之间的互动不能显著地影响情感依恋，这可能与顾客—服务人员互动过程中所形成的情绪有关。服务接触中员工与顾客的人际沟通质量对顾客的情感反应和消费体验具有决定性影响（Soloman et al.，1985）。在服务接触中，与员工的互动会使顾客经历如高兴和喜悦、温暖和满足、愤怒和挫折、失望和后悔等一系列情感反应（Iacobucci and Hibbard，1999）。一方面，服务人员能为顾客提供对服务期望的线索，帮助顾客对公司进行评级，或是形成对服务接触的先前态度和期望（Solomon et al.，1985）。服务人员的专业知识及友善的态度可以促进顾客在购物的过程中更加流畅、解决消费者可能面临的问题，进而增强消费者在购物时的正面情绪（Baker et al. and Yoo et al.，1998，2002）。因此，对于自己不太熟悉的产品，消费者希望购物时服务人员提供具体的介绍和推荐，服务人员高度专业，充分关注顾客需要、迅速提供全面的帮助，会使顾客产生正面的情绪。另一方面，对于自己十分熟悉的产品，或者高私密性的产品，顾客在购物过程中又不喜欢受到他人过多的关注，互动可能被视为一种打扰甚至是一种冒犯，并可能影响到顾客的购物体验，进而使顾客产生不满等消极情绪。因此，顾客与服务人员之间的互动并没有使顾客产生归属感并形成情感依恋，反而可能使顾客陷入一种爱恨交织、悲喜交加的混合情绪状态之中。顾客与服务人员之间的互动对社会联结也没有显著影响，这可能从社会联结的内涵中得到解释。本书认为，社会联结是与特定商店有关的人与人之间的社会联系，是消费者与朋友、家人基于特定商店的共同经历而形成特别的联系。显然，这种联系的程度主要取决于他们对"共同经历"的感知和评价，而不是单独由顾客一方对其与服务人员的感知互动决定的。

顾客与顾客之间的互动与商店依恋呈显著的正相关关系，顾客与顾客之间的互动分别是商店认同、商店依靠、情感依恋和社会联结均显著正相关，即顾客与顾客之间的互动越正面，商店依恋程度越高，且商店认同、商店依靠、情感依恋和社会联结的程度都高。这一结论印证了帕克和沃德（2000）、格罗夫和菲德克（1992）对顾客与顾客之间的互动效果的认识。帕克和沃德（2000）指出，许多正面互动行为能够刺激正向情感的产生、增进服务品质的知觉。格罗夫和菲德克（1992）认为，背景顾客会影响中心顾客对服务项目的满意度。同时这一结论与 Harris 和 Reynold（2003）的观点在本质上也是一致的，他们认为，当所遭遇的互动行为是负面的，消费者也会因为服务经验被破坏而不快。

三 商店依恋对交叉购买意愿的影响

本书拓展了地方依恋与顾客忠诚之间的关系研究，检验了商店依恋对消费者交叉购买意愿的影响。结果表明，商店依靠和情感依恋与交叉购买意愿呈显著的正相关关系，商店依靠、情感依恋程度越高，消费者交叉购买意愿越强。

社会联结对交叉购买意愿的影响并不显著。我们尝试做如下解释：社会联结是以消费者与其生命中重要之人在特定商店共同购物经历为基础的，但一些学者认为顾客以前与企业交往的经历对交叉购买的影响很小。例如，Ngobo（2004）认为，当顾客购买其他不同的产品时，很少受到他们以前与供应商交往经历的影响，因此既有的关系，并不是预测交叉购买可能性的一个很好的指标。博尔顿等（Bolton et al., 2004）指出，顾客新的购买行为并不一定与以往的消费经历相联系。Verhoef 等（2001）持相似观点，他们认为，对已购买产品的积极评价并不一定表示顾客对该企业的其他产品也有兴趣。其中的主要原因在于，在交叉购买决策情境下，顾客因为缺乏从同一零售商店购买以前未曾购买的不同产品的经历（Kumar et al., 2004），对新产品或服务及其质量通常并不十分熟悉（Bolton et al., 2004），所以，每一次交叉购买都可能会产生感知风险，面临新的高不确定性（Liu and Wu, 2007）。按照对比规避模型，无法忍受不确定性个体会对负面经历的情绪感到担心，宁可一直感觉不舒服，也不愿为未来的可能损失而遭受吃惊，这表明他们更喜欢负向结果而不喜欢不确定性的结果（Newman and Llera, 2011）。此外，按照情感作为信息模型，人们经常根据情感状态做出推论，并将情感信息运用于他们的判断和决策中（Schwarz and Clore, 1996）。处于愉悦情绪状态下的人容易记起更多令自己心情愉悦的事情，对事物做出乐观的判断和选择；而处于消极情绪状态下的人容易记起更多令自己伤心的事情，做出悲观的判断和选择（庄锦英、陈明燕，2005）。因此，面对交叉购买中的不确定性，无法忍受不确定性个体可能宁愿接受负面结果（未购买）和体验负向情绪状态（未购买而遗憾），也不愿非要期望一种可能，即后来可能出现负面的结果（购买后发现问题），因而抑制交叉购买。

多元线性回归分析结果表明，商店认同与交叉购买意愿呈显著正相关关系，即商店认同程度越高，消费者交叉购买意愿越强。然而，结构模型方程检验结果却显示，商店认同与交叉购买意愿之间的路径系数并不显著。进一步对两个模型分析比较发现，在多元线性回归分析模型中，没有考虑多层面互动变量；而在结构模型方程分析模型中，则加入了多层面互动变量。由此我们推断，多层面互动可能削弱了商店认同对交叉购买意愿的影响。

四 多层面互动对交叉购买意愿的影响

本书深化了互动与顾客忠诚关系的研究，深入探讨不同层面的互动对顾客忠诚中交叉购买意愿这个细分变量的影响。研究结果表明，顾客与店铺环境之间的互动、顾客与顾客之间的互动与交叉购买意愿呈显著的正相关关系，即这两个层面的互动越高，消费者的交叉购买意愿越强。而且，除了直接对交叉购买意愿产生影响，顾客与店铺环境之间的互动、顾客与顾客之间的互动还分别通过商店依靠、情感依恋间接地影响交叉购买意愿。

顾客对服务员工友善与重购意图正相关。销售人员即时帮助顾客找到产品或替代品，或者帮助消费者认识不同替代品特点，都可能会导致消费者的多样化寻求行为（Mohan et al., 2012）。顾客—员工关系紧密与重购意图、推荐意愿之间存在正向关系（Price and Arnould, 1999）。与服务人员关系比较密切的顾客会和服务供应商开展更多的业务（Barnes, 1997）。本书的研究结果却表明，顾客与服务人员之间的互动对交叉购买意愿不存在显著的正向影响，其可能的原因除了前文分析的消费者在互动中形成的混合情绪影响之外。另一个原因可能是，与银行、航空等其他服务行业相比较，国内零售业的服务互动水平相对较低。从本书的调查结果来看，顾客与服务人员之间的互动均值为3.454，标准偏误为0.515，最大值仅为5，因而导致其对交叉购买意愿的作用无法充分显现。

五 消费惯性、购买犹豫对商店依恋与交叉购买意愿关系的调节作用

本书引入消费惯性和购买犹豫两个调节变量,进一步考察了商店依恋对交叉购买的作用条件和影响边界。实证检验结果表明,商店认同、情感依恋、社会联结对交叉购买意愿的影响在高、低消费惯性之间存在显著差异。与低消费惯性相比较,在高消费惯性下商店认同、商店依恋和社会联结对交叉购买意愿的影响较小,而商店依靠对交叉购买意愿的影响没有显著差异。商店认同、商店依靠、社会联结对交叉购买意愿的影响在高、低购买犹豫的消费者之间存在显著差异。与低购买犹豫相比较,在高购买犹豫下商店认同、社会联结对交叉购买意愿的影响较大,社会依赖对交叉购买意愿的影响较小,而情感依恋对交叉购买意愿的影响没有显著差异。

商店依靠对交叉购买意愿的影响不会受到消费惯性的调节,这一发现与初始的假设相矛盾。我们尝试做如下解释:库马等(1995)认为,依赖对信任有正向影响,当顾客越觉得需要依赖服务组织来完成目标时,越可能增加对服务组织的信任,以降低投机式选择交易伙伴的风险。Wetzels等(1998)认为,依赖关系越深,越可能产生计算承诺。这是因为,当顾客觉得自己越依赖服务组织时,越会觉得自己处于不利的地位,因而在互动关系中较不会有情感上的投入,而只在投入成本和获得收益之间做出理性比较,以期从被依赖方(即服务组织)获得更多的好处。信任和承诺属于关系质量范畴,而关系质量正向影响交叉购买。而且,消费者如果对特定商店产生依赖,则表明该商店已被消费者认为是最佳的购物商店,于是消费者可能会不断地在这家商店购物,而不会选择其他替代商店。因此,消费者一旦形成商店依靠,其交叉购买意愿就可能会增强,而不论消费惯性程度如何。即使在低消费惯性条件下,商店依靠程度较低的消费者也不会进行商店转换,而继续在该商店购买其他产品。这是因为,当消费惯性形成后,顾客重复惠顾与偏好现有商店的行为就会持续,尽管得不到让人信任的服务,消费者也不会轻易转换。

购买犹豫会削弱商店依靠对交叉购买意愿的影响,即对于高购买犹豫的消费者,商店依靠对交叉购买意愿的影响较小;而对于低购买犹豫的消费者,商店依靠对交叉购买意愿的影响较大。这一结论与初始假设完全相反,一种可能的解释是:消费者如果对特定商店产生依赖,则意味着该店已被消费者认为是最佳的购物商店,于是消费者可能会不断地在这家商店购买其他产品,而不会选择替代商店。但犹豫会使人们对做出的抉择进

行反复检查，经常出现长时间的沉思，追求精确度，重新考虑过去或者未来的问题（Rassin and Muris，2005）。购买犹豫的增加，使得消费者在不同的替代方案上会花费更多的时间进行选择（Frost and Shows，1993），需要付出更大的认知努力（Ferrari and Dovidio，2001），受模糊不定情境的威胁较大，推迟决策的可能性也较大（Rassin and Muris，2005）。因此，随着购买犹豫的增长，购买犹豫对交叉购买意愿的作用会减弱。

购买犹豫对情感依恋与交叉购买意愿关系的调节作用并不显著，运用情绪理论解释如下：一方面，情感依恋反映了消费者与特定零售商店之间的正面情感。当处于良好的情感状态之下，人们几乎对所有的事情都会给予更积极评价。这是因为：正面情感的消费者从记忆中回忆的材料可能更多是正面的记忆（Isen et al.，1978）；消费者会将情感作为信息的来源来利用，当感到愉快时，他们更加认为刺激是有利的（Schwarz and Clore，1983）。另一方面，犹豫会使得人们在决策后会出现担心、焦虑、压抑的情绪反应（Rassin and Muris，2007），这些负面情绪使得他们更多采用自下而上的系统式信息加工策略，较多关注具体细节。因此，消费者在交叉购买过程中同时经历了正面情绪（情感依恋）和负面情绪（购买犹豫），即混合情绪。混合情绪对多样化寻求具有双重作用：一方面，当人们有目的地去减少混合情绪中的冲突情感时，他们将从事较少的多样化寻求行为；另一方面，当人们寻求混合情绪中的信息价值时，他们将会寻求更高的多样化行为（Hong and Lee，2010）。因此，购买犹豫和情感依恋对交叉购买意愿没有显著的交互作用。

第二节 管理启示、研究局限及未来研究方向

一 管理启示

本书在构建商店依恋量表基础上，以中国零售顾客为研究对象，利用地方依恋理论、剧场理论和 S—O—R 理论，通过对 492 个有效样本的分析，实证检验了多层面互动、商店依恋、消费惯性、购买犹豫对交叉购买意愿的影响效果及作用机制。多层面互动和商店依恋关系的实证结果表明，顾客与店铺环境之间的互动对商店认同、商店依靠和情感依恋有显著的正向影响；顾客与服务人员之间的互动对商店认同和商店依靠有显著的

正向影响；顾客与其他顾客之间的互动对商店认同、商店依靠、情感依恋和社会联结均有显著的正向影响。多层面互动和交叉购买意愿关系的实证结果表明，顾客与店铺环境之间的互动、顾客与其他顾客之间的互动对消费者交叉购买意愿有显著的正向影响。商店依恋和交叉购买意愿关系的实证结果表明，商店依恋、商店依靠和情感依恋对消费者交叉购买意愿有显著的正向影响。消费惯性对商店依恋和交叉购买意愿关系的调节作用实证结果表明，消费惯性会削弱商店认同、情感依恋、社会联结与交叉购买意愿之间的关系，即商店认同、情感依恋、社会联结对交叉购买意愿的影响分别随着消费惯性的增长而减弱。购买犹豫对商店依恋和交叉购买意愿关系的调节作用实证结果表明，购买犹豫会强化商店认同、社会联结与交叉购买意愿之间的关系，即商店认同、社会联结对交叉购买意愿的影响分别随着购买犹豫的增长而增强。通过这些发现，本书能够为零售企业的交叉销售实践提供一定的现实指导。

（一）强化基于顾客的多层面互动

本书发现，多层面互动正向影响交叉购买意愿。一方面，顾客与店铺环境之间的互动、顾客与其他顾客之间的互动对交叉购买意愿产生直接影响；另一方面，顾客与店铺环境之间的互动、顾客与服务人员之间的互动、顾客与其他顾客之间的互动分别通过商店依靠、情感依恋产生间接影响。不同层面互动对交叉购买意愿的影响总效应排序依次为：顾客与其他顾客之间的互动、顾客与店铺环境之间的互动及顾客与服务人员之间的互动。因此，零售企业应强化基于顾客的多层面互动管理。

1. 构建顾客之间互动管理战略

一是对不同类型顾客之间的互动进行评估以确立一些基准。例如，建立顾客之间互动重要性频率矩阵（Nicholls，2005），构建负面顾客之间互动的问责机制等。

二是明确在顾客间互动管理中企业应扮演的角色，例如顾客间互动关系的影响者、塑造者或组织者。Pranter 和 Martin（1991）归纳了在顾客互动中服务提供者可能扮演的 10 种角色：环境工程师、教师、射手、啦啦队队长、警官、导演、侦探、圣诞老人、媒人和立法者等。

三是制定顾客行为规范。采用多种形式和方法开展顾客教育，并要求顾客配合和遵守各种行为规范。通过广告、宣传手册、各种警示以及客服人员的引导和示范，在顾客之间尤其是陌生顾客之间倡导和促成一种相互尊重、友爱互助、轻松愉悦的购物氛围。

四是适时减少不良的顾客互动事件。当顾客共享一服务环境时，其他顾客表现出不当行为会影响到他人不好的服务经验。本书对顾客与其他顾客之间互动的问项分析显示，其他顾客若有插队、大声喧哗、讲脏话等负面行为最让顾客反感，其中又以女性顾客以及年龄在41—50岁的顾客较为重视与其他顾客的互动。因此，当顾客出现不当行为时，要适时地进行柔性劝导，使其不妨碍到其他顾客。

2. 提供各种正向的店铺环境刺激

精心设计的店铺环境能够刺激情绪变化，进而影响消费者商店价值认知（Lin and Chiang，2010）。

在设计因素方面，可以通过合理的有形展示和信息呈现来强化设计因素的功能价值以提高顾客的价值认知，致力于商店布局和整体结构是否合理，内部装饰如何，标志是否清楚，颜色设计是否流行和令人愉快，商品陈列、产品信息和分类是否完整和方便。

在潜在因素方面，氛围属性是购买点即POP（Point of Purchase）的基本要素，应该不断进行调整和强化（Chen and Hsieh，2011），致力于音乐是否让人放松，气味是否令人喜欢，光线是否充足，灯光强度是否适当，温度是否令人舒适。

3. 促进顾客与服务人员积极互动

员工和顾客之间的互动和沟通不仅会影响顾客的认知判断，而且是形成商店记忆的最好工具。本书发现，顾客高度关注服务人员的问候和欢迎态度，并且对服务人员的行为态度非常重视，因此零售企业平时就要针对服务人员的工作态度和基本礼仪加强训练，让服务人员明确地知道如何与顾客互动、应对进退的标准，并建立服务人员工作态度与个人情绪的分隔，不让两者相互影响。同时建立一套制度，以便有效地将服务人员的工作态度记录下来，并反馈给服务人员，使其了解自身表现，以便持续改进。

本书还发现，顾客还关注服务人员的仪容整洁、专业知识和反应速度，因此零售企业应该强化服务人员专业能力，增强服务人员主动的服务意识，让顾客感受服务人员专业亲切的服务并留下深刻印象。此外，零售还应该随时训练并考核员工即时的应变能力，以激励员工随时具备敏锐的洞察力，提升服务水平。

(二) 增强消费者商店依恋

理智会导致推论,情感会导致行动(Calne,1999)。消费者做出购买决策并忠诚于特定企业行为在很大程度上受到情感的影响和支配,强调消费者情感联结远比强调理性分析能够为企业带来更大的回报,企业发展的最高目标是实现消费者的情感渴望并以某种形式体现出同理心(科特勒等,2011)。

本书研究结论与上述观点在本质上是一致的,我们发现商店认同、商店依靠和情感依恋均对消费者交叉购买意愿有显著的正向影响,而且商店依靠、情感依恋在多层面互动和交叉购买关系中分别扮演了中介角色。这意味着,零售企业如果在建立消费者与零售商店的情感关联上投入,就可能收获顾客忠诚并由此构建良好的顾企关系。

因此,一方面,零售企业应该跟踪测量消费者的商店依恋水平,全面了解消费者与零售商店的情感联结状态。例如,不断向顾客传递商店的特殊意义,让顾客认识到零售商店对于其不仅具有购物的功能,还具有情感上的意义。再如,运用地方依恋理论指导商店环境设计,将顾客需求和商店潜在因素、设计因素融为一体,使之能够反映顾客的心理需求。另一方面,零售企业应该及时了解消费者对竞争对手的情感联结是否会削弱他们与本企业之间的关系紧密度,并主动实施差别化的营销策略(姜岩,2011)。例如,挖掘商店(尤其是百年老店)的文化内涵,突出商店特色,强调商店对于顾客的唯一性和独特性。此外,商店依恋是基于顾客多层面互动过程的结果,多层面互动和商店依恋共同作用于消费者交叉购买意愿。因此,为了提升消费者的商店依恋,零售企业可选取不同层面的良好互动作为切入点。

(三) 培养消费者的消费惯性

当顾客已经习惯于特定的事物时,就不会有太强的动机去寻替代的方案(Colgate and Danaher,2000)。消费惯性越高,越能促使消费者停留在原先的公司进行购买,在低品牌差异和低消费者涉入情形下,消费者品牌购买决策的依据是消费惯性(Hidalgo et al.,2008)。与其他因素(如成本)相比,顾客会更倾向于基于惯性而惠顾商店(Solomon,1994)。从本质上说,本书印证了这些观点,我们发现,消费惯性会减弱商店认同、情感依恋、社会联结对交叉购买意愿的影响。因此,为了促进消费者交叉购买,零售企业除了强化多层面互动,提高消费者商店依恋外,还应加强培养顾客的消费惯性。

偏好是影响需求的重要因素（Carrasco et al., 2005）。在其他情况不变条件下，偏好是支持消费者持续性购买的动力。当熟悉度越高，顾客发生持续性购买行为的可能性也逐渐提高（Assael, 1995）。当顾客对品牌或商店间并无差异性之偏好时，顾客通常只会基于其对品牌或商店的熟悉度，而有高度的重复购买（Dick and Basu, 1994）。使用频率、使用时间和消费金额等使用行为，有助于持续性购买行为的产生（Kim and Yoo, 2004）。这些研究结果表明，熟悉度、偏好和使用经验影响消费惯性，零售企业可以通过强化商店熟悉度、商店偏好和商店惠顾经验来培养消费惯性。第一，广泛利用各种传播工具，主动告知商店要开展的各种活动和优惠，让消费者能迅速熟悉商店。第二，加强情感化宣传，区隔出与其他零售商店的不同之处，特别是明确指出，与其他零售商店相比有哪些优点，以加深消费者对商店的正面印象，建立消费者对商店的认同和偏好。第三，提供各种诱因，例如以契约的方式，来强迫消费者持续惠顾；也可通过降价或低价、发放折扣券、赠送免费样品以及对消费者宣传新产品能够带来的新鲜收益等激发消费者自发性，提高商店惠顾的频率，增加消费者对商店的消费经验和依赖。此外，年长者较易产生消费惯性，因此零售企业应重点关注年轻者消费惯性的培养，并通过这种惯性来锁住顾客，促进交叉购买。

（四）减少消费者购买犹豫

消费者在购物时，犹豫时间越短，花费在卖场的时间越长，选择购买的可能性越大（Smith and Hantula, 2003）。与低犹豫者相比，高犹豫者会在不同的替代方案上花费更多的时间进行选择（Frost and Shows, 1993），采用消耗较少的决策战略，需要付出更大的认知努力来做决策（Ferrari and Dovidio, 2001），受模糊不定情境的威胁较大，推迟决策的可能性也较大（Rassin and Muris, 2005）。

本书发现，商店依恋对交叉购买意愿的影响随着购买犹豫的增长而增强，这一结论对零售企业的实践意义在于尽可能减少消费者购买犹豫。第一，建立消费者评价机制，如顾客（不）满意评价，使有意购买的消费者能够在购买前了解同样对产品有兴趣且已购买的消费者在使用产品后对产品的实际评价。第二，搭建与消费者的沟通平台，如网上讨论区、买卖问答区、专家评价机制，使消费者能够在购买前充分了解零售企业先前的交易历史和产品资讯。第三，关注不同产品特性。购买理性型产品的消费者通常更注重产品的性能、价格，同时也比较注意自身的隐私问题，以及商店是否值得信任。因此，对于理性产品的销售，可以通过赠品、优惠券或团购打折等方式减少消费者的购买犹豫；也可通过提供便利的退货机制或买贵退差价等方式，让后来才发现自己并不那么喜欢该产品的消费者能够快速退货。然而，对于购买感性型产品的消费者，他们关注产品的重点并不是产品的性能，而是产品是否流行、时尚。因此诉求产品的流行性、寻求明星代言或新闻人物可能对减少购买犹豫更有效。

（五）实行差别化情感管理和投资

消费惯性会削弱商店认同、情感依恋、社会联结与交叉购买意愿的关系。这一研究发现表明，与高消费惯性消费者相比较，低消费惯性消费者的商店认同、情感依恋、社会联结对交叉购买意愿的影响更为强烈。因此，对于低消费惯性消费者，为了增强消费者的商店认同、情感依恋和社会联结等消费者—零售商店情感联系而进行情感投资更有现实意义，它会产生重要结果（交叉购买）。相反，对于高消费惯性消费者，这种投资的价值将会大打折扣。

购买犹豫会增强商店认同、社会联结与交叉购买意愿的关系。这一研究发现表明，与低购买犹豫消费者相比较，高购买犹豫消费者的商店认同、社会联结对交叉购买意愿的影响更为强烈。因此，对于高购买犹豫消费者，为了增强消费者的商店认同和社会联结而进行情感投资对于促进消费者交叉购买更加重要。本书还发现，购买犹豫会削弱商店依靠与交叉购买意愿的关系。这表明，与高购买犹豫消费者相比较，低购买犹豫消费者的商店依靠对交叉购买意愿影响更为强烈。因此，对于低购买犹豫消费者，增强商店依靠以及为此进行情感投资更有利于提高交叉购买意愿。

二 研究局限及未来研究方向

第一，本书选取多层面互动为自变量，以消费惯性和购买犹豫为调节变量，探讨它们对交叉购买意愿的影响效果和作用机制。其实，交叉购买的影响因素纷繁复杂，交叉购买决策是一个非常复杂的过程。本书虽然对关系长度、人文变量进行了控制，但时间意识、转换成本、购买涉入可能也会对交叉购买产生影响。此外，本书虽然对交叉购买进行了界定，但仍存在一定的模糊之处。例如，消费者购买了相同品牌的不同样式、型号、颜色和款式的产品，是否属于交叉购买？这个问题可能使消费者在填写问卷时陷入困惑。未来研究有待进一步厘清交叉购买的内涵和外延,以减少研究偏差。

第二,不同零售业态下消费者的价值感知和交叉购买可能会有差异,本书虽然考虑了百货商店、超级市场和购物中心等多种零售业态,但并没有针对不同零售业态进行跨业态比较分析,今后可将研究细化到单个零售业态或延伸至其他零售业态甚至其他行业,以提高研究结论的外部效度。

第三,零售关系是多维、复杂的,顾客一方面会与销售代表建立人际关系,另一方面还与商店本身及商店拥有的品牌建立关系(Dodds et al., 1991),虽然不同的关系具有共同的特征,但各种关系之间存在着明显的差异(Iacobucci and Ostrom,1996)。本书主要关注顾客与零售商店之间的情感联结,而忽视了顾客—销售人员关系和顾客—品牌关系,基于这两个层面的关系质量和交叉购买的关系研究,同样是一个有价值的研究方向。

第四,本书是针对正在购买的顾客所做的研究调查,因此建议未来研究同时针对曾经前往以及未曾前往的消费者做调查,并比较两个群体之间的差异,以作为零售商开发新客户、开拓新市场的参考。

附 录

附录 1

商店依恋初始量表的调查问卷

您好！非常感谢您能抽出宝贵时间完成本次问卷调查，请您根据自己的亲身经历与本人感受，真实客观地回答下述问题。请尽量按要求回答所有的问题，不要遗漏问题造成问卷无效。本调查问卷仅作学术研究之用，问卷中不涉及您单位机密或个人隐私，也不需要署名。我们保证本问卷不会对您有任何的负面影响，并承诺对您所说的内容绝对保密。请您不要有任何顾虑，所作答案没有对错、好坏之分，旨在收集真实的数据信息。

衷心感谢您的支持和帮助！

（在相应陈述的右边恰当的选项画"√"。1 表示"极不同意"；2 表示"很不同意"；3 表示"稍不同意"；4 表示"中立"；5 表示"稍同意"；6 表示"很同意"；7 表示"极同意"。以下问题无所谓对错，请根据您购物过程中的实际行为和真实感受回答以下问题）

第一部分

请想象一家自己最喜欢的零售商店，并写出其全称：_____（注：下文的作答以该商店为依据）。

第二部分

	极不同意	很不同意	稍不同意	中立	稍同意	很同意	极同意
我强烈认同这家商店	1	2	3	4	5	6	7
这家商店代表我是一个怎样的人	1	2	3	4	5	6	7
这家商店是我生活的一部分	1	2	3	4	5	6	7

续表

	极不同意	很不同意	稍不同意	中立	稍同意	很同意	极同意
这家商店对我意义重大	1	2	3	4	5	6	7
这家商店对我非常特别	1	2	3	4	5	6	7
我与这家商店的联系非常紧密	1	2	3	4	5	6	7
在这个商店购物比其他商店购物更让我满意	1	2	3	4	5	6	7
在这家商店购物比在其他地方重要	1	2	3	4	5	6	7
我对这家商店承诺，因为它为我提供我需要的东西	1	2	3	4	5	6	7
这家商店是我购物的最好地方	1	2	3	4	5	6	7
在这家商店购物比在其他地方享受	1	2	3	4	5	6	7
我不会用其他的商店取代在这里所进行的购物活动	1	2	3	4	5	6	7
我非常依恋这家商店	1	2	3	4	5	6	7
我对这家商店有强烈的归属感	1	2	3	4	5	6	7
我对这家商店的环境和设施有情感上的依恋	1	2	3	4	5	6	7
我对这家商店有许多美好的记忆	1	2	3	4	5	6	7
我与这家商店及商店中的人有特别的联系	1	2	3	4	5	6	7
不来这家商店我的朋友/家人会很失望	1	2	3	4	5	6	7
如果我不来这家商店，我将与许多朋友失去联系	1	2	3	4	5	6	7
我的许多朋友/家人比较喜欢这家商店	1	2	3	4	5	6	7

第三部分

为了便于我们的研究分析，请您填写以下个人基本信息（本调查的目的只是学术研究，绝对为您的个人信息保密）：

1. 性别：□女　□男
2. 年龄：□15岁及以下　□16—25岁　□26—35岁　□36—45岁　□46—55岁　□56岁以上
3. 文化程度：□初中（含中专）及以下　□高中或技校　□大专或本科　□研究生
4. 月收入：□1000元或以下　□1001—2000元　□2001—3000元　□3001—4000元　□4001—5000元　□5001元及以上
5. 婚姻状况：□已婚　□未婚
6. 籍贯：

附录 2

商店依恋量表的正式调查问卷

您好！非常感谢您能抽出宝贵时间完成本次问卷调查，请您根据自己的亲身经历与本人感受，真实客观地回答下述问题。请尽量按要求回答所有的问题，不要遗漏问题造成问卷无效。本调查问卷仅作学术研究之用，问卷中不涉及您单位机密或个人隐私，也不需要署名。我们保证本问卷不会对您有任何的负面影响，并承诺对您所说的内容绝对保密。请您不要有任何顾虑，所作答案没有对错、好坏之分，旨在收集真实的数据信息。

衷心感谢您的支持和帮助！

（在相应陈述的右边恰当的选项画"√"。1 表示"极不同意"；2 表示"很不同意"；3 表示"稍不同意"；4 表示"中立"；5 表示"稍同意"；6 表示"很同意"；7 表示"极同意"。以下问题无所谓对错，请根据您购物过程中的实际行为和真实感受回答以下问题）

第一部分

请想象一家自己最喜欢的零售商店，并写出其全称：_____
（注：下文的作答以该商店为依据）。

第二部分

	极不同意	很不同意	稍不同意	中立	稍同意	很同意	极同意
我强烈认同这家商店	1	2	3	4	5	6	7
这家商店代表我是一个怎样的人	1	2	3	4	5	6	7
这家商店是我生活的一部分	1	2	3	4	5	6	7
这家商店对我意义重大	1	2	3	4	5	6	7
这家商店对我非常特别	1	2	3	4	5	6	7
在这个商店购物比其他商店购物更让我满意	1	2	3	4	5	6	7
在这家商店购物比在其他地方重要	1	2	3	4	5	6	7
我对这家商店承诺，因为它为我提供我需要的东西	1	2	3	4	5	6	7
在这家商店购物比在其他地方享受	1	2	3	4	5	6	7
我不会用其他的商店取代在这里所进行的购物活动	1	2	3	4	5	6	7

续表

	极不同意	很不同意	稍不同意	中立	稍同意	很同意	极同意
我非常依恋这家商店	1	2	3	4	5	6	7
我对这家商店有强烈的归属感	1	2	3	4	5	6	7
我与这家商店及商店中的人有特别的联系	1	2	3	4	5	6	7
不来这家商店我的朋友/家人会很失望	1	2	3	4	5	6	7
如果我不来这家商店,我将与许多朋友失去联系	1	2	3	4	5	6	7
我的许多朋友/家人比较喜欢这家商店	1	2	3	4	5	6	7

第三部分

为了便于我们的研究分析,请您填写以下个人基本信息(本调查的目的只是学术研究,绝对为您的个人信息保密):

1. 性别:□女　□男
2. 年龄:□15岁及以下　□16—25岁　□26—35岁　□36—45岁　□46—55岁　□56岁以上
3. 文化程度:□初中(含中专)及以下　□高中或技校　□大专或本科　□研究生
4. 月收入:□1000元或以下　□1001—2000元　□2001—3000元　□3001元—4000元　□4001—5000元　□5001元及以上
5. 婚姻状况:□已婚　□未婚
6. 籍贯:

附录3

多层面互动、商店依恋与交叉购买意愿关系的调查问卷

您好!非常感谢您能抽出宝贵时间完成本次问卷调查,请您根据自己的亲身经历与本人感受,真实客观地回答下述问题。请尽量按要求回答所有的问题,不要遗漏问题造成问卷无效。本调查问卷仅作学术研究之用,问卷中不涉及您单位机密或个人隐私,也不需要署名。我们保证本问卷不会对您有任何的负面影响,并承诺对您所说的内容绝对保密。请您不要有

任何顾虑，所作答案没有对错、好坏之分，旨在收集真实的数据信息。

衷心感谢您的支持和帮助！

（在相应陈述的右边恰当的选项画"√"。1 表示"极不同意"；2 表示"很不同意"；3 表示"稍不同意"；4 表示"中立"；5 表示"稍同意"；6 表示"很同意"；7 表示"极同意"。以下问题无所谓对错，请根据您购物过程中的实际行为和真实感受回答以下问题）

第一部分

1. 请写出您刚刚光顾的商店名称：＿＿＿＿＿＿＿＿（注：下文的作答以该商店为依据）。

2. 您到这家商店的频率：1 个月平均（　　）。

A. 0 次　B. 1—2 次　C. 3—5 次　D. 6—8 次　B. 9—10 次　C. 11 次以上

第二部分

	极不同意	很不同意	稍不同意	中立	稍同意	很同意	极同意
店内的音乐使我放松（ce1）	1	2	3	4	5	6	7
店内的音乐播放音量适当（ce2）	1	2	3	4	5	6	7
店内散发着讨人喜欢的气味（ce3）	1	2	3	4	5	6	7
店内的气味让我感到舒适（ce4）	1	2	3	4	5	6	7
店内的光线充足（ce5）	1	2	3	4	5	6	7
店内的灯光强度适当（ce6）	1	2	3	4	5	6	7
店内的气温让我感到舒适（ce7）	1	2	3	4	5	6	7
店内的色彩设计令人愉快（ce8）	1	2	3	4	5	6	7
店内的色彩似乎是目前流行的（ce9）	1	2	3	4	5	6	7
店内的实体设施是吸引人的（ce10）	1	2	3	4	5	6	7
店内的商品陈列整齐（ce11）	1	2	3	4	5	6	7
店内的商品陈列清楚（ce12）	1	2	3	4	5	6	7
店内的布局令人易于走动（ce13）	1	2	3	4	5	6	7
店内的布局令人易于接触和取得想要的产品（ce14）	1	2	3	4	5	6	7
服务人员外表整洁（cs1）	1	2	3	4	5	6	7
服务人员很有礼貌（cs2）	1	2	3	4	5	6	7

续表

	极不同意	很不同意	稍不同意	中立	稍同意	很同意	极同意
服务人员自发关注我（cs3）	1	2	3	4	5	6	7
服务人员乐于帮助我（cs4）	1	2	3	4	5	6	7
服务人员了解我的需要（cs5）	1	2	3	4	5	6	7
服务人员具有充足的知识来回答我的问题（cs6）	1	2	3	4	5	6	7
服务人员态度诚恳（cs7）	1	2	3	4	5	6	7
即使是我的失误，服务人员也一样有耐心（cs8）	1	2	3	4	5	6	7
服务人员服务准时（cs9）	1	2	3	4	5	6	7
服务人员反应迅速（cs10）	1	2	3	4	5	6	7
服务人员提供令人信赖的服务（cs11）	1	2	3	4	5	6	7
在此次购物中，其他顾客跟我握手（cc1）	1	2	3	4	5	6	7
在此次购物中，其他顾客与我交谈（cc2）	1	2	3	4	5	6	7
在此次购物中，其他顾客恭贺我做了好选择（cc3）	1	2	3	4	5	6	7
在此次购物中，其他顾客服装仪容不整（cc4）	1	2	3	4	5	6	7
在此次购物中，其他顾客身上发出异味（cc5）	1	2	3	4	5	6	7
在此次购物中，其他顾客插队（cc6）	1	2	3	4	5	6	7
在此次购物中，其他顾客大声喧哗（cc7）	1	2	3	4	5	6	7
在此次购物中，其他顾客允许他的小孩到处乱跑（cc8）	1	2	3	4	5	6	7
在此次购物中，其他顾客说黄色笑话（cc9）	1	2	3	4	5	6	7
在此次购物中，其他顾客讲脏话（cc10）	1	2	3	4	5	6	7
在此次购物中，其他顾客生气地敲打柜台（cc11）	1	2	3	4	5	6	7
在此次购物中，其他顾客乱扔商品（cc12）	1	2	3	4	5	6	7
在此次购物中，其他顾客抱怨服务不周（cc13）	1	2	3	4	5	6	7
在此次购物中，其他顾客在接受不良服务后表现出沮丧表情（cc14）	1	2	3	4	5	6	7
在此次购物中，其他顾客发生争吵（cc15）	1	2	3	4	5	6	7
在此次购物中，其他顾客表现出喜欢与人社交（cc16）	1	2	3	4	5	6	7

第三部分

	极不同意	很不同意	稍不同意	中立	稍同意	很同意	极同意
我强烈认同这家商店（SI1）	1	2	3	4	5	6	7
这家商店代表我是一个怎样的人（SI2）	1	2	3	4	5	6	7

续表

	极不同意	很不同意	稍不同意	中立	稍同意	很同意	极同意
这家商店是我生活的一部分（SI3）	1	2	3	4	5	6	7
这家商店对我意义重大（SI4）	1	2	3	4	5	6	7
这家商店对我非常特别（SI5）	1	2	3	4	5	6	7
在这个商店购物比其他商店购物更让我满意（SD1）	1	2	3	4	5	6	7
在这家商店购物比在其他地方重要（SD2）	1	2	3	4	5	6	7
我对这家商店承诺，因为它为我提供我需要的东西（SD4）	1	2	3	4	5	6	7
在这家商店购物比在其他地方享受（SD5）	1	2	3	4	5	6	7
我不会用其他的商店取代在这里所进行的购物活动（SD6）	1	2	3	4	5	6	7
我非常依恋这家商店（EA1）	1	2	3	4	5	6	7
我对这家商店有强烈的归属感（EA2）	1	2	3	4	5	6	7
我与这家商店及商店中的人有特别的联系（SB2）	1	2	3	4	5	6	7
不来这家商店我的朋友/家人会很失望（SB3）	1	2	3	4	5	6	7
如果我不来这家商店，我将与许多朋友失去联系（SB4）	1	2	3	4	5	6	7
我的许多朋友/家人比较喜欢这家商店（SB5）	1	2	3	4	5	6	7

第四部分

	极不同意	很不同意	稍不同意	中立	稍同意	很同意	极同意
除非我对该商店非常不满意，否则我认为转换到其他商店进行交易是件麻烦的事（ci1）	1	2	3	4	5	6	7
当进行购物时，我会很自然地使用该商店（ci2）	1	2	3	4	5	6	7
转换到其他购物商店进行交易时，在时间、金钱和心力上所花费的成本对我来说是高的（ci3）	1	2	3	4	5	6	7

第五部分

	极不同意	很不同意	稍不同意	中立	稍同意	很同意	极同意
当好不容易找到一些产品后，在最后的购买决策阶段，我却犹豫要不要购买这些产品（ph1）	1	2	3	4	5	6	7

续表

	极不同意	很不同意	稍不同意	中立	稍同意	很同意	极同意
在结账时我会延迟最后的购买决策（ph2）	1	2	3	4	5	6	7
我决定不购买自己好不容易才找到的产品（ph3）	1	2	3	4	5	6	7
我几乎准备好了要买一些东西，但却不能做最后的购买决策（ph4）	1	2	3	4	5	6	7
我已找到打算购买的特定产品，但没有做出最后的购买决策（ph5）	1	2	3	4	5	6	7

第六部分

	极不同意	很不同意	稍不同意	中立	稍同意	很同意	极同意
我愿意购买这家商店的不同产品（CB1）	1	2	3	4	5	6	7
我愿意购买以前在这家商店没有买过的商品（CB2）	1	2	3	4	5	6	7
我愿意购买以前在这家商店没有买过的品牌（CB3）	1	2	3	4	5	6	7

第七部分

为了便于我们的研究分析，请您填写以下个人基本信息（本调查的目的只是学术研究，绝对为您的个人信息保密）：

1. 性别：□女　□男
2. 年龄：□15 岁及以下　□16—25 岁　□26—35 岁　□36—45 岁　□46—55 岁　□56 岁以上
3. 文化程度：□初中（含中专）及以下　□高中或技校　□大专或本科　□研究生
4. 月收入：□1000 元或以下　□1001—2000 元　□2001—3000 元　□3001—4000 元　□4001—5000 元　□5001 元及以上
5. 婚姻状况：□已婚　□未婚
6. 籍贯：

参考文献

[1] Ahluwalia, R., Burnkrant, R. E., and Unnava, H. R., Consumer Response to Negative Publicity: The Moderating Role of Commitment, *Journal of Marketing Research*, 2000, 37 (5): 203 –214.

[2] Ainsworth, M., Blehar, M., Waters, E., and Wall, S., *Patterns of Attachment: A Psychological Study of the Strange Situation*, Erlbaum, Hillsdale: NJ., 1978.

[3] Alba, J. W., and Hutchinson, J. W., Dimensions of Consumer Expertise, *Journal of Consumer Research*, 1987, 13 (4): 411 –454.

[4] Albas, D. C., and Albas, C. A., Meaning in Context: The Impact of Eye Contact and Perception of Threat on Proximity, *Journal of Social Psychology*, 1989, 129 (4): 525 –531.

[5] Albrecht, K., Bradford, L. J., *The Service Advantage*, Homewook, IL: Dow –Jones Irwin, 1989.

[6] Alexandris, K., Kouthouris, C., and Meligdis, A., Increasing Customers' Loyalty in a Skiing Resort: The Contribution of Place Attachment and Service Quality, *International Journal of Contemporary Hospitality Management*, 2006, 18 (5): 414 –425.

[7] Alperstein, N. M., Imaginary Social Relationships with Celebrities Appearing in Television Commercials, *Journal of Broadcasting and Electronic Media*, 1991, 35 (1): 43 –58.

[8] Anderson, C., and Sedikides, C., Thinking about People: Contributions of a Typological Alternative to Associationistic and Dimensional Models of Person Perception, *Journal of Personality and Social Psychology*, 1991, 60 (2): 203 –217.

[9] Anderson, R. E., and Srinivasan, S. S., E –satisfaction and E –loyal-

ty: A Contingency Framework, *Psychology and Marketing*, 2003, 20 (2): 123 –138.

[10] Areni, C. S., and Kim, D., The Influence of Background Music on Shopping Behavior: Classical versu Top – forty Music in a Wine Store, *Advances in Consumer Research*, 1993, 20: 336 –340.

[11] Areni, C. S., and Kim, D., The Influence of Instore Lighting on Consumers' Examination of Merchandise in a Wine Shop, *International Journal of Research in Marketing*, 1994, 11 (2): 117 –125.

[12] Armstrong, H., and Taylor, J., *Regional Economics and Policy*, Oxford: Philip Allan, 1985.

[13] Assael, H., *Consumer Behavior and Marketing Action*, 5rd Edition, Cincinnati, OH: South Western College Publishing, 1995.

[14] Auburn, T., and Barnes, R., Producing Place: Aneo – schutzian Perspective on the Psychology of Place, *Journal of Environmental Psychology*, 2006, 26 (1): 38 –50.

[15] Aurier, P., and N'Goala, G., The Differing And Mediating Roles of Trust and Relationship Commitment in Service Relationship Maintenance and Development, *Journal of the Academy of Marketing Science*, 2010, 38 (3): 303 –325.

[16] Ba, S., and Pavlou, P. A., Evidence of the Effect of Trust Building Technology in Electronic Markets: Price Premiums and Buyer Behavior, *MIS Quarterly*, 2002, 26 (3): 243 –265.

[17] Babin, B. J., and Attaway, J. S., Atomspheric Affect as a Tool for Creating Value and Gaining Share of Customer, *Journal of Business Research*, 2000, 49 (2): 91 –99.

[18] Babin, B. J., Darden, W. R., and Griffin, M., Work and/or Fun: Measuring Hedonic and Utilitarian Shopping, *Journal of Consumer Research*, 1994, 20 (4): 644 –656.

[19] Backlund, E. A., and Williams, D. R., A Quantitative Synthesis of Place Attachment Research: Investigating Past Experience and Place Attachment, Paper Presented at the Northeastern Recreation Research Symposium, New York: Bolton Landing, 2003.

[20] Bagozz, R. P. , An Examination of the Validity of Two Models of Attitude, *Multivariate Behavioral Research*, 1981, 16 (3): 323 – 359.

[21] Bagozzi, R. P. , and Yi, Y. , On the Evaluation of Structural Equation Models, *Journal of the Academy of Marketing Science*, 1988, 16 (1): 74 – 94.

[22] Bagozzi, R. P. , Gopinath, M. , and Nyer, P. U. , The Role of Emotions in Marketing, *Journal of the Academy of Marketing Science*, 1999, 27 (2): 184 – 206.

[23] Bagozzi, R. P. , *Principles of Marketing Management*, Chicago: Science Research Associate, Inc. , 1986: 89 – 95.

[24] Baker J. , Parasuraman, A. , Grewal, D. , and Voss, G. B. , The Influence of Multiple Store Environment Cues on Perceived Merchandise Value and Patronage Intentions, *Journal of Marketing*, 2002, 66 (2): 120 – 141.

[25] Baker, J. , Czepeil, J. A. , Congram, C. A. , and Shanahan, J. , The Role of Environment in Marketing Services: The Consumer Perspective, in *The Services Challenge: Integrating for Competitive Advantage*, 1987.

[26] Baker, J. , Grewal, D. , and Levy, M. , An Experimental Approach to Making Retail Store Environment Decisions, *Journal of Retailing*, 1992, 68 (4): 445 – 460.

[27] Baker, J. , Grewal, D. , and Parasuraman, A. , The Influence of Store Environment on Quality Inferences and Store Image, *Journal of the Academy of Marketing Science*, 1994, 22 (4): 328 – 339.

[28] Balachander, S. J. , and Ghosh, B. , *Effect of Cross Buying Discounts on Promotional Competition*, Marketing Science Conference, Singapore Management University, Singapore, 2007.

[29] Balachander, S. , and Ghosh, B. , *Cross – buying and Customer Churning Behavior*, Purdue University, 2007.

[30] Ball, A. D. , and Tasaki, L. H. , The Role and Measurement of Attachment in Consumer Behavior, *Journal of Consumer Psychology*, 1992, 1 (2): 155 – 172.

[31] Barnes, J., Exploring the Importance of Closeness in Customer Relationships, New and Evolving Paradigms: The Emerging Future of Marketing, American Marketing Association Special Conference on Relationship Marketing, Dublin, 12 – 15 June, 1997: 227 – 232.

[32] Baron, S., Harris, K., and Davies, B. J., Oral Participation in Retail Service Delivery: A Comparison of the Roles of Contact Personnel and Customers, *European Journal of Marketing*, 1996, 30 (9): 75 – 90.

[33] Barsade, S., The Ripple Effect: Emotional Contagion and its Effect on Group Behavior, *Administrative Science Quarterly*, 2002, 47 (4): 644 – 675.

[34] Bartholomew, K., and Horowitz, L. M., Attachment Styles among Young Adults: A Test of a Four – category Model, *Journal of Personality and Social Psychology*, 1991, 61 (2): 226 – 244.

[35] Bateson, J. E. G., *Perceived Control and the Service Encounter*, In Czepiel, J. A., Solomon, M. R., Surprenant, C. F. eds., The Service Encounter, Lexington Books, Lexington, Mass, 1985: 76.

[36] Bateson, J. E. G., and Hui, M. M., The Ecological Validity of Photographic Slides and Videotapes in Simulating the Service Setting, *Journal of Consumer Research*, 1992, 19 (2): 271 – 281.

[37] Bearden, W. O., Determinant Attributes of Store Patronage: Downtown versus Outlying Shopping Areas, *Journal of Retailing*, 1977, 53 (2): 15 – 22.

[38] Beckley, T. M., Stedman, R. C., Wallace, S. M., and Ambard, M., Snapshots of What Matters Most: Using Resident – employed Photography to Articulate Attachment to Place, *Society and Natural Resources*, 2007, 20 (10): 913 – 929.

[39] Beckley, T. M., *The Relative Importance of sociocultural And Ecological Factors in Attachment to Place*, in Understanding Community – forest Relations, eds., Kruger, L. E, Portland, Oregon: U. S. Dept. of Agriculture, Forest Sevice, Pacific Northwest Research Station, 2003.

[40] Belk, R. W., Situational Variables and Consumer Behavior, *Journal of Consumer Research*, 1975, 2 (3): 157 – 164.

[41] Bellizzi, J. A., Crowley, A. E., and Hasty, R. W., The Effects of Color in Store Design, *Journal of Retailing*, 1983, 59 (1): 21 –45.

[42] Bendapudi, N., and Berry, L. L., Customers' Motivations for Maintaining Relationships with Service Providers, *Journal of Retailing*, 1997, 73 (1): 15 –37.

[43] Berman B., and Evans J. R., *Retail Management: A Strategic Approach*, 6th Edition, New Jersey: Prentice – Hall Inc., 1995.

[44] Berry, L. L., *On Great Service: A Framework for Action*, Free Press, New York: NY, 1995.

[45] Berry, L. L., The Employee as Customer. *Journal of Retail Banking*, 1981, 3 (1): 33 –40.

[46] Bettman, J. R., *An Information Processing Theory of Consumer Choice*, Reading, in Johnson, E., Luce, M. F., and John, W., MA: Addison – Wesley, 1979.

[47] Bitner, M. J., Booms, B. H., Mohr, L. A., Critical Service Encounters: The Employee's Viewpoint, *Journal of Marketing*, 1994, 58 (2): 95 –106.

[48] Bitner, M. J., Brown, S. W., and Meuter, M. L., Technology Infusion in Service Encounters, *Journal of the Academic of Marketing Science*, 2000, 28 (1): 138 –149.

[49] Bitner, M. J., Faranda, W. T., Hubbert, A. R., and Zeithaml, V. A., Customer Contributions and Roles in Service Delivery, *International Journal of Service Industry Management*, 1997, 8 (3): 193 –205.

[50] Bitner, M. J., Servicescapes: The Impact of Physical Surroundings on Customers and Employees, *Journal of Marketing*, 1992, 56 (3): 57 –71.

[51] Bitner M. Jo., Evaluating Service Encounters: The Effects of Physical Surroundings and Employee Responses, *Journal of Marketing*, 1990, 54 (2): 69 –82.

[52] Blackwell, R. D., Miniard, P. W., and Engel, J. F., *Customer Behavior*, New York: Dryden, 2001.

[53] Bogǎc, C., Place Attachment in a Foreign Settlement, *Journal of Envi-*

ronmental Psychology, 2009, 29 (2): 267 – 278.

[54] Bolan, M., The Mobility Experience and Neighborhood Attachment, Demography, 1997, 34 (2): 225 – 237.

[55] Bolton, R. N., Kannan, P. K, and Bramlett, M. D., Implications of Loyalty Program Membership and Service Experiences for Customer Retention and Value, Journal of the Academy of Marketing Science, 2000, 28 (1): 95 – 108.

[56] Bolton, R. N., Lemon, K. N., and Verhoef, P. E., The Theoretical Underpinnings of Customer Asset Management: A Framework and Propositions for Future Research, Journal of the Academy of Marketing Science, 2004, 32 (3): 271 – 292.

[57] Bonaiuto, M., Fornara, F., and Bonnes, M., Indexes of Perceived Residential Environment Quality and Neighborhood Attachment in Urban Environments: A Confirmation Study on the City of Rome, Landscape and Urban Planning, 2003, 65 (1): 41 – 52.

[58] Bonaiuto, M., Aiello, A., Perugini, M., Bonnes, M., and Ercolani, A. P., Multidimensional Perception of Residential Environment Quality and Neighborhood Attachment in the Urban Environment, Journal of Environmental Psychology, 1999, 19 (4): 331 – 352.

[59] Bonaiuto, M., Carrus, G., Martorella, H., and Bonnes, M., Local Identity Processes and Environmental Attitudes in Land Use Changes: The Case of Natural Protected Areas, Journal of Economic Psychology, 2002, 23 (5): 631 – 653.

[60] Booms, B. H., and Bitner, M. J., Marketing Services by Managing the Environment, Cornell Hotel and Restaurant Administration Quarterly, 1982, 23 (5): 35 – 39.

[61] Bouhlel, O., Mzoughi, N., Hadiji, D., and Slimane, B., Brand Personality and Mobile Marketing: An Empirical Investigation, World Academy of Science, Engineering and Technology, 2009, 53: 703 – 710.

[62] Bove, I. I., Pervan, S. J., Beatty, S. E., and Shiu, E., Service Worker Role in Encouraging Customer Organizational Citizenship Behaviors, Journal of Business Research, 2008, 62 (7): 1 – 8.

[63] Bowlby, J., *Attachment and Loss*: Volume Ⅱ: *Separation, Anxiety and Anger*, New York: Basic Books, 1973.

[64] Breakwell, G. M., *Coping with Threatened Identities*, London: Methuen, 1986.

[65] Brehm, J. M., Eisenhauer, B. W., and Krannich, R. S., Community Attachments as Predictors of Local Environmental Concern: The Case for Multiple Dimensions of Attachment, *American Behavioral Scientist*, 2006, 50 (2): 142 – 165.

[66] Bricker, K. S., and Kerstetter, D. H., Level of Specialization and Place Attachment: An Exploratory Study of Whitewater Recreationists, *Leisure Sciences*, 2000, 22 (4): 233 – 257.

[67] Brocato, E. D., *Place Attachment: An Investigation of Environment and Outcomes in a Service Context*, The University of Texas at Airlington, 2006: 43 – 44.

[68] Brodsky, A., Resilient Single Mothers in Risky Neighborhoods: Negative Psychological Sense of Community, *Journal of Community Psychology*, 1996, 24 (4): 347 – 363.

[69] Brown, B. B., Perkins, D. D., and Brown, G., Place Attachment in a Revitalizing Neighborhood: Individual and Block Levels of Analysis, *Journal of Environmental Psychology*, 2003, 23 (3): 259 – 271.

[70] Brown, B. B., and Werner, C. M., Social Cohesiveness, Territoriality and Holiday Decorations, *Environment and Behavior*, 1985, 17 (5): 539 – 565.

[71] Brown, B. B., Perkins, D. D., and Brown, G., Incivilities, Place Attachment and Crime: Block and Individual Effects, *Journal of Environmental Psychology*, 2004, 24 (3): 359 – 371.

[72] Bryman, A., Teevan, J. J., and Bell, E., *Social Research Methods*, Second Canadian Edition, Oxford University Press, 2009.

[73] Budruk, M., Cross – language Measurement Equivalence of the Place Attachment Scale: A Multigroup Confirmatory Factor Analysis Approach, *Journal of Leisure Research*, 2010, 42 (1): 25 – 42.

[74] Burka, J. B., and Yuen, L. M., *Procrastination: Why You Do It,*

What to Do About it Now, MA: Addison – Wesley, 1983.

[75] Buttell, F. H., Martinson, O. B., and Wilkening, E. A., Size of Place and Community Attachment: A Reconsideration, *Social Indicators Research*, 1979, 6 (4): 475 – 485.

[76] Caballero, M. J., Lumpkin, J. R., Brown, D., Datsinas, R., and Werner, S., *Waiting in Line: A Pramary Investigation*, Marketing: The Next Decade, FL: Southern Marketing Association, 1985: 46 – 49.

[77] Calne, D. B., *Within Reason: Rationality and Human Behavior*, New York: Pantheon Books, 1999.

[78] Carlsson, F., and Lofgren, A., Airline Choice, Switching Costs and Frequent Flyer Programmes, *Applied Economics*, 2006, 38 (13): 1469 – 1475.

[79] Carrasco, R., Azcona, J. M. L, and López – Salido, J. D., Consumption and Habits: Evidence from Panel Data, *The Economic Journal*, 2005, 115 (500): 144 – 165.

[80] Carrus, G., Bonaiuto, M., and Bonnes, M., Environmental Concern, Regional Identity, and Support for Protected Areas in Italy, *Environment and Behavior*, 2005, 37 (2): 237 – 257.

[81] Case, D., Contributions of Journeys Away to the Definition of Home: An Empirical Study of a Dialectical Process, *Journal of Environmental Psychology*, 1996, 16 (1): 1 – 15.

[82] Cassill, N., and Williamson, N., Department Store Cross – Shoppers, *Journal of Applied Business Research*, 1994, 10 (4): 88 – 97.

[83] Cavin, J. K., Cavin, D. A., Kyle, G., and Absher, J., Examining the Structure of the Leisure Involvement/Place Bonding Relationship in Three Sumter National Forest Camping Areas, Proceedings of the 2004 Northeastern Recreation Research Symposium GTR – NE – 326, 281 – 288, 2004.

[84] Chang, C. H., and Tu, C. Y., Exploring Store Image, Customer Satisfaction and Customer Loyalty Relationship: Evidence from Taiwanese Hypermarket Industry, *Journal of American Academy of Business*, 2005, 7 (2): 197 – 202.

[85] Chaudhuri, A., and Ligas, M., Consequences of Value in Retail Markets, *Journal of Retailing*, 2009, 85 (3): 406-419.

[86] Chawla, L., *Childhood Place Attachment*, in Altman, I., and Low, S. eds., Place attachment, New York: Plenum, 1992.

[87] Chen, H S, Hsieh, T., The Effect of Atmosphere on Customer Perceptions and Customer Behavior Responses in Chain Store Supermarkets, *African Journal of Business Management*, 2011, 5 (24): 10054-10066.

[88] Cheng, C. K., Understanding Visual Preferences for Landscapes: An Examination of the Relationship between Aesthetics and Emotional Bonding, Texas A and M Univeristy, College Station, 2007.

[89] Cheng, T. M., Wu, H. C., and Huang, L. M., The Influence of Place Attachment on the Relationship between Destination Attractiveness and Environmentally Responsible Behavior for Island Tourism in Penghu, Taiwan, *Journal of Sustainable Tourism*, 2012, 11: 1-26.

[90] Cheng, T. C. E., Lai, L. C. F., and Yeung, A. C. L., The Driving Forces of Customer Loyalty: A Study of Internet Service Providers in Hong Kong, *International Journal of E-business Research*, 2008, 4 (4): 26-42.

[91] Cho, C. H., Kang, J., and Cheon, H. J., Online Shopping Hesitation, *Cyber Psychology and Behavior*, 2006, 9 (3): 261-274.

[92] Christensen, T., Laegreid, P., Roness, P. G., and Rövik, K. A., Organisationer För Offentlig Sector, Malmö: Liber, 2010.

[93] Churchill, Jr. G. A., A Paradigm for Developing Better Measures of Marketing Constructs, *Journal of Marketing Research*, 1979, 16 (1): 64-73.

[94] Clarke, I., and Schmidt, R. A., Beyond the Servicescape: The Experience of Place, *Journal of Retailing and Consumer Services*, 1995, 2 (3): 149-162.

[95] Clement, C., and Gentner, D., Systematicity as a Selection Constraint in Analogical Mapping, *Cognitive Science: A Multidisciplinary Journal*, 1991, 15 (1): 89-132.

[96] Colgate, M. R., and Danaher P. J., Implementing a Customer Rela-

tionship Strategy: The Asymmmetric Impact of Poor versus Excellent Execution, *Journal of the Academy of Marketing Science*, 2000, 28 (3): 375 - 387.

[97] Cort, S., and Dominguez, L., Cross - shopping and Retail Growth, *Journal of Marketing Research*, 1977, 14 (2): 187 - 192.

[98] Coughlan, A. T., Distribution Channel Choice in a Market with Complementary Good, *International Journal of Research in Marketing*, 1987, 4 (2): 85 - 97.

[99] Cronin, J. J., Brady, M. K., and Hult, G. T. M., Assessing the Effects of Quality, Value, and Customer Satisfaction on Consumer Behavioral Intentions in Service Environments, *Journal of retailing*, 2000, 76 (2): 193 - 218.

[100] Cuba, L., and Hummon, D. M., A Place Called Home: Identification with Dwelling, Community and Region, *The Sociological Quarterly*, 1993, 34 (1): 111 - 131.

[101] Czepiel, J. A., Solomon, M. A., and Surprenant, C. F., *Service Encounters: An Overview*, In: Czepiel, J. A., Solomon, M. A., and Surprenant, C. F. ed., The Service Encounter: Managing Employee/Customer Interaction in Service Businesses, Lexington, MA: Lexington Books, 1985.

[102] Dabholkar, P. A., Thorpe, D. I., and Rentz, J. O., A Measure of Service Quality for Retail Stores: Scale Development and Validation, *Journal of the Academy of Marketing Science*, 1996, 24 (1): 3 - 16.

[103] Dallago, L., Perkins, D. D., Santinello, M., Boyce, W., Molcho, M., and Morgan, A., Adolescent Place Attachment, Social Capital, and Perceived Safety: A Comparison of 13 Countries, *American Journal of Community Psychology*, 2009, 44 (1): 148 - 160.

[104] Day, G. S., Managing Market Relationships, *Journal of the Academy of Marketing Science*, 2000, 28 (1): 24 - 30.

[105] Deighton, J., The Future of Interactive Marketing, *Harvard Business Review*, 1996, 74 (6): 151 - 161.

[106] DeSarbo, W. S., Choi, J., A Latent Structure Double Hurdle Re-

gression Model for Exploring Heterogeneity in Consumer Search Patterns, *Journal of Econometrics*, 1999, 89 (1): 423 – 455.

[107] Devine – Wright, P., and Howes, Y., Disruption to Place Attachment and the Protection of Restorative Environments: A Wind Energy Study, *Journal of Environmental Psychology*, 2010, 30 (3): 271 – 280.

[108] Dick, A., and Basu, K., Customer Loyalty: Toward an Integrated Conceptual Framework, *Journal of Academy of Marketing Science*, 1994, 22 (2): 99 – 113.

[109] Dierkes, T., Bichler, M., Krishnan, R., Estimating the Effect of Word of Mouth on Churn and Cross – buying in the Mobile Phone Market with Marko Logic Networks, *Decision Support Systems*, 2011, 51 (3): 361 – 371.

[110] Dodds, W. B., Monroe, K. B., and Grewal, D., Effects of Price, Brand and Store Information on Buyers' Product Evulations, *Journal of Marketing Research*, 1991, 28 (3): 307 – 319.

[111] Donovan, R. J., and Rossiter, J. R., Store Atmosphere: An Environmental Psychology Approach, *Journal of Retailing*, 1982, 58 (1): 34 – 57.

[112] Doyle, P., and Fenwick, I., How Store Image Affects Shopping Habits in Grocery Chains, *Journal of Retailing*, 1974, 50 (4): 39 – 52.

[113] Druzhinina, I., and Palma – Oliveira, J. M., Radioactive Contamination of Wild Mushrooms: A Cross – cultural Risk Perception Study, *Journal of Environmental Radioactivity*, 2004, 74 (1): 83 – 90.

[114] Dubé, L., Chebat, J. C., and Morin, S., The Effects of Background Music on Consumers' Desire to Affiliate on Buyer – seller Interations, *Psychology and Marketing*, 1995, 12 (4): 305 – 319.

[115] Dugas, M. J., Gagnon, F., Ladouceur, R., and Freeston, M. H., Generalized Anxiety Disorder: A Preliminary Test of a Conceptual Model, *Behavior Research and Therapy*, 1998, 36 (2): 215 – 226.

[116] Effert, B. R., and Ferrari, J. R., Decisional Procrastination: Examining Personality Correlates, *Journal of Social Behavior and Personality*, 1989, 4 (1): 151 – 156.

[117] Eiglier, P., and Langeard, E., A New Approach to Service Marketing, Marketing Consumer Services: New Insights, Cambridge, Mass, Marketing Science Institute, 1977: 77 – 115.

[118] Eroglu, S., Machleit, K., and Davis, L., Empirical Testing of a Model of Online Store Atmospherics and Shopper Response, *Psychology and Marketing*, 2003, 20 (2): 139 – 150.

[119] Fan, C. K., Lee, L. T., Tang, Y. C., and Lee, Y. H., Factors of Cross – buying Intention – Bancassurance Evidence, *African Journal of Business Management*, 2011, 5 (17): 7511 – 7515.

[120] Félonneau, M. L., Love and Loathing of the City: Urbanophilia and Urbanophobia, Topological Identity and Perceived Incivilities, *Journal of Environmental Psychology*, 2004, 24 (1): 43 – 52.

[121] Ferrari, J. R., and Dovidio, J. F., Behavioral Information Search by Indecisives, *Personality and Individual Differences*, 2001, 30 (7): 1113 – 1123.

[122] File, K. M., Cermak, D. S. P., and Prince, R., Word – of – Mouth Effects in Professional Services Buyer Behavior, *The Service Industries Journal*, 1994, 14 (3): 301 – 314.

[123] File, K. M., Judd, B. B., and Prince, R. A., Interactive Marketing: The Influence of Participation on Positive Word – of – mouth and Referrals, *Journal of Service Marketing*, 1992, 6 (4): 5 – 14.

[124] Fisher, J. D., and Byme, D., Close for Comfort: Sex Differences in Response to Inasions of Personal Space, *Journal of Personality and Social Psychology*, 1975, 32 (1): 15 – 21.

[125] Fishwick, L., and Vining, J., Toward a Phenomenology of Recreation Place, *Journal of Environmental Psychology*, 1992, 12 (1): 57 – 63.

[126] Fleury – Bahi, G., Félonneau, M. L., and Marchand, D., Processes of Place Identification and Residential Satisfaction, *Environment and Behavior*, 2008, 40 (5): 669 – 682.

[127] Fornara, F., Bonaiuto, M., and Bonnes, M., Cross – validation of Abbreviated Perceived Residential Environment Quality (PREQ) and Neighborhood Attachment (NA) Indicators, *Environment and Behav-*

ior, 2009, 42 (2): 171-196.

[128] Fornell, C., and Larcker, D. F., Evaluating Structural Equation Models with Unobservable Variables and Measurement Error, *Journal of marketing Research*, 1981, 18 (1): 39-50.

[129] Fried, M., *Grieving for a Lost Home*, in Duhl, L. J. Eds., *The Urban Condition*, New York: Basic Books, 1963: 151-171.

[130] Fried, M., Continuities and Discontinuities of Place, *Journal of Environmental Psychology*, 2000, 20 (3): 193-205.

[131] Fried, M., The Structure and Significance of Community Satisfaction, *Population and Environment*, 1984, 7 (2): 61-86.

[132] Frost, R. O., and Gross, R. C., The Hoarding of Possessions, *Behaviour Research and Therapy*, 1993, 31 (4): 367-381.

[133] Frost, R. O., and Shows, R. L., The Nature and Measurement of Compulsive Indecisiveness, *Behavioral Research and Therapy*, 1993, 31 (7): 683-692.

[134] Gallup, G. J., *The Gallup Poll: Public Opinion*, DE: Scholarly Resources, 1990.

[135] Galster, G., On the Nature of Neighborhood, *Urban Studies*, 2001, 38: 2111-2124.

[136] Gati, I., Making Career Decision: A Sequential Elimination Approach, *Journal of Counseling Psychology*, 1986, 33 (4): 408-417.

[137] Gayton, W. F., Clavin, R. H., Clavin, S. L., and Broid, J., Further Validation of the Indecisiveness Scale, *Psychological Reports*, 1994, 75: 1631-1634.

[138] Gentner, D., Markman, A. B., Structure Mapping in Analogy and Similarity, *American Psychologist*, 1997, 52 (1): 45-56.

[139] George, B. P., and George, B. P., Past Visits and the Intention to Revisit a Destination: Place Attachment as the Mediator and Novelty Seeking as the Moderator, *The Journal of Tourism Studies*, 1994, 15 (2): 51-66.

[140] Germeijs, V., and DeBoeck, P. D., A Measurement Scale for Indecisiveness and its Relationship to Career Indecision and other Types of

Indecision, *European Journal of Psychological Assessment*, 2002, 18 (2): 113-122.

[141] Gerson, K., Stueve, C. A., and Fischer, C. S., *Attachment to Place*, in C. S., Fischer R. M., Jackson C. A., Stueve K., Gerson L., Jones M., and Baldessare, M., eds., *Networks and Places: Social Relations in the Urban Setting*, New York: The Free Press, 1977: 139-161.

[142] Gick, M. L., Holyoak, K. J., Schema Induction and Analogical Transter, *Cognitive Psychology*, 1983, 15 (1): 1-38.

[143] Gieryn, T. F., A Space for Place in Sociology. *Annual Review of Sociology*, 2000, 26: 463-496.

[144] Gifford, R., The Consequences of Living in High-rise Buildings, *Architectural Science Review*, 2007, 50 (1): 2-17.

[145] Gijsbrechts, E., Campo, K., Nisol, P., Beyond Promotion-based Store Switching: Antecedents and Patterns of Systematic Multiple-store Shopping, *Internal Journal of Research in Marketing*, 2008, 25 (1): 5-21.

[146] Gilbert, A., and Churchill, J. R., A Paradigm for Developing Better Measures of Marketing Construct, *Journal of Marketing Research*, 1979, 16 (1): 64-73.

[147] Gilboa, S., and Rafaeli, A., Store Environment, Emotions and Approach Behavior: Applying Environmental Aesthetics to Retailing, *The International Review of Retail, Distribution and Consumer Research*, 2003, 13 (2): 195-211.

[148] Gillis, A. R., High-rise Housing and Psychological Strain, *Journal of Health and Social Behavior*, 1977, 18 (4): 418-431.

[149] Goffman, E., *The Presentation of Self in Everyday Life*, Philadelphia: Penguin, 1990.

[150] Gosling, E., and Williams, K. J. H., Connectedness to Nature, Place Attachment and Conservation Behavior: Testing Connectedness Theory among Farmers, *Journal of Environmental Psychology*, 2010, 30 (3): 298-304.

[151] Gremler, D. D., Gwinner, K. P., and Brown, S. W., Generation Positive Word-of-mouth Communication through Customer-employee Relationships, *International Journal of Service Industry Management*, 2001, 12 (1): 44–59.

[152] Griffin, J., Customer Loyalty: How to Earn it, How to Keep it, Lexington Book, New York, 1995.

[153] Griffiths, M. A., *Product Involvement and Place Attachment: Insights from the Environmental Psychology literature*. AMA Winter Educators' Conference Proceedings, Chicago: American Marketing Association, 2005: 209–215.

[154] Gronroos, C., *Service Management and Marketing: Managing the Moments of Truth in Service Competition*, USA: Lexington Books, 1990: 208.

[155] Gross, M. J., and Brown, G., An Empirical Structural Model of Tourists and Places: Progressing Involvement and Place Attachment, *Journal of Business Research*, 2008, 59 (6): 696–700.

[156] Grove, S. J., Fisk, R. P., and Bitner M. Jo., Dramatizing the Service Experience: A Managerial Approach, in Schwartz, T A., Bowen, D. E., and Brown, S. W., *Advances in Service Marketing and Management*, 1992, 1: 91–122.

[157] Grove, S. J., Fisk, Dorsch, M. J., Assessing the Theatrical Components of the Service Encounter: A Cluster Analysis Examination, *Services Industries Journal*, 1998, 18 (3): 116–134.

[158] Grove, S. J., and Fisk, R. P., The Dramaturgy of Service Exchange: An Analytical Framework for Service Marketing, Berry, L. L., Shostack, G. L., and Upah, G. D., eds., Emerging Perspectives on Service Marketing, Chicago: American Marketing Assocation, 1983: 45–49.

[159] Grove, S. J., and Fisk, R. P., The Impact of Other Consumers on Service Experiences: A Critical Incident Examination of "Getting along", *Journal of Retailing*, 1997, 73 (1): 63–85.

[160] Grove, S. J., and Fisk, R. P., The Dramaturgy of Services Exchange:

An Analytical Framework for Services Marketing, in Berry, L., Shostack, G., and Upah, G. eds., Emerging Perspectives on Services Markets, American Marketing Association, Chicago: IL, 1983: 45 – 49.

[161] Grue, A., Kocaman, S., and Wolff, K., Calibration and Validation of Early ALOS/PRISM Image, *The Journal of the Japan Society of Photogrammetry and Remote Sensing*, 2007, 46 (1): 24 – 38.

[162] Gruen, T. W., Summers, J. O., and Acito, F., Relationship Marketing Activities, Commitment, and Membership Behaviors in Professional Associations, *Journal of Marketing*, 2000, 64 (3): 34 – 49.

[163] Guenzi, P., and Pelloni, O., The Impact of Interpersonal Relationships on Customer Satisfaction and Loyalty to the Service Provider, *International Journal of Service Industry Management*, 2004, 15 (4): 365 – 384.

[164] Guiliani, M. V., and Feldman, R., Place Attachment in a Developmental and Cultural Context, *Journal of Environmental Psychology*, 1993, 13 (3): 267 – 274.

[165] Guiry, M., Consumer and Employee Roles in Service Encounters, *Advances in Consumer Research*, 1992, 19 (1): 666 – 672.

[166] Gulas, C. S., and Bloch, P. H., Right under our Noses: Ambient Scent and Consumer Responses, *Journal of Business and Psychology*, 1995, 10 (1): 87 – 98.

[167] Gustafson, P., Mobility and Territorial Belonging, *Environment and Behavior*, 2009, 41 (4): 490 – 508.

[168] Gustafson, P., More Cosmopolitan, No Less Local, *European Societies*, 2009, 11 (1): 25 – 47.

[169] Gustafson, P., *Place, Place Attachment and Mobility: Three Sociological Studies*, Sweden: Geteborg University, 2002: 36 – 50.

[170] Gutek, B. A., Bhappu, A. D., Liao – Troth, M. A., and Cherry, B., Distinguishing between Service Relationships and Encounters, *Journal of Applied Psychology*, 1999, 84 (2): 218 – 233.

[171] Gutek, B. A., *The Dynamics of Service: Reflections on the Changing Nature of Customer/Provider Interactions*, San Francisco: Joddey –

Bass Publisher, 1995.

[172] Hair, J., Black, W., Babin, B., Anderson, R., and Tatham, R., Multivariate Data Analysis, 6th Edition, Pearson Education, 2006.

[173] Halpenny, E. A., *Environmental Behavior, Place Attachment and Park Visitation: A Case Study of Visitors to Point Pele National Park*, Doctoral Thesis, University of Waterloo, 2006.

[174] Hammitt, W. E., and Cole, D. N., *Wildland Recreation: Ecology and Management*, New York: John Wiley and Sons, 1998.

[175] Hammitt, W. E., Backlund, E. A., and Bixler, R. D., Place Bonding for Recreation Places: Conceptual and Empirical Development, *Leisure Studies*, 2006, 25 (1): 17 – 41.

[176] Hammitt, W. E., Backlund, E. A., and Bixler, R. D., Experience Use History, Place Bonding and Resource Substitution of Trout Anglers during Recreation Engagements, *Journal of Leisure Research*, 2004, 36 (3): 356 – 378.

[177] Harmon, L. K., Zinn, H. C., and Gleason, M., *Place Identity, Place Dependence, and Place – based Affect: Examining Their Relationship to Participation in Education and Interpretive Programs at Isle Royale National Park*, in Proceedings of the 2005 George Wright Society Conference on Parks, Protected Areas, and Cultural Sites, Hancock, Michigan: The George Wright Society, 2005.

[178] Harriott, J. S., Ferrari, J. R., and Dovidio, J. F., Distractibility, Daydreaming and Self – critical Cognitions as Determinants of Indecision, *Journal of Social Behavior and Personality*, 1996, 11 (2): 337 – 344.

[179] Harris, K., and Baron, S., Consumer – to – Customer Conversations in Service Setting, *Journal of Service Marketing*, 2004, 6 (3): 287 – 303.

[180] Harris, K., Baron, S., and Ratcliffe, J., Customers as Oral Participants in a Service Setting, *Journal of Service Marketing*, 1995, 4 (4): 64 – 76.

[181] Harris, L. C., and Ezeh, C., Servicescape and Loyalty Intentions: An Empirical Investigation, *European Journal of Marketing*, 2008, 42 (3)

390 - 422.

[182] Harris, L. C., and Reynolds, K. L., The Consequences of Dysfunctional Customer Behavior, *Journal of Service Research*, 2003, 6 (2): 144 - 161.

[183] Hennig - Thurau, T., Gnner, K. P., and Gremler, D. D., Understanding Relationship Marketing Outcomes: An Integration of Relational Benefits and Relationship Quality, *Journal of Service Research*, 2002, 4 (3): 230 - 247.

[184] Hernandez, B., Hidalgo, M. C., Salazar - Laplace, M. E., and Hess, S., Place Attachment and Place Identity in Natives and Non - natives, *Journal of Environmental Psychology*, 2007, 27 (4): 310 - 319.

[185] Hidalgo, M. C., and Hernandez, B., Place Attachment: Conceptual and Empirical Questions, *Journal of Environmental Psychology*, 2001, 21 (3): 273 - 281.

[186] Hidalgo, P., Manzur, E., Olavarrieta, S., and Farias, P., Customer Retention and Price Matching: The AFPs Case, *Journal of Business Research*, 2008, 61 (6): 691 - 696.

[187] Hill, R. P., and Stamey, M., The Homeless in America: An Examination of Possessions and Consumption Behaviors, *Journal of Consumer Research*, 1990, 17 (3): 303 - 322.

[188] Hirschman, E. C., Consumers and Their Animal Companions, *Journal of Consumer Research*, 1994, 20 (4): 616 - 633.

[189] Holems, J., John Bowlby and Attachment Theory, Lonson: Routledge, 1993.

[190] Holyoak, K., and Thagard, P., Analogical Mapping by Constraint Satisfaction, *Cognitive Science*, 1989, 13 (3): 295 - 355.

[191] Hong, J. K., and Lee, Y., Determinants of Cross - buying Intentions in Banking Services in Collectivistic Culture, *International Journal of Bank Marketing*, 2012, 30 (5): 328 - 358.

[192] Hou, J. S., Lin, C. H., and Morais, D. B., Antecedents of Attachment to a Cultural Tourism Destination: The Case of Hakka and non - Hakka Taiwanese Visitors to Pei - Pu, Taiwan, *Journal of Travel Re-

search, 2005, 44 (2): 221 -233.

[193] Hummon, D., *Community Attachment: Local Sentiment and Sense of Place.* in Altman, I., Low, S. M., eds., Place attachment, New York: Plenum Press, 1992: 253 -277.

[194] Hwang, S. N., Lee, C., and Chen, H. J., The Relationship among Tourists' Involvement, Place Attachment and Interpretation Satisfaction in Taiwan's Nnational Parks, *Tourism Management*, 2005, 26: 143 - 156.

[195] Iacobucci, D, Ostrom, A., Commercial and Interpersonal Relationship: Using the Structure of Interpersonal Relationship to Understand Individual – to – individual, Individual – to – firm and Firm – to – firm Relationships in Commerce, *International Journal of Research in Marketing*, 1996, 13 (1): 53 -72.

[196] Iacobucci, D., and Hibbard, J. D., Toward an Encompassing Theory of Business Marketing Relationship and Interpersonal Commercial Relationship, *Journal of Interactive Marketing*, 1999, 13 (3): 13 -33.

[197] Isen, A. M., Thomas, E. S., Margaret, S. C., and Karp, L., Affect, Aaccessibility of Material in Memory and Behavior: Acognitive Loop, *Journal of Personality and Social Psychology*, 1978, 36 (1): 203 -253.

[198] Jackson, R. B., Pockman, W. T., and Hoffmann, W. A., *The Sstructure and Function of Root Systems*, in Pugnaire, F. I., and Valladares, F. eds., Handbook of Functional Plant Ecology, NY: Marcel Dekker, 1999: 195 -220.

[199] Jeng, S. P., Effects of Corporate Reputations, Relationships and Competing Suppliers "Marketing Programmes on Customers" Cross - buying Intentions, *The Service Industries Journal*, 2008, 28 (1): 15 -26.

[200] Jeng, S. P., The Effect of Corporate Reputations on Customer Perceptions and Cross - buying Intentions, *The Service Industries Journal*, 2011, 31 (6): 851 -862.

[201] Johnston, R. A., Framework for Developing a Quality Strategy in a Customer Processing Operation, *International Journal of Quality* (Reli-

ability Management, 1987, 4 (4): 35 -44.

[202] Johnstone, M. L., and Conroy, D. M., Place Attachment: The Social Dimensions of the Retail Environment and the Need for Further Exploration, *Advances in Consumer Research*, 2008, 35: 381 -386.

[203] Jolley, J. H., and Kennedy, C. E., *Lifespan Development: A Topical Approach*, Chicago: Brown Benchmark, 1996.

[204] Jöreskog, K. G., and Sörbom, D., *LISREL 7: A Guide to the Program and Applications.* Second Edition, Chicago: SPSS, Inc., 1988.

[205] Jorgensen, B. S., and Stedman, R. C., Sense of Place as an Attitude: Lakeshore Owners Attitudes toward Their Properties, *Journal of Environmental psychology*, 2001, 21 (3): 233 -248.

[206] Jorgensen, B. S., and Stedman, R. C., A Comparative Analysis of Predictors of Sense of Place Dimensions: Attachment to, Dependence on, and Identification with Lakeshore Properties, *Journal of Environmental Management*, 2006, 79 (3): 316 -327.

[207] Jun, J. H., Kyle, G., Absher, J., and Theodori, G., *Conceptualizations of Human Place Bonding*, Proceedings of the 2009 Northeastern Recreation Research Symposium, 2009: 120 -126.

[208] Kahn, B. E., and Wansink, B., The Influence of Assortment Structure on Perceived Variety and Consumption Quantities, *Journal of Consumer Research*, 2004, 30 (4): 519 -533.

[209] Kakkar, P., Lutz, R. J., The Psychological Situation as a Determinant of Consumer Behavior, *Advance in Consumer Research*, 1974, 12 (1): 439 -454.

[210] Kaltenborn, B. P., Nature of Place Attachment: A Study among Recreation Homeowners in Southern Norway, *Leisure Science*, 1997, 19 (3): 175 -189.

[211] Kamakura, W. A., Ramaswamy, S., and Srivastava, R. K., Applying Latent Trait Analysis in the Evaluation of Prospects for Cross Selling of Financial Service, *International Journal of Research in Marketing*, 1991, 8 (4): 329 -349.

[212] Kamakura, W. A., Wedel, A. M., Rosa, F., and Mazzon, J. A.,

Cross Selling through Database Marketing: A Mixed Data Factor Analyzer for Data Augmentation and Prediction, *International Journal of Research in Marketing*, 2003, 20 (1): 45 -65.

[213] Kasarda, J. D., and Janowitz, M., Community Attachment in Mass Society, *American Sociological Review*, 1974, 39 (3): 328 -339.

[214] Keavency, S. M., and Parthasarathy, M., Customer Switching Behavior in Online Services: An Exploratory Study of the Role of Selected Attitudinal, Behavioral, and Demographic Factors, *Journal of Academy of Marketing Science*, 2001, 29 (4): 374 -390.

[215] Kelley, W. M., Macrae, C. N., Wyland, C. L., Caglar, S., Inati, S., and Heatherton, T. F., Finding the Self? An Event -related FMRI Study, *Journal of Cognitive Neuroscience*, 2002, 14 (5): 785 -794.

[216] Keng, K. A., Ehrenberg, A. S. C., Store Loyalty, *London Business School*, 1983, 8 (2): 24 -26.

[217] Kim, H. S., Park, M. C., and Jeong, D. H., The effects of Customer Satisfaction and Switching Barrier on Customer Loyalty in Korean Mobile Telecommunication Service, *Telecommunication Policy*, 2004, 28 (2): 145 -159.

[218] Kim, J., and Kaplan, R., Physical and Psychological Factors in Sense of Community, *Environment and Behavior*, 2004, 36 (3): 313 -340.

[219] Kim, W. G., and Moon, Y. J., Customers' Cognitive, Emotional, and Actionable Response to the Servicescape: A Test of the Moderating Effect of the Restaurant Type, *International Journal of Hospitality Management*, 2009, 28 (1): 144 -156.

[220] Kleine, S., Robert, E., and Chris, T., How is a Possession "me" or "not me"? Characterizing Types and an Antecedent of Material Possession Attachment, *Journal of Consumer Research*, 1995, 22 (3): 327 -343.

[221] Kobak, R., Rosenthal, N., and Serwick, A., The Attachment Hierarchy in Middle Childhood, in Kerns, K. A., Richardson, R. A. eds., Attachment in Middle Childhood, New York: Guilford Press, 2006: 71 -88.

[222] Kotler, P., Atmospherics as a Marketing Tool, *Journal of Retailing*, 1973, 49 (4): 48 – 64.

[223] Krannich, R. S., and Greider, T., Personal Well – being in Rapid Growth and Stable Communities: Multiple Indicators and Contrasting Results, *Rural Sociology*, 1984, 49 (4): 541 – 552.

[224] Kumar, N., Scheer, L. K., and Steenkamp, J. – B. E. M., The Effects of Perceived Interdependence on Dealer Attitude, *Journal of Marketing Research*, 1995, 32 (3): 348 – 356

[225] Kumar, V., George, M., and Pancras, Cross – buying in Retailing: Drivers and Consequences, *Journal of Retailing*, 2008, 84 (1): 15 – 27.

[226] Kusenbach, M., A Hierarchy of Urban Communities: Observations on the Nested Character of Place, *City and Community*, 2008, 7 (3): 225 – 249.

[227] Kyle, G. T., Graefe, A. R., Manning, R., and Bacon, J., Effect of Activity Involvement and Place Attachment on Recreations' Perceptions of Setting Density, *Journal of Leisure Research*, 2004, 36 (2): 209 – 231.

[228] Kyle, G., Graefe, A., and Manning, R., Testing the Dimensionality of Place Attachment in Recreational Settings, *Environment and Behavior*, 2005, 37 (2): 153 – 177.

[229] Kyle, G. T., Absher, J., and Graefe, A., The Moderating Role of Place Attachment on the Relationship between Attitudes toward Fees and Spending Preferences, *Leisure Sciences*, 2003, 25 (1): 33 – 50.

[230] Kyle, G. T., Graefe, A. R., Manning, R., and Bacon, J., An Examination of the Relationship between Leisure Activity Involvement and Place Attachment among Hikers along the Appalachian, *Journal of Leisure Research*, 2003, 35 (3): 249 – 273.

[231] Kyle, G., Bricker, K., Graefe, A., and Wickham, T., An Examination of the Relationships with Activities and Settings, *Leisure Science*, 2004, 26 (2): 123 – 142.

[232] Laczko, L. S., National and Local Attachments in a Changing World System: Evidence from an International Survey, *International Review of*

Sociology, 2005, 15: (3): 517 - 528.

[233] Laksamana, P., Wong, D. H., Kingshott, R. P. J., and Muchtar, F., The Roles of Reputation on Retention and Cross - buying in Premium Banking Service, International Conference on Innovation and Management, 2013, 1: 28 - 31.

[234] Lalli, M., Urban - Related Identity: Theory, Measurement, and Empirical Findings, *Journal of Environmental Psychology*, 1992, 12 (4): 285 - 303.

[235] Lam, S. Y., The Effects of Store Environment on Shopping Behaviors: A Critical Review, *Advances in Consumer Research*, 2001, 28 (1): 190 - 197.

[236] Langeard, E., Bateson, J. E. G., Lovelock, C. H., and Eiglier, P., *Services Marketing*: New Insights from Consumers and Managers, Cambridge, MA: Marketing Science Institute, 1981: 81 - 104.

[237] Lee, C. C., Backman, K., and Backman, S., Understanding Antecedents of Repeat Visitation and Tourists' Loyalty to a Resort Destination, Proceedings of the 1997 Travel and Tourism Research Association Annual Conference, Boulder, Co., 1997.

[238] Lee, C. C., Investigating Tourist Attachment to Selected Coastal Destinations: An Application of Place Attachment, Doctoral Thesis, Clemson University, 1999.

[239] Lee, C. C., Predicting Tourist Attachment to Destinations, *Annals of Tourism Research*, 2001, 28 (1): 229 - 232.

[240] Lee, J., Examining the Antecedents of Loyalty in a Forest Setting: Relationships among Service Quality, Satisfaction, Activity Involvement, Place Attachment, and Destination Loyalty, Unpublished Dissertation, The Pennsylvania State University, 2003.

[241] Lee, K. H., A Cross - cultural Study of the Career Maturity of Korean and United States High School Students, *Journal of Career Development*, 2001, 28 (1): 43 - 57.

[242] Lei, J. R., Pruppers, H. O., and Lemmink, J., Service Intensiveness and Brand Extension Evaluation, *Journal of Service Research*,

2004, 6 (3): 243 – 255.

[243] Lewicka, M., Ways to Make People Active: Role of Place Attachment, Cultural Capital and Neighborhood Ties, *Journal of Environmental Psychology*, 2005, 25 (4): 381 – 395.

[244] Lewicka, M., What Makes Neighborhood Different from Home and City? Effects of Place Scale on Place Attachment. *Journal of Environmental Psychology*, 2010, 30 (1): 35 – 51.

[245] Lewicka, M., Place Attachment: How Far Have we Come in the Last 40 Years, *Journal of Environmental Psychology*, 2011, 31 (3): 207 – 230.

[246] Lewicka, M., Place Attachment, Place Identity and Place Memory: Restoring the Forgotten City Past, *Journal of Environmental Psychology*, 2008, 28 (3): 209 – 231.

[247] Lewin, K., *Principles of Topological Psychology*, New York: McGraw – Hill, 1936.

[248] Li, S. B., Sun, B. H., and Wilcox, R. T., Cross – selling sequentially Ordered Products: An Application to Consumer Banking Services, *Journal of Marketing Research*, 2005, 42 (2): 233 – 239.

[249] Liang, C., and Wang, W., The Behavioral Sequence of the Financial Service Industry in Taiwan: Service Quality, Relationship Quality and Behavioral Loyalty, *The Service Industries Journal*, 2006, 26 (2): 119 – 145.

[250] Liang, C. J., Chen, H. J., and Wang, W. H., Does Online Relationship Marketing Enhance Customer Retention and Cross Buying, *The Service Industries Journal*, 2008, 28 (6): 769 – 787.

[251] Liao, C., Palvia, P., and Lin, H. N., The Roles of Habit and Web Site Quality in E – commerce, *International Journal of Information Management*, 2006, 26 (6): 469 – 483.

[252] Liljander, V., and Strandvik, T., *The Nature of Customer Relationships in Services*, in *Advances in Services Marketing and Management*, Teresa, A. S., David, E. B., and Stephen, W. B. eds., London: JAI Press, 1995: 141 – 167.

[253] Lin, M. Q., and Chiang, Y. F., Influence of Store Environment on

Perceived Experiential Value and Behavior, *Asia Pacific Management Review*, 2010, 15 (2): 281 - 299.

[254] Lin, S. Y., Customer Orientation and Cross - buying: The Mediating Effects of Relational Selling Behavior and Relationship Quality, *Journal of Management Research*, 2012, 4 (4): 335 - 358.

[255] Liu, T. C., and Wu, L. W., Customer Retention and Cross - buying in the Banking Industry, *Journal of Financial Services Marketing*, 2007, 12 (2): 132 - 145.

[256] Liu, T. C., and Wu, L. W., Cross - buying Evaluations in the Retail Banking Industry, *The Service Industries Journal*, 2009, 29 (7): 903 - 922.

[257] Liu, T. C., and Wu, L. W., Relationship Quality and Cross - buying in Varying Levels of Category Similarity and Complexity, *Total Quality Management*, 2008, 19 (5): 493 - 511.

[258] Lockwood, A., Using Service Incidents to Identify Quality Improvement Points, *International Journal of Contemporary Hospitality Management*, 1994, 6 (1): 75 - 80.

[259] Low, S. M., Altman, I., *Place Attachment*: A Conceptual Inquiry, In Altman, I., and Low, S. M. eds. Place Attachment, New York: Plenum Press, 1992: 1 - 12.

[260] Machleit, K. A., and Mantel, S. P., Emotional Response and Shopping Satisfaction: Moderating Effects of Shopper Attributions, *Journal of Business Research*, 2001, 54 (2): 97 - 106.

[261] Macintosh, G., and Lockshin, L. S., Retail Relationships and Store Loyalty: A Multi - level Perspective, *International Journal of Research in Marketing*, 1997, 14 (5): 487 - 497.

[262] Mäenpää, I., Drivers of Cross - sectoral Cross - buying Behavior among Business Customers, *International Journal of Bank, Marketing*, 2012, 30 (3): 193 - 217.

[263] Martin, C. L., Customer - to - Customer Relationships: Satisfaction with Other Consumers' Public Behavior, *Journal of Consumer Affairs*, 1996, 30 (1): 146 - 169.

[264] Martin, C. L., Pranter C. A., Compatibility Management: Customer – to – customer Relationships in Service Environments, *Journal of Services Marketing*, 1989, 3 (3): 5 – 15.

[265] Mattsson, J., Improving Service Quality in Person – to – person Encounters: Integrating Findings from a Multi – disciplinary Review, *The Service Industries Journal*, 1994, 14 (1): 45 – 61.

[266] Mayseless, O., *Ontogeny of Attachment in Middle Childhood*, in Kerns, K. A., and Richardson, R. A. eds., Attachment in Middle Childhood, New York: Guilford Press, 2005: 1 – 23.

[267] Mazumdar, S., Religious Place Attachment, Squatting, and "Qualitative" Research: A Commentary, *Journal of Environmental Psychology*, 2005, 25 (1): 87 – 95.

[268] McElory, S. L., Keck, P. E. Jr., and Smith, J. M., Compulsive Buying: A Report of 20 Cases, *Journal of Clinical Psychiatry*, 1994, 55 (6): 242 – 248.

[269] McAndrew, F. T., The Measurement of "Rootedness" and the Prediction of Attachment to Home – towns in College Students, *Journal of Environmental Psychology*, 1998, 18 (4): 409 – 417.

[270] McGrath, M. A., and Otnes, C., Unacquainted Influences: When Strangers Interact in the Retail Setting, *Journal of Business Research*, 1995, 32 (3): 261 – 272.

[271] Mehrabian, A., and Russell, J. A., *An Approach to Environment Psychology*, Cambridge, MA: MIT Press, 1974.

[272] Mesch, G. S., and Manor, O., Social Ties, Environmental Perception and Local Attachment, *Environment and Behavior*, 1998, 30 (4): 504 – 519.

[273] Mick, D. G., and DeMoss, M., Self – gifts: Phenomenological Insights from Four Contexts, *Journal of Consumer Research*, 1990, 17 (3): 322 – 333.

[274] Milliman, R. E., Using Background Music to Affect the Behavior of Supermarket Shoppers, *Journal of Marketing*, 1982, 46 (3): 86 – 91.

[275] Mishra, S. K., and Sharma, N., Relationship between Service Qual-

ity, Loyalty and Cross – buying Intention: Moderating Role of Perceived Risk and Alternative, *International Journal of Strategic Management*, 2010, 10 (1), http://www.freepatentsonline.com/article/International-Journal-Strategic-Management/237305855.html.

[276] Mohan, G., Sivakumaran, B., and Sharma, P., Store Environment's Impact on Variety Seeking Behavior, *Journal of Retailing and Consumer Services*, 2012, 19 (4): 419–428.

[277] Moore, R., Moore, M. L., and Capella, M., The Impact of Customer-to-Customer Interactions in a High Personal Contact Service Setting, *Journal of Services Marketing*, 2005, 19 (7): 482–491.

[278] Moore, R. L., and Graefe, A. R., Attachment to Recreational Settings: The Case of Rail Trail Users, *Leisure Science*, 1994, 16: 17–31.

[279] Morrison, M., Gan, S., Dubelaar, C., and Oppewal, H., In-store Music and Aroma Influences on Shopper Behavior and Satisfaction, *Journal of Business Research*, 2011, 64 (6): 558–564.

[280] Moser, G., Ratiu, E., and Fleury–Bahi, G., Appropriation and Interpersonal Relationships: From Dwelling to City through the Neighborhood, *Environment and Behavior*, 2002, 34 (1): 122–136.

[281] Mowen, A. J., Graefe, A. R., and Virden, J. R., A Typology of Place Attachment and Activity Involvement, in Vogelsong, H., Eds., Proceedings of the 1997 Northeastern Recreation Research Symposium USDA, Forest Service, 1997: 89–92.

[282] Mueller, R. O., *Basic Principles of Structural Equation Modeling: An Introduction to LISREL and EQS*, New York: Springer–Verlag, 1996.

[283] Nevin, J. R., and Houston, M. J., Image as a Component of Attraction to Intraurban Shopping Areas, *Journal of Retailing*, 1980, 56 (1): 77–93.

[284] Newman, M. G., and Lera, S. J., A Novel Theory of Experiential Avoidance in Generalized Anxiety Disorder: A Review and Synthesis of Research Supporting a Contrast Avoidance Model of Worry, *Clinical Psychology Review*, 2011, 31 (3): 371–382.

[285] Ng, S. H., Kam, P. K., and Pong, R. W. M., People Living in Ageing Buildings: Their Quality of Life and Sense of Belonging, *Journal of Environmental Psychology*, 2005, 25 (3): 347-360.

[286] Ngobo, P. V., Drivers of Customers' Cross-buying Intentions, *European Journal of Marketing*, 2004, 38 (9): 1129-1157.

[287] Nicholls, R., *Interactions between Service Customers: Managing on-site Customer-to-customer Interactions for Service Advantage*, Poznan: The Poznan University of Economics Publishing House, 2005: 260-273.

[288] Nicotera, N., Measuring Neighborhood: A Conundrum for Human Services Researchers and Practitioners, *American Journal of Community Psychology*, 2007, 40: (1): 26-51.

[289] Nowlis, S., Mandel, N., and McCabe, D., The Effect of a Delay between Choice and Consumption on Consumption Enjoyment, *Journal of Consumer Research*, 2004, 31 (3): 502-510.

[290] Nunnally, J. C., and Bernstein, I. H., *Psychometric Theory*, New York: McGraw-Hill, 1994.

[291] Oishi, S., Rothman, A. J., Snyder, M., Su, J., Zehm, K., Hertel, A. W., Gonzales, M. H., and Sherman, G. D., The Sociological Model of Procommunity Action: The Benefits of Residential Stability, *Journal of Personality and Social Psychology*, 2007, 93 (5): 831-844.

[292] Oliver, R. L., Whence Consumer Loyalty, *Journal of Marketing*, 1999, 63 (Special Issue): 33-44.

[293] Oropesa, R. S., Social Structure, Social Solidarity and in Involvement in Neighborhood Improvement Associations, *Sociological Inquiry*, 1992, 62 (1): 107-118.

[294] Ortiz, M. H., and Harrison, M. P., Crazy Little Thing Called Love: A Consumer-retailer Relationship, *Journal of Marketing Development And Competitiveness*, 2011, 5 (3): 68-80.

[295] Paasi, A., Region and Place: Regional Identity in Question, *Progress in Human Geography*, 2003, 27 (4): 475-485.

[296] Parasuraman, A., Berry, L. L., and Zeithaml, V. A., The Behavioral Consequences of Service Quality, *Journal of Marketing*, 1996, 60 (2): 31-46.

[297] Park, C. W., Mothersbaugh, D. L., and Feick, L., Consumer knowledge assessment, *Journal of Consumer Research*, 1994, 21 (1): 71-82.

[298] Parker, C., and Ward, P., An Analysis of Role Adoptions and Scripts during Customer - to - Customer Encounters, *European Journal of Marketing*, 2000, 34 (3): 341-358.

[299] Parker, V. P., Consumer Store Images and Store Loyalties, *Journal of Marketing*, 1973, 38 (4): 72-74.

[300] Patterson, M. E., and Williams, D. R., Maintaining Research Traditions on Place: Diversity of Thought and Scientific Progress, *Journal of Environmental Psychology*, 2005, 25 (4): 361-380.

[301] Payton, M. A., Fulton, D. C., and Anderson, D. H., Influence of Place Attachment and Trust on Civic Action: A Study at Sherburne National Wildlife Refuge, *Society and Natural Resources*, 2005, 18 (6): 511-528.

[302] Payton, M. A., *Influence of Place Attachment and Social Capital on Civic Action: A Study at Sherburne National Wildlife Refuge*, Unpublished Master's Thesis, University of Minnesota, St. Paul, MN., 2003.

[303] Perkins, D. D., and Long, D. A., Neighborhood Sense of Community and Social Capital: A Multilevel Analysis, in Fisher, A. T., Sonn, C. C., and Bishop, B. J. eds., *Psychological Sense of Community: Research, applications and implications*, New York: Kluver Academic/Plenum Publishers, 2002: 291-318.

[304] Perkins, D. D., Brown, B. B., and Taylor, R. B., The Ecology of Empowerment: Predicting Participation in Community Organizations, *Journal of Social Issues*, 1996, 52 (1): 85-110.

[305] Porteous, J. D., Home: The Territorial Core, *Bulletin of the American Geographical Society*, 1976, 66: (4): 383-390.

[306] Pranter, C. A., and Martin, C. L., Compatibility Management Roles

in Service Performers, *The Journal of Services Marketing*, 1991, 5 (2): 43-53.

[307] Pretty, G. H., Chipue, H. M., and Bramston, P., Sense of Place amongst Adolescents and Adults in Two Rural Australian Towns: The Discriminating Features of Place Attachment, Sense of Community and Place Dependence in Relation to Place Identity, *Journal of Environmental Psychology*, 2003, 23 (3): 273-287.

[308] Price, L. L., and Arnould, E. J., Commericial Friendships: Service Provider - Client Relationships in Context, *Journal of Marketing*, 1999, 63 (4): 38-56.

[309] Proshansky, H. M., Fabian, A. K., and Kaminoff, R., Place Identity: Physical World Socialization of the Self, *Journal of Environmental Psychology*, 1983, 3 (1): 57-83.

[310] Proshansky, H. M., The City and Self - Identity, *Environment and Behavior*, 1978, 10 (2): 147-169.

[311] Pugh, S. D., Service with a Smile: Emotion Contagion in the Service Encounter, *Academy of Management Journal*, 2001, 44 (5): 1018-1027.

[312] Rafaeli, S., and Sudweeks, F., Networked Interactivity, *Journal of Computer Mediated Communication*, 1997, 2 (4), http://www.207.201.161.120/jcmc/vol2/issue4/rafaeli.sudweeks.html.

[313] Ramkissoon, H., Smith, L. D. G., and Weiler, B., Testing the Dimensionality of Place Attachment and its Relationships with Place Satisfaction and Pro - environmental Behaviors: A Structural Equation Modeling Approach, *Tourism Management*, 2013, 36: 552-566.

[314] Rapoport, E. H., *Areography: Geographical Strategies of Species Year*, Oxford: Pergamon Press, 1982.

[315] Rassin, E., Muris, P., To Be or Not to Be...Indecisive: Gender Differences, Correlations with Obsessive Compulsive Complaints, and Behavioural Manifestation, *Personality and Individual Differences*, 2005, 38 (5): 1175-1181.

[316] Rassin, E., and Muris, P., Indecisiveness and the Interpretation of

Ambiguous Situations, *Personality and Individual Differences*, 2005, 39 (7): 1285 - 1291.

[317] Rassion, E., Muris, P., Franken, I., Smith, M., and Wong, M., Measuring General Indecisiveness, *Journal of Psychopathology and Behavioral Assessment*, 2007, 29 (1): 61 - 68.

[318] Raymond, C. M., Brown, G., and Weber, D., The Measurement of Place Attachment: Personal, Community, and Environmental Connections, *Journal of Environmental Psychology*, 2010, 30 (4): 422 - 434.

[319] Reicher, S., Hopkins, N., and Harrison, K., Social Identity and Spatial Behaviour: The Relationship between National Category Salience, the Sense of Home, and Labour Mobility Across National Boundaries, *Political Psychology*, 1974, 27 (2): 247 - 263.

[320] Reichheld, W. E., and Sasser, Jr., Zero Defections: Quality Comes to Services, *Harvard Business Review*, 1990, 68 (5): 105 - 111.

[321] Reinartz, W., and Kumar, V., The Impact of Customer Relationship Characteristics on Profitable Lifetime Duration, *Journal of Marketing*, 2003, 67 (1): 77 - 99.

[322] Reinartz, W., Jacquelyn, S. T., and Bascoul, G., Investigating Cross - buying and Customer Loyalty, *Journal of Interactive Marketing*, 2008, 22 (1): 5 - 20.

[323] Relph, E., *Place and Placelessness*, London: Pion, 1976.

[324] Reynolds, K. E., and Arnold, M. J., Customer Loyalty to the Salesperson and the Store: Examining Relationship Customers in an Upscale Retail Context, *Journal of Personal Selling and Sales Management*, 2000, 20 (2): 89 - 98.

[325] Reynolds, K. E., and Beatty, S. E., Customer Benefits and Company Consequences of Customer - salesperson Relationships in Retailing, *Journal of Retailing*, 1999, 75 (1): 11 - 32.

[326] Rice, G., and Urban, M. A., Where is River City, USA? Measuring Community Attachment to the Mississippi and Missouri Rivers, *Journal of Cultural Geography*, 2006, 24 (1): 1 - 35.

[327] Riger, S., and Lavrakas, P. J., Community Ties: Patterns of Attachment and Social Interaction in Urban Neighborhoods, *American Journal of Community Psychology*, 1981, 9 (1): 55-66.

[328] Riley, R., *Attachment to the Ordinary Landscape*, in Place Attachment, edited by Altman, I., and Low, S., New York: Plenum Press, 1992: 13-55.

[329] Ringel, N. B., and Finkelstein, J. C., Differentiating Neighborhood Satisfaction and Neighborhood Attachment among Urban Residents, *Basic and Applied Social Psychology*, 1991, 12 (2): 177-193.

[330] Roscoe, J. T., Fundamental Research Statistics for the Behavior Science, 2th Editon, *Rinehart and Winston*, 1975.

[331] Rowles, G. D., Place Attachment among the Small Town Elderly, *Journal of Rural Community Psychology*, 1990, 11 (1): 103-120.

[332] Rubinstein, R. L., and Parmelee, P. A., Attachment to Place and the Representation of the Life Course by the Elderly, in Altman, I., and Low, S. M. eds., Place Attachment, New York: Plenum, 1992: 139-163.

[333] Ruesch, J., and Kees, W., *Nonverbal Communication: Notes on the Visual Perception of Human Relations*, Berkeley, CA: University of California Press, 1956.

[334] Russell, J. C., and Pratt, G., A Description of the Affective Quality Attributed to Environments, *Journal of Personality and Social Psychology*, 1980, 38 (2): 311-322.

[335] Russell, J. A., and Snodgrass, J., Emotion and Environment, In Stockols, D., Altman, I. eds., *Handbook of Environmental Psychology*, 1987: 245-280.

[336] Ryden, K. C., *Mapping the Invisible Landscape: Folklore, Writing, and the Sense of Place*, Iowa City, IA: University of Iowa Press, 1993.

[337] Sack, R. D., *Homo Geographicus: A Framework for Action, Awareness, and Moral Concern*, Baltimore, MD: Johns Hopkins University Press, 1997.

[338] Sarason, S. B., The Psychological Sense of Community: Prospects for a Community Psychology, San Francisco: Jossey – Bass, 1974.

[339] Scannell, L., Gifford, R., The Relations between Natural and Civic Place Attachment and Pro – environmental Behavior, *Journal of Environmental Psychology*, 2010, 30 (3): 289 – 297.

[340] Scannell, L., and Gifford, R., Defining Place Attachment: A Tripartite Organizing Framework, *Journal of Environmental Psychology*, 2010, 30 (1): 1 – 10.

[341] Schifferstein, H. N. J., Mugge, R., and Hekkert, P., Designing Consumer – product Attachment, In McDonagh, D., Hekkert, P. J., Erp, V., and Gyi, D. eds., *Design and Emotion: The Experience of Everyday Things*, London: Taylor and Francis, 2004: 327 – 331.

[342] Schoenbachler, D. D., and Gordon, G. L., Multi – channel Shopping: Understanding What Drives Channel Choice, *Journal of Consumer Marketing*, 2002, 19 (1): 42 – 53.

[343] Schouten, J. W., and McAlexander, J. H., Subcultures of Consumption: An Ethnography of the New Bikers, *Journal of Consumer Research*, 1995, 22 (1): 43 – 61.

[344] Schreyer, R., Jacob, G., and White, R., *Environmental Meaning as a Determinant of Spatial Behavior in Recreation*, In Proceedings of the applied geography conferences, Binghampton, NY: SUNY Binghampton, 1981: 294 – 300.

[345] Schreyer, R., Jacob, G., and White, R., *Environmental Meaning as a Determinant of Spatial Behavior*, in Recreation, Papers and Proceedings of the Applied Geography Conferences, 1991: 294 – 300.

[346] Schultz, S. E., *An Empirical Investigation of Person – material Possession Attachment*, Unpublished Ph. D. Dissertation, University of Cincinnati, 1989.

[347] Schwarz, N., and Clore, G. L., *Feelings and Phenomenal Experiences, in Social Psychology: Handbook of Basic Principles*, ed., Higgins, E. T., and Kruglanski, A. W., New York: Guilford, 1996: 433 – 465.

[348] Schwarz, N., and Clore, G. L., Mood, Misattribution, and Judgements of Well-being: Informative and Directive Functions of Affective States, *Journal of Personality and Social Psychology*, 1983, 45 (3): 513-523.

[349] Scopelliti, M., and Tiberio, L., Homesickness in University Students: The Role of Multiple Place Attachment, *Environment and Behavior*, 2010, 42 (3): 335-350.

[350] Scott, D., and Vitartas, P., The Role of Involvement and Attachment in Satisfaction with Local Government Services, *International Journal of Public Sector Management*, 2008, 21 (1): 45-57.

[351] Selnow, G. W., Using Interactive Computer to Communicate Scientific Information, *American Behavioral Scientist*, 1988, 32 (2): 124-135.

[352] Shah, D., Kumar, V., Qu, Y. G., and Chen, S., Unprofitable Cross-buying: Evidence from Consumer and Business Markets, *Journal of Marketing*, 2012, 76 (3): 78-95.

[353] Shamai, S., and Ilatov, Z., Measuring Sense of Place: Methodological Aspects, *Tijdschrift voor Economische en Sociale Geografie*, 2005, 96 (5): 467-476.

[354] Shamai, S., Sense of Place: An Empirical Measurement, *Geoforum*, 1991, 22 (3): 347-358.

[355] Shapiro, S., and Krishnan, H. S., Memory-based Measures for Assessing Advertising Effects: A Comparison of Explicit and Implicit Memory Effects, *Journal of Advertising*, 2001, 30 (3): 1-14.

[356] Sharma, P., Sivakumaran, B., and Marshall, R., Investigating Impulse Buying and Variety-seeking: Towards a General Theory of Hedonic Purchase Behaviors, *Advances in Consumer Research*, 2006, 33 (1): 388-389.

[357] Shostack, G. L., Czepiel, J. A., and Solomon, M. R., *Planning the Service Encounter*, MA: Lexington Books, 1985.

[358] Shumaker, S. A., and Taylor, R. B., *Toward a Clarification of People-place Relationships: A Model of Attachment to Place*, in Feimer, N. R., and Geller, E. S. eds., Environmental Psychology, Directions

and perspectives, New York: Praeger, 1983.

[359] Simonson, I., The Effect of Product Assortment on Consumer Preferences, *Journal of Retailing*, 1999, 75 (3): 347-370.

[360] Simpson, M. P., and Siquaw, J., Destination Word-of-mouth: The Role of Traveler Type, Residents, and Identity Salience, *Journal of Travel Research*, 2008, 47: 167-182.

[361] Singh, R., *An Empirical Investigation into the Effects of Shopping Motivation on Store Environment - value Relationship*, Doctoral Dissertation, 2006. http://etd.lib.fsu.edu/theses/available/etd-04182006-213703/.

[362] Sirgy, M. J., Grewal, D., and Mangleburg, T., Retail Environment, Self-congruity, and Retail Patronage: An Integrative Model and a Research Agenda, *Journal of Business Research*, 2000, 49 (2): 127-138.

[363] Slater, J. S., Collecting Brand Loyalty: A Comparative Analysis of How Coca-Cola and Hallmark Use Collecting Behavior to Enhance Brand Loyalty, Paper presented at the Annual Conference of the Association of Consumer Research, Salt Lake City, UT, 2000.

[364] Smaldone, D. C., Harris, C. C., Sanyal, N., and Lind, D., Place Attachment and Management of Critical Park Issues in Grand Teton National Park, *Journal of Park and Recreation Administration*, 2005, 23 (1): 90-114.

[365] Smith, C. L., and Hantula, D. A., Pricing Effects on Foraging in a Simulated Internet Shopping Mall, *Journal of Economic Psychology*, 2003, 24 (5): 653-674.

[366] Solomon, M. R., *Consumer Behavior: Buying, Having and Being*, Paramount Publishing, Boston, MA, 1994.

[367] Solomon, M. R., Surprenant, C., Czepiel, J. A., and Gutman, E. G., A Role Theory Perspective on Dyadic Interactions: The Service Encounter, *Journal of Marketing*, 1985, 49 (1): 99-111.

[368] Soureli, M., Lewis, B. R., Kalipso, M., Factors that Affect Consumers' Cross-buying Intention: A Model for Financial Services,

Journal of Financial Services Marketing, 2008, 13 (1): 5 – 16.

[369] Spangenberg, E. R., Crowley, A. E., and Henderson, P. W., Improving the Store Environment: Do Olfactory Cues Affect Evaluations and Behaviors, *Journal of Marketing*, 1996, 60 (2): 67 – 89.

[370] Stedman, R. C., Is it Really Just a Social Construction? The Contribution of the Physical Environment to Sense of Place, *Society and Natural Resources*, 2003, 16 (8): 671 – 685.

[371] Stedman, R. C., Sense of Place and Forest Science: Toward a Program of Quantitative Research, *Forest Science*, 2003, 49 (6): 822 – 829.

[372] Steenkamp, J. E. M., and Baumgartner, H., The Role of Optimum Stimulation Level in Exploratory Consumer Behavior, *Journal of Consumer Research*, 1992, 19 (6): 434 – 448.

[373] Stinner, W. F., Byun, Y. C., and Paita, L., Disability and Living Arrangements among Elderly American Men, *Research on Aging*, 1990, 12 (3): 339 – 363.

[374] Stokols, D., and Shumaker, S. A., *People in Places: A Transactional View of Settings*, in Harvey, J. eds., Cognition, Social Behavior and the Environment, Hillsdale, N. J., Lawrence Erlbaum Associates, 1981: 441 – 488.

[375] Stum, D. L., and Thiry, A., Building Customer Loyalty, *Traning and Development Journal*, 1991, 45 (4): 34 – 36.

[376] Sugihara, S., and Evans, G. W., Place Attachment and Social Support at Continuing Care Retirement Communities, *Environment and Behavior*, 2000, 32 (3): 400 – 409.

[377] Suprenant, C. F., and Solomon, M. R., Predictability and Personalization in the Service Encounter, *Journal of Marketing*, 1987, 51 (2): 73 – 80.

[378] Taylor, R. B., Gottfredson, S. D., and Brower, S., Attachment to Place: Discriminant Validity, and Impact of Disorder and Diversity, *American Journal of Community Psychology*, 1985, 13 (5): 525 – 542.

[379] Taylor, R. B., Gottfredson, S. D., and Brower, S., Neighborhood Naming and as an Index of Attachment to Place, *Population and Envi-*

ronment, 1984, 7 (2): 103 – 125.

[380] Thach, E. C., and Olsen, J., The Role of Service Quality in Influencing Brand Attachment at Winery Visitor Center, *Journal of Quality Assurance in Hospitality and Tourism*, 2006, 7 (3): 59 – 77.

[381] Thang, D. C. L., and Tan, B. L. B., Linking Consumer Conception to Preference of Retailing Stores: An Empirical Assessment of the Multi – attributes of Store Image, *Journal of Retailing and Consumer Services*, 2003, 10 (4): 193 – 200.

[382] Theodori, G. L., and Luloff, A. E., Urbanization and Community Attachment in Rural Areas, *Society and Natural Resources*, 2000, 13 (5): 399 – 420.

[383] Thomson, M., Human Brands: Investigation Antecedents to Consumers' Strong Attachments to Celebrities, *Journal of Marketing*, 2006, 70 (3): 104 – 119.

[384] Thomson, M., MacInnis, D. J., and Park, C. W., The Ties That Bind: Measuring the Strength of Consumers' Emotional Attachments to Brands, *Journal of Consumer Psychology*, 2005, 15 (1): 77 – 91.

[385] Triandis, H. C., Values, Attitudes, and Interpersonal Behavior, *Journal of Marketing Research*, 1980, 27: 195 – 259.

[386] Tsai, H. T., and Huang, H. C., Determinants of E – repurchase Intentions: An Integrative Model of Quadruple Retention Drivers, *Information Management*, 2007, 44 (3): 231 – 239.

[387] Tsai, S. P., Place Attachment and Tourism Marketing: Investigating International Tourists in Singapore, *International Journal of Tourism Research*, 2012, 14 (2): 139 – 152.

[388] Tsai, W. C., Huang, Y. M., Mechanisms Linking Employee Affective: Delivery and Customer Behavioral Intentions, *Journal of Applied Psychology*, 2002, 87 (5): 1001 – 1008.

[389] Tuan, Y. F., *Topophilia: A Study of Environmental Perception, Attitudes, and Values*, Englewood Cliffs, N. J., Prentice – Hall, 1974.

[390] Tuan, Y. F., Place: An Experiential Perspective, *Bulletin of the American Geographical Society*, 1975, 65 (2): 151 – 165.

[391] Tuan, Y. F., *Space and Place: The Perspective of Experience*, Minneapolis: University of Minnesota Press, 1977.

[392] Turley, W. T., and Milliman, R. E., Atmospheric Effects on Shopping Behavior: A Review of the Experimental Evidence, *Journal of Business Research*, 2000, 2 (8): 193 – 211.

[393] Unger, D. G., and Wandersman, A., The Importance of Neighbors: the Social, Cognitive and Affective Components of Neighboring, *American Journal of Community Psychology*, 1985, 13 (2): 139 – 169.

[394] Vaske, J. J., and Kobrin, K. C., Place Attachment and Environmentally Responsible Behavior, *The Journal of Environmental Education*, 2001, 32 (4): 16 – 21.

[395] Vázquez, R., Santos, M. L., and Alvarez, L. I., Market Orientation, Innovation and Competitive Strategies in Industrial Firms, *Journal of Strategic Marketing*, 2001, 9 (1): 69 – 90.

[396] Venkatesan, R., and Kumar, V. A., Customer Lifetime Value Framework for Customer Selection and Resource Allocation Strategy, *Journal of Marketing*, 68 (10): 106 – 125.

[397] Verhoef, P. C., and Donkers, B., The Effect of Acquisition Channels on Customer Loyalty and Cross – buying, *Journal of Interactive Marketing*, 2005, 19 (2): 31 – 43.

[398] Verhoef, P. C., Franses, P. H., and Hoekstra, J. C., The Effect of Relational Constructs on Customer Referrals and Number of Services Purchased from a Multi – service Provider: Does Age of Relationship Matter, *Journal of the Academy of Marketing Science*, 2002, 30 (3): 202 – 216.

[399] Verhoef, P. C., Franses, P. H., and Hoekstra, J. C., The Impact of Satisfaction and Payment Equity on Cross – buying: A Dynamic Model for a Multi – service Provider, *Journal of Retailing*, 2001, 77 (3): 359 – 378.

[400] Verhoef, P. C., Understanding the Effect of Customer Relationship Management Efforts on Customer Retention and Customer Share Development, *Journal of marketing*, 2003, 67 (4): 30 – 45.

[401] Verplanken, B., Aarts, H., van Knippenberg, A., and van Knippenberg, C., Attitude versus General Habit: Antecedents of Travel Mode Choice, *Journal of Applied Social Psychology*, 1994, 24 (4): 285 – 300.

[402] Vlachos, P. A., and Vrechopoulos, A. P., Consumer – retailer Love and Attachment: Antecedents and Personality Moderators, *Journal of Retailing and Consumer Services*, 2012, 19 (2): 218 – 228.

[403] Vlachos, P. A., Theotokis, A., Pramatari, K., and Vrechopoulos, A., Consumer – retailer Emotional Attachment: Some Antecedents and the Moderating Role of Attachment Anxiety, *European Journal of Marketing*, 2010, 44 (9): 1478 – 1499.

[404] Vorkinn, M., and Riese, H., Environmental Concern in a Local Context: The Significance of Place Attachment, *Environment and Behavior*, 2001, 33 (2): 249 – 263.

[405] Vosniadou, S., Ortony, A., *Similarity and Analogical Reasoning*: A Synthesis, in Similarity and Analogical Reasoning, eds., Vosniadou, S., and Ortony, A., Cambridge: Cambridge University Press, 1989: 1 – 17.

[406] Wakefield, K. L., and Julie, B., Excitement at the Mall: Determinants and Effects on Shopping Response, *Journal of Retailing*, 1998, 74 (4): 515 – 539.

[407] Water, E., and Cummings, E. M., A Secure Base from Which to Explore Close Relationships, *Child Development*, 2000, 71 (1): 164 – 172.

[408] Weidemann, S., and Anderson, J. R., *A Conceptual Framework for Residential Satisfaction*, In Altman, I., and Werner, C. H. eds., Home Environments, New York: Plenum Press, 1985.

[409] Westaway, M. S., A Longitudinal Investigation of Satisfaction with Personal and Environmental Quality of Life in an Informal South African Housing Settlement, Doornkop, Soweto, *Habitat International*, 2006, 30 (1): 175 – 189.

[410] Wetzels, M., Ruyter, K., and Birgelen, M., Marketing Service

Relationships: The Role of Commitment, *Journal of Business and Industrial Marketing*, 1998, 13 (4): 406-423.

[411] Wickham, T. D., *Attachment to Places and Activities: The Relationship of Psychological Constructs to Customer Satisfaction*, Unpublished Ph. D. Thesis, The Pennsylvania State University, 2000.

[412] Williams, D. R., Patterson, M. E., and Roggenbuck, J. W., Beyond the Commodity Metaphor: Examining Emotional and Symbolic Attachment to Place, *Leisure Sciences*, 1992, 14 (1): 29-46.

[413] Williams, D. R., and Roggenbuck, J. W., Measuring Place Attachment: Some Preliminary Results, Proceeding of NRPA Symposium on Leisure Research, San Antonio, TX, 1989.

[414] Williams, D. R., and Vaske, J. J., The Measurement of Place Attachment: Validity and Generalizability of a Psychometric Approach, *Forest Science*, 2003, 49 (6): 830-840.

[415] Williams, D. R., McDonald, C. D., Riden, C. M., and Uysal, M., *Community Attachment, Regional Identity and Resident Attitudes towards Tourism*, In Proceedings of the 26th Annual Travel and Tourism Research Association Conference Proceedings, Wheat Ridge, CO: Travel and Tourism Research Association, 1995: 424-428.

[416] Winston, P. H., Learning and Reasoning by Analogy, *Communications of the ACM*, 1980, 23 (12): 689-703.

[417] Woldoff, R., The Effects of Local Stressor on Neighborhood Attachment, *Social Forces*, 2002, 81 (1): 87-116.

[418] Wong, A., The Role of Emotional Satisfaction in Service Encounters, *Managing Service Quality*, 2004, 14 (5): 365-376.

[419] Wong, J. K., and Teas, R. K., A Test of the Stability of Retail Store Image Mapping Based on Multientity Scaling Data, *Journal of Retailing and Consumer and Services*, 2001, 8 (2): 61-70.

[420] Wortzel, R., New Life Style Determinants of Women's Food and Shopping Behavior, *Journal of Marketing*, 1979, 43 (3): 28-29.

[421] Wu, C. H., The Influence of Customer-to-customer Interactions and Role Typology on Customer Reaction, *The Service Industries Jour-*

nal, 2008, 28 (10): 1501-1513.

[422] Wynveen, C. J., Kyle, G. T., Hammitt, W. E., and Absher, J. D., *Exploring the Effect of Experience Use History and Place Bonding on Resource Substitution*, Proceedings of the 2007 Northeastern Recreation Research Symposium, 2007: 114-122.

[423] Yalch, R. F., and Spangeberg, E. R., The Effects of Music in a Retail Setting on Real and Perceived Shopping Times, *Journal of Business Research*, 2000, 49 (2): 139-148.

[424] Yalch, R., and Spangenberg, E., Effects of Store Music on Shopping Behavior, *The Journal of Services Marketing*, 1990, 4 (1): 31-39.

[425] Yim, B. C. K., Tse, D. K., and Chan, K. W., Strengthening Customer Loyalty through Intimacy and Passion: Roles of Customer-Firm Affection and Customer-Staff Relations in Services, *Journal of Marketing Research*, 2008, 45 (6): 741-756.

[426] Yoo, C., Park, J., and Macinnis, D. J., Effects of Store Characteristics and In-Store Emotional Experience on Store Attitude, *Journal of Business Research*, 1998, 42 (3): 253-263.

[427] Yoo, J., Arnold, T. J., and Frankwick, G. L., Effects of Positive Customer-to-Customer Service Interaction, *Journal of Business Research*, 2012, 65: 1313-1320.

[428] Yuksel, A., Yuksel, F., and Bilim, Y., Destination Attachment: Effects on Customer Satisfaction and Cognitive, Affective and Conative Loyalty, *Tourism Management*, 2010, 31 (2): 274-284.

[429] Zeithaml, V. A., Consumer Perceptions of Price, Quality and Value: A Means-end Model and Synthesis of Evidence, *Journal of Marketing*, 1988, 52 (3): 2-22.

[430] Zeithaml, V. A., Parasuraman, A., and Berry, L. L., Problems and strategies in services marketing, *Journal of Marketing*, 1985, 49 (1): 33-46.

[431] Zimmer, M. R., and Golden, L. L., Impressions of Retail Store: A Content Analysis of Consumer Images, *Journal of Retailing*, 1988, 64 (3): 265-293.

[432] 曹胜雄、孙君仪：《建构地方依附因果关系模式》，《地理学报》2009 年第 55 期。

[433] 陈恩丽：《便利性、信任、承诺对电信服务公司顾客交叉购买意愿之影响》，硕士学位论文，台湾海洋大学，2013 年。

[434] 陈觉：《服务产品设计》，辽宁科学技术出版社 2003 年版。

[435] 陈业玮：《情感依恋对企业社会责任和消费者忠诚意向的影响机制研究》，博士学位论文，浙江工商大学，2010 年。

[436] 成爱武、张树泉：《基于顾客资产的交叉购买价值计量研究》，《预测》2010 年第 2 期。

[437] 范秀成：《服务管理学》，南开大学出版社 2006 年版。

[438] 范秀成：《服务质量管理：交互过程与交互质量》，《南开管理评论》1999 年第 1 期。

[439] 菲利普·科特勒、何麻温·卡塔加雅、伊万·塞蒂亚万：《营销革命 3.0：从产品到顾客，再到人文精神》，机械工业出版社 2011 年版。

[440] 古丽扎伯克力、辛自强、李丹：《地方依恋研究进展：概念、理论与方法》，《首都师范大学学报》（社会科学版）2011 年第 5 期。

[441] 黄伟雅：《游客之人格特质、游憩涉入与地方依恋间相关研究：以苗栗南庄为例》，硕士学位论文，台湾大叶大学，2009 年。

[442] 黄向、保继刚：《场所依赖：一种游憩行为现象的研究框架》，《旅游学刊》2006 年第 9 期。

[443] 姜岩、董大海：《品牌依恋理论探析》，《外国经济与管理》2008 年第 2 期。

[444] 姜岩：《消费者购物网站依恋机理研究》，博士学位论文，大连理工大学，2013 年。

[445] 蒋婷：《顾客间互动的质性探索和理论模型构建：以高星级饭店为例》，《旅游论坛》2012 年第 3 期。

[446] 克里斯托弗·洛夫洛克（Christopher Lovelock）、约亨·沃茨（Jochen Wirtz）、帕特里夏·周（Patricia Chew）、白长虹：《服务营销精要》，中国人民大学出版社 2011 年版。

[447] 李晓阳：《企业员工组织依恋的结构及其相关研究》，硕士学位论文，暨南大学，2011 年。

[448] 李雪松：《服务营销学》，清华大学出版社 2009 年版。

[449] 李英弘、林朝钦：《地方情感概念在户外游憩研究上之探讨》，《1997 休闲游憩观光研究成果研讨会：休闲游憩行为》，中华民国户外游憩学会，1997 年。

[450] 刘仓：《基于"服务交互本质"的饭店服务质量控制》，《饭店现代化管理》2007 年第 2 期。

[451] 刘纯绮：《品牌体验量表建构之研究》，硕士学位论文，台湾实践大学，2010 年。

[452] 刘桂瑜：《互动对服务品牌资产的影响研究——以广州市服务企业为例》，硕士学位论文，暨南大学，2009 年。

[453] 刘宗其、黄吉村、吴立伟：《服务属性对交叉购买的影响效果》，《管理评论》2007 年第 1 期。

[454] 刘宗其、吴立伟、黄吉村：《关系质量与交叉购买：金融商品相似性与复杂度的双重干扰效果》，《管理学报》2007 年第 3 期。

[455] 齐欣：《宾客互动——饭店互动质量管理模式中的重要因素》，《山东纺织经济》2007 年第 2 期。

[456] 唐文跃：《皖南古村落居民地方依恋特征分析——以西递、宏村、南屏为例》，《人文地理》2011 年第 3 期。

[457] 王斌：《活动涉入对场所依恋及顾客交叉购买的影响研究》，硕士学位论文，东北财经大学，2012 年。

[458] 王天春：《服务互动的不同类型对交叉购买的影响》，《中国流通经济》2013 年第 10 期。

[459] 王伟：《B2C 网络商店印象对顾客满意及交叉购买的关系研究》，硕士学位论文，华中农业大学，2012 年。

[460] 王亚飞、于坤章：《论商店印象对消费者行为的影响》，《企业技术开发》2006 年第 6 期。

[461] 王中江：《顾客抱怨处理的公平性与交叉购买关系的实证研究》，《重庆三峡学院学报》2013 年第 5 期。

[462] 温飞：《消费者情感依恋的形成机理及杠杆作用》，博士学位论文，华南理工大学，2011 年。

[463] 吴立伟、王崇昱：《满意度及转换障碍对顾客留存与交叉购买的影响：直接效果及干扰效果之比较》，《中山管理评论》2010 年第

4 期。

[464] 吴明隆：《SPSS 统计应用实务——问卷分析与应用统计》，科学出版社 2003 年版。

[465] 吴泗宗、揭超、熊国钺：《感知差异化对零售店铺惠顾与支付意愿影响机理研究》，《经济与管理研究》2011 年第 4 期。

[466] 许亚磊：《消费者对品牌延伸评价的影响因素的实证研究》，博士学位论文，复旦大学，2007 年。

[467] 杨宜苗、夏春玉：《店铺印象维度对顾客感知价值与交叉购买意愿的影响研究》，《营销科学学报》2009 年第 3 期。

[468] 杨宜苗：《店铺形象、感知价值与交叉购买意愿：模型与实证》，东北财经大学出版社 2010 年版。

[469] 杨昀：《地方依恋的国内外研究进展述评》，《中山大学研究生学刊》（自然科学、医学版）2011 年第 2 期。

[470] 余勇、田金霞、粟娟：《场所依赖与游客游后行为倾向的关系研究——以价值感知、满意体验为中介变量》，《旅游科学》2010 年第 3 期。

[471] 约翰·A. 奎尔奇、凯瑟琳·E. 乔克斯：《P 营销（商业推广中的地点影响力）》，谢淳译，中国物资出版社 2012 年版。

[472] 张国华、戴必兵：《无法忍受不确定性研究进展》，《首都师范大学学报》（社会科学版）2012 年第 2 期。

[473] 张蕾：《基于多维互动质量的服务品牌资产驱动模型研究》，博士学位论文，暨南大学，2010 年。

[474] 张世琪、黄浏英：《饭店业服务的互动质量分析及控制研究》，《商业经济管理》2004 年第 9 期。

[475] 张中科：《基于顾客交叉购买行为的企业交叉销售研究》，《市场营销导刊》2008 年第 1 期。

[476] 赵加欣：《服务接触要素对顾客价值、顾客满意度与顾客忠诚度之影响——剧场理论之观点》，硕士学位论文，东华大学，2010 年。

[477] 庄锦英、陈明燕：《论消极情绪对决策的影响》，《沈阳师范大学学报》（社会科学版）2005 年第 5 期。

后　记

　　本书是我于2011—2014年主持的"辽宁省高等学校优秀人才支持计划（WR2011010）"最终研究成果基础上修改、补充和完善而成的，同时也是东北财经大学校长、夏春玉教授主持的"教育部哲学社会科学研究重大课题攻关项目"（12JZD025）部分成果。

　　个人的成长离不开他人的指引、鼓励和帮助。在我的成长道路上，两位恩师一直让我挂记心中，并永怀感激。一位是我的硕士生导师——东北财经大学公共管理学院冯云廷教授，他为人谦和，待人热忱，思维缜密。冯老师总能在我最困惑、最困苦的时候开导我、启发我、鼓励我和帮助我，让我度过了非常愉快的硕士研究生生活。值得一提的是，我对市场营销的兴趣正源于冯老师与我分享的营销感悟。另一位是我的博士生导师——东北财经大学校长夏春玉教授，他风趣幽默，思想敏锐，为人随和。2003年，承蒙恩师不弃，收为门下，让我开始了一个更高层次的学术生涯。11年来，在学术上，夏老师一直言传身教，他既强调"问题意识"、"顶天立地"；又强调"学术规范"、"科学方法"，这种严谨治学的精神深深影响着我。夏老师还为我提供了很多次参加国际、国内学术研讨会的机会，极大地开阔了我的研究视野。更重要的是，夏老师让我感受到学术的自由和快乐，使我这些年来一直有信心致力于市场营销和零售管理，尤其是交叉购买问题的研究。在生活上，夏老师也给了我莫大关怀、支持和帮助。利用本书出版之际，对两位恩师表达真挚的敬意和美好的祝福，祝他们一生平安，永远幸福！

　　感谢清华大学赵平教授、王高教授、李飞教授，北京大学符国群教授，西安交通大学庄贵军教授，中山大学的王海忠教授，中国人民大学郭国庆教授，复旦大学范秀成教授、金立印教授和邹德强博士，武汉大学黄静教授，华东理工大学景奉杰教授，大连理工大学董大海教授、宋晓兵副教授，对外经济贸易大学王永贵教授，吉林大学吴小丁教授，西南财经大学罗珉教授，北京工商大学洪涛教授、徐振宇副教授，安徽财经大学宋思根教授，教育部民族司郭岩博士……他们当中有的人可能已经很难记得我，但我不会忘记他们。感谢他们在我从事学术研究和人生成长中给予的指点、鼓励和帮助。感谢东北财经大学工商管理学院高良谋院长及其他领导和同事多年来给予的支持和关爱。

感谢夏春玉教授倡导建立的东北财经大学营销和流通研究团队，正是这个非正式研究团队成员的奇思妙想和真知灼见，使我不断产生新的灵感和研究欲望。

感谢已经毕业的硕士研究生王斌、李梦蝶和宋文驰，同时感谢即将毕业的吴晓琳和杨怀天两位硕士研究生。他们花费了很多时间和精力收集和处理本书所需数据，为本书的完稿默默付出。

感谢中国社会科学出版社对本书出版给予的鼎力支持。感谢中国社会科学出版社经济与管理出版中心主任、卢小生编审给予的大力指导和热情帮助。正是由于他们的一丝不苟和精益求精，本书才得以顺利出版。

感谢被本书参考、借鉴和引用学术观点的学者。他们的研究，一方面为本书打开了一扇窗，让我找到了研究的焦点问题和切入视角；另一方面又为本书打开了一扇门，使我拓展了研究的理论深度和分析的思路。感谢之余，恳请他们不吝批评和指正。

最后感谢家庭的理解、支持和厚爱。妻子的坚韧和坚强，让我对生活信心倍增；岳母年岁已高，却千里迢迢来帮助分担家务，让我满怀歉疚和感激；兄弟姐妹天各一方，却不时传来问候，让我觉得弥足珍贵；儿子在奥赛失利中奋起，让我对未来更具期待。我爱他们，祝他们永远快乐、平安！

杨宜苗
2014 年 11 月 5 日于东北财经大学师言阁